Chaos

Alexander Shirvanzade

Хаос

Александр Ширванзаде

Chaos

ISNB: 978-1-61895-247-9

Хаос

ISNB: 978-1-61895-247-9

ХАОС

Часть первая

1

Маркос-ага Алимян тяжело заболел. Неделю назад, осматривая постройку своего нового, одиннадцатого по счету, дома, он вдруг почувствовал озноб, вернулся домой, слег и больше не вставал. Врачи, внимательно выслушав больного, нашли воспаление легких.

Весть о его недуге тотчас разнеслась по всему городу. Кто не знал землевладельца и нефтепромышленника Маркоса Алимяна, этого тучного, но деятельного и бодрого шестидесятипятилетнего старика! Кому не приходилось слышать назидательную повесть о его многотрудной жизни! Ровно полвека назад, покинув свое глухое селение, он обосновался в небольшом приморском городке, которому в недалеком будущем суждено было стяжать мировую известность благодаря сокровищам, скрытым в его недрах.

Теперь, в последней четверти XIX века, вокруг имени Алимяна сложились целые легенды. Рассказывали, будто в подвале его великолепного дома имеется особая комната, темная и холодная, как склеп. Ни одно живое существо, кроме Маркоса-аги, никогда еще не отворяло железной двери и не переступало ее порога. Там хранились набитые золотом мешки. Рассказывали, будто каждую ночь мрачный старик, один-одинешенек, в черном ночном колпаке и в длинном бархатном халате, с лампой в руке, спускался в подвал, отпирал заржавленным ключом железную дверь, пересчитывал мешки и прятал в них новую горсть золота. Уверяли, что там, в кованом сундуке, бережно хранятся те самые трехи[1], в которых Маркос-ага вышел из родного села пятнадцатилетним мальчиком. Уверяли также, что в страстную субботу и в сочельник он зажигает две свечи, коленопреклонно молится перед сундуком, благословляя заветные трехи.

Его великолепные дома, гордыми фасадами красовавшиеся на центральных улицах, мозолили многим глаза, бьющая из многочисленных скважин нефть отравляла воздух, а клубы заводского дыма выедали глаза. Но люди знали, как утешить зависть, клокотавшую в их сердцах. Ведь

---

[1] Трехи — обувь из сыромятной кожи (арм.).

1

известно же, что Маркое Алимян был водовозом, привратником, поваром, фруктовщиком, виноторговцем и т. д., и т. д. — и ни одного дела не вел честно. Что, исходив всю Россию, он вернулся с пачкой фальшивых денег и потом сплавлял их простакам. Известно, что он обманывал, обирал бедных и даже отравил своего компаньона. Он скуп, руки у него трясутся, доставая деньги из кармана, он не умеет жить, золото стало его верой, божеством. Просторная квартира с голыми стенами стала для его жены и детей мрачной тюрьмой. У него нет ни мебели, ни слуг, ни повара. Провизию Маркос-ага приносит домой сам, рано утром, чтобы никто не видел. В кармане у него кольцо из проволоки, и он покупает лишь те яйца, которые не проходят через это кольцо, и часто ему приходится обходить весь рынок, чтобы купить яйца по сделанной им мерке...

Люди прекрасно знали, что все это сплетни, что в доме Алимяна есть и слуги, и повар, и мебель, да к тому же роскошная. Знали также, что если у Маркоса-аги и есть кольцо, так это только то, которым он нещадно сжимает горло своим должникам. Но черная зависть ослепляла людей, и они без конца измышляли все, что могло хоть сколько-нибудь успокоить сердца, очерствевшие из-за житейских неудач.

Безудержно злословили они, высмеивали и поносили первого миллионера в городе, но только за глаза. А когда Маркос-ага, выпятив круглый живот и переваливаясь как утка, проходил по улицам, заглядывал в магазины или появлялся в клубе, всякий норовил поймать его взгляд, отвесить поклон и удостоиться его надменного кивка. Сам же Маркос-ага, этот бывший водовоз и привратник, был безразличен к приветствиям всех, кроме губернаторского, хозяина города. Уже двадцать пять лет он вознаграждал себя за удары по самолюбию, принимая от других то, что сам двадцать пять лет подряд расточал толстосумам и власть имущим.

И вот сегодня умирает этот именитый горожанин, умный человек, рачительный купец, весь век проведший в неустанных трудах, доверивший свою совесть железному сундуку и спрятавший душу в карман.

Жил он в центре города. Дом, конечно, собственный, двухэтажный, из тесаного камня, с плоской крышей, залитой асфальтом. Нижний этаж отведен под магазины и контору, в верхнем жила семья Алимяна.

Стоял сухой, знойный августовский день. Солнце клонилось к закату, и последние лучи его пронизывали лишенный зелени неприветливый город и расстилавшуюся перед ним морскую даль. Тяжелое, гнетущее впечатление производил облик этого города. Издали плоские крыши и голые улицы имели такой вид, точно их опустошил пожар, уничтожив все, что только может уничтожить огонь, оставив лишь один гигантский остов. Кое-где на окрестных песках темнели нефтяные озерки. Ничто не смягчало тропического зноя, даже море. От жгучих лучей накалялись каменные стены, песок, воздух становился нестерпимо горячим и удушливым. Жители спасались от духоты в купальнях; с утра до вечера барахтались в море голые тела, то нежившиеся под лучами солнца, то нырявшие, как дельфины.

Наружные окна Алимянов выходили на запад. Летом с полудня и до позднего вечера ставни закрывались. Сегодня они были открыты, окна растворены, и уличная духота широким потоком хлынула в дом.

Здесь царило необычайное смятение. Прислуга и приказчики сновали взад и вперед, покрикивали друг на друга, перебранивались, напрасно стараясь не шуметь. У парадного входа то и дело останавливались экипажи, выходили родственники, друзья и знакомые Алимянов с притворным или искренним выражением соболезнования на лице.

Все спешили к умирающему миллионеру, надеясь повидать его в последний раз и, быть может, что-нибудь разузнать о его завещании. Но двери в спальню были заперты. Там, вокруг смертного одра, собрались члены семьи, кое-кто из близких, приходский священник и врачи. Прочие посетители толпились в гостиной. Воздух был до того сперт, что трудно было дышать, однако никто не собирался уходить. От дорогих персидских ковров поднималась тонкая пыль. Солнечные лучи, проникая сквозь занавеси, золотили эту пыль косыми, медленно падавшими столбами. Один из них краем своим коснулся бронзовых часов на мраморном камине. Заискрился овальный стеклянный колпак, обдавая потоками света статуэтку: под колпаком властная красавица с мечом наступала на горло разъяренному льву.

Терпение посетителей постепенно истощалось — ожидали кончины больного, а он все не умирал. Временами то один, то другой наклонялся к замочной скважине и заглядывал в спальню или же, приложив ухо к двери, старался хоть что-нибудь расслышать, потом отходил и начинал шептаться, искоса обмениваясь злобными взглядами. У каждого в душе теплилась слабая надежда: не упомянут ли и он в завещании Маркоса-аги?

Но вот дверь спальни осторожно приоткрылась, и шепот мгновенно оборвался, точно карканье ворон после выстрела. Из спальни вышел мужчина лет шестидесяти, высокий, бодрый, с гордой осанкой. Его гладко выбритое лицо с крупными чертами, пронзительный взгляд, густые брови и особенно пышные с проседью усы, сливающиеся с бакенбардами, придавали ему сходство с николаевским солдатом. На нем был поношенный, выцветший мундир отставного чиновника, в петличке орден.

— Срафион Гаспарыч! — раздалось отовсюду, и все тотчас обступили старика, который в эту минуту походил на горделивого военачальника в окружении телохранителей.

3

— Бренный мир! Бренный мир! — повторял чиновник, глядя через головы на противоположную стену и поправляя орденок. — Человек не может испустить последний вздох, не повидавшись с сыном.

Все удивленно в один голос спросили: — Да разве не все дети около него? — Речь идет о старшем сыне, — простонал Срафион Гаспарыч, грустно покачивая головой.

— О старшем сыне? О Смбате? — взволнованно спрашивали гости, все теснее обступая старика.

— Да, о Смбате, — ответил Гаспарыч. — Он вот-вот должен приехать, ждем с минуты на минуту. Еще неделю назад старик слышать не мог о нем без отвращения, а теперь не хочет умереть, не простившись с ним.

— Телеграфировали?

— Конечно. Ждем его сегодня. Когда приходит поезд из Москвы?

— В пять сорок.

— Сейчас без пяти шесть; должно быть, уже прибыл, — заметил Срафион Гаспарыч и, взглянув на часы, подошел к окну.

Все, толкаясь, двинулись за ним.

— А вот и он! — воскликнул кто-то.

Срафион Гаспарыч поспешил в переднюю.

Через несколько минут он вернулся с молодым человеком, крепко сложенным, ростом чуть ниже его самого. Все расступились, дали им дорогу, усугубляя выражение притворной печали. Держа соломенную шляпу в руке, приезжий вежливо, но очень сухо раскланялся и поспешно прошел в спальню. Гости снова стали перешептываться, мгновенно заменив грустное выражение лица пренебрежительным.

Кровать больного стояла у окна. С одной стороны ее — жена и дочь, с другой — сыновья. Умирающий полусидел в постели, поддерживаемый мягкими подушками, прикрытый шелковым одеялом, бессильно опустив голову. Врач то и дело впрыскивал ему что-то. Необходимо было хоть на несколько минут удержать жизнь в этом разбитом, развалившемся сосуде.

Больной открыл глаза и с трудом приподнял голову. Лицо его уже приняло землистый оттенок, свойственный мертвецам; характерные впадины в углах губ почти сгладились, полное лицо осунулось и на поблекших губах обозначилась слабая беспокойная улыбка.

Врач на ухо сообщил ему о приезде сына. Приезжий, уронив шляпу и саквояж, опустился на колени перед кроватью и припал к сухой похолодевшей руке старика.

Огонек предсмертной надежды, на мгновенье вспыхнув, озарил мертвенно бледное лицо умирающего; глаза его широко раскрылись и какая-то мимолетная радость оживила черты лица, никогда не выражавшего радости за всю шестидесятипятилетнюю жизнь Маркоса Алимяна, из бесцветных губ вырвался какой-то шепот, старик обнял кудрявую голову сына и прижал к груди, насколько позволяли слабеющие руки.

Жена Алимяна зарыдала. За нею — дочь и сыновья. Теперь старик мог кончать счеты с жизнью, правда, не спокойно, как ему хотелось, а с неутомимой скорбью в сердце. Целых восемь лет он не видел сына, сына-первенца, на которого возлагал Столько надежд, которого любил больше всех и которому собирался доверить все свои дела. Не только не видел, но и слышать о нем старик не хотел. О, как разочаровал его любимый сын, сколько страданий и душевных мук причинил он ему! Нужны были нечеловеческие усилия, чтобы скрыть все это от недругов и завистников. Будь проклят тот день, когда он разрешил своему Смбату уехать в чужие края продолжать ученье! Будь проклята та женщина, которая отняла у него сына!..

Умирающему хотелось излить горечь, накопившуюся в его сердце, высказать все, все, что он перечувствовал за долгие восемь лет, — высказать, орошая слезами шальную голову беспутного сына. Но силы изменяли ему. Старания врача не могли более вдохнуть жизнь в остывавшее тело. И только долгий пронизывающий взгляд, устремленный как бы из могильной глубины, открыл все виновному сыну, который с трудом сдерживал слезы, чтоб не показаться малодушным. — Один приехал? — еле вымолвил умирающий. — Один, — ответил сын, тотчас поняв смысл вопроса. Мрачная улыбка на лице старика на миг сменилась отблеском надежды: а что, если он мучился напрасно, был неправ, проклиная своего первенца?

Но вот мутный взгляд старика остановился на обручальном кольце сына, и голова Маркоса-аги беспомощно упала на подушку, глаза закрылись.

— Прошлого не воротишь, отец! Благослови! — вымолвил сын глухо. В словах его звучала острая горечь, но не раскаяние.

Никто из окружающих не понял подлинного смысла этих с трудом произнесенных слов и не почувствовал, как терзалось в эту минуту сердце сына, на вид такого цветущего и самоуверенного.

— Будь проклят, если не исполнишь моей последней воли, — вымолвил старик, еле выдавливая слова из немеющих уст.

В эту минуту Маркое Алимян был страшен, как сама смерть, страшен для провинившегося сына.

— Дай сюда, — послышался вновь, замогильный голос старика, и он устремил свой леденеющий взгляд на жену.

Жена достала из-под подушки большой пакет, запечатанный красным сургучом. Стеклянный взгляд умирающего остановился на Смбате, и мать передала пакет сыну.

— Будь проклят, если не исполнишь!

Это были последние слова Маркоса Алимяна, прозвучавшие, однако, ясно и внушительно. То были последние всплески уходившей жизни, последние капли иссякающего родника, с особой силой прозвучавшие в иссохшем водоеме. Под холодным дыханием смерти лицо старика слегка исказилось. Горькая, беспокойная улыбка, лишь на секунду появившаяся на его губах, застыла в уголках похолодевшего рта. Обладатель миллионов, человек, вызывающий всеобщую зависть, скончался, унося в могилу тяжелую скорбь, половину своего богатства он был готов отдать, чтобы избавиться от этой скорби. И виновниками ее были его собственные дети.

Овдовевшая Воскехат с рыданиями бросилась на холодное тело мужа. За нею — дочь, Марта Марутханян. Брат Воскехат, Срафион Гаспарыч, взяв их обеих за руки, отвел от покойника.

— Бедняжка, истерзался ты из-за детей, измучился вконец! — твердила Воскехат.

Ей вторила дочь.

Срафион Гаспарыч почти силой увел их в соседнюю комнату. Там они могли дать волю слезам и досыта наплакаться. Он пригласил всех туда же. Смбат шел, едва сдерживая слезы. За ним следовали остальные. Тут Воскехат бросилась к только что приехавшему сыну и стала осыпать его жаркими поцелуями. Скорбь ее смешалась с радостью. Потеряв мужа, с которым сорок лет делила горе и радость, она обрела сына, которого восемь долгих лет считала потерянным.

— Исстрадался несчастный твой отец, — повторяла она рыдая. — День и ночь только и твердил: «Сын мой отрекся от веры предков, сын мой осрамил меня!»

Смбат, прислонившись к стене и опустив голову, до крови кусал губы. «Будь проклят, если не исполнишь», — так грозно звучали в его ушах последние слова отца, что он вздрагивал всем телом, крепко сжимая заветный пакет.

Взгляды присутствующих были устремлены на этот пакет, и пристальней всех глядел на него второй сын покойного, Микаэл. Это был молодой человек лет двадцати восьми, хрупкий, худощавый, бледный, с черными как уголь волосами и узкой модной бородкой. Его большие глаза цвета темного ореха были выразительны, умны и в то же время будто безучастны к семейному горю. И в самом деле, его не столько удручала смерть отца, сколько интересовало содержимое пакета. Он знал, что в пакете отцовское завещание, но что в нем — вот вопрос. Завещание должно решить его судьбу. Порою он нетерпеливо дергался, будто собираясь броситься на старшего брата и вырвать у него пакет, подобно магниту притягивавший все его внимание, все его помыслы.

— А что, если старик выжил из ума и лишил меня наследства? — обратился он к мужчине лет сорока, неотступно следовавшему за ним.

Это был зять покойного, муж Марты, хорошо известный, в городе заводчик и делец — Исаак Марутханян. Наружность его обличала человека невозмутимого, расчетливого, холодного и эгоистичного. Среднего роста, коротко подстриженные черные волосы, эспаньолка, пышные закрученные кверху усы — такова была его внешность. Щеки его были румяны, как у десятилетнего мальчика. Из-за очков выглядывали зеленовато-желтые глаза с выражением не столько умным, сколько коварным и отталкивающим. На пухлых красных губах его играла притворная неприятная улыбка, как бы говорившая: «Не думайте, что я дурак!» Держался он с невозмутимым спокойствием и так высоко задирал голову, словно шея его была зажата в железных тисках. Может, причиной был чересчур высокий и жесткий воротник безукоризненно чистой, накрахмаленной сорочки. На нем был длинный черный редингот, серые брюки и черный шелковый галстук. Зеленовато-желтые глаза его вращались, как у заводной куклы, так же искусственны были и все его манеры и движения.

Смерть тестя нисколько не нарушила дремоты его родственных чувств. Умри мгновенно все присутствовавшие у него на глазах, сердце этого дельца ничуть не шевельнулось бы. На рыдания и слезы жены он смотрел равнодушно. Между тем разодетая Марта, прижимая платок к глазам, неумолчно всхлипывала, и не без мастерства. И Марутханян больше чем кто-либо сознавал всю возмутительную ложь в ее дочернем плаче. Он отлично видел, как жена из-под платочка украдкой следит за впечатлением, производимым ее всхлипываниями на окружающих, и в особенности на старшего брата, в руках которого находилось завещание. Никто не горевал искренне, кроме вдовы, а шестнадцатилетний Аршак, самый младший в семье, безучастно разглядывал каждого из присутствовавших, как бы стараясь вникнуть в смысл происходившего вокруг. Вскоре картина скорби стала нагонять на него скуку, и эта скука явственно отражалась на крупных чертах его смуглого лица, выражавшего преждевременную зрелость и даже чувственность.

Вдова со слезами описывала муки покойного. Она обращалась главным образом к старшему сыну и рассказывала обо всем, что происходило в доме за эти восемь лет. Бедняжка, как не хотелось ему бросить на ветер добро, нажитое в поте лица за пятьдесят лет... То есть он не желал передавать его в руки второго сына, Микаэла.

— Не сердись, — обратилась она к Микаэлу, злобно глядевшему на нее. — Я повторяю слова твоего отца. Он боялся, что не пройдет и года, как ты всех нас пустишь по миру, и вызвал из Москвы Смбата. Отец говорил: «Передашь ему, чтобы наставил на путь истинный расточительного брата, присматривал за Аршаком и тебя не оставлял. Скажешь ему, что довольно и тех страданий, что причинил он мне, хоть бы тебя, бедняжку, щадил, щадил твое доброе имя».

«Доброе имя! — повторил про себя Смбат. — Выходит, что это я опорочил доброе имя нашей семьи!»

Вдова умолкла, рыдания заглушили взрывы горьких упреков. Пересилив себя, она снова обратилась к старшему сыну:

— «Зачем он связал жизнь с девушкой чужого племени?» — говорил бедняжка. Заметил ли, сынок, как ему сразу стало не по себе, когда, взглянув на твою руку, он увидел кольцо? Он знал, что ты обвенчался в русской церкви, знал, что у тебя дети, и все же не хотел верить этому несчастью. «Нет, — говорил он, — образумится, разведется». Теперь, сынок, в твоих руках завещание покойного отца, поступай как знаешь, но смотри — не навлеки на себя родительского проклятья. Ты же слышал его? «Будь проклят, если не исполнишь моей воли!» Последнее проклятие умирающего отца нисходит с неба, душа умирающего изрекает его. Бедняжка только хотел, чтобы ты их оставил там и вернулся в родительский дом один. Теперь дело за тобой.

Смбат стоял молча, по-прежнему неподвижный, с пакетом в руке. Слова матери угнетали его, терзали его сердце. Он чувствовал всю ответственность за свой необдуманный шаг, его последствия, столь тяжкие для родителей. А он сам — разве он за все эти восемь лет жил спокойно и счастливо? Разве ему меньше приходилось страдать, чем родне?

— А если я не смогу исполнить отцовской воли? — невольно вымолвил он еле слышно.

— И не исполнишь, если ты человек действительно благородный! — раздраженно перебил брата Микаэл.

Взгляды братьев встретились. В глазах Микаэла вспыхнуло какое-то странное злорадство, он лихорадочно покусывал тонкие усы.

Мать с изумлением взглянула на Смбата: неужели благовоспитанный сын решится нарушить последнюю волю отца?

— Михак! — произнесла она с укоризной.

— Да, — разразился Микаэл, — это ты заставила отца завещать все старшему сыну, а не подумала, какую большую ответственность и какой тяжелый долг ты возлагаешь на него! Теперь ему. остается бесчестие или проклятие отца — выбора нет!

С этими словами Микаэл быстро вышел. Бросив острый, испытующий взгляд на Смбата, за ним последовал Исаак Марутханян. Спокойная поступь дельца вполне соответствовала его манерам.

— Распечатай и прочти, — обратилась вдова к Смбату.

— Нет, прочтем завтра, а пока пусть останется у меня.

Он положил пакет в карман и, тяжело вздохнув, прошел в гостиную, где кое-кто из знакомых дожидался еще в надежде хоть что-нибудь узнать о завещании.

2

Три дня подряд служили панихиду по усопшему. Люди всех слоев общества приходили отдать последний долг покойному. Никто более не злословил, никто не называл Маркоса Алимяна обманщиком, обиралой, скрягой, деспотом. Смерть всех примирила с ним, и каждый спешил выразить соболезнование его семье.

Центром всеобщего внимания был Смбат. Все разговоры вертелись вокруг него. Многие говорили, что старик, конечно, прожил бы гораздо дольше, если бы не сердечная рана, нанесенная ему ослушником сыном. О-о, предательский поступок сына доконал несчастного! Впрочем, обвиняли шепотом. Никто не решался говорить открыто. Каждый опасался, как бы эти разговоры не дошли до наследника. Ведь уже весь город знал, что бразды правления торгового дома Алимяна перешли в руки Смбата.

Завещание вскрыли на другой день после смерти Маркоса-аги, как того хотел Смбат. Оно скорее походило на излияние чувств, чем на практические распоряжения. Под диктовку старика все было записано приходским священником, отцом Симоном. Прежде всего покойный наказывал Смбату постараться наставить Микаэла на путь истинный, помочь ему порвать с засосавшей его беспутной и расточительной компанией. Далее завещал ему бдительно следить за поведением Аршака, любить и уважать мать, жить с ней нераздельно под одной кровлей. Затем он просил и молил «исправить ошибку». Что же касается практической стороны завещания, то покойный, за исключением некоторых незначительных пожертвований бедным родственникам и на благотворительные цели, все движимое и недвижимое имущество, а также ценные бумаги и поступления предоставлял в распоряжение Смбата. Жену он назначал опекуншей младшего сына до его совершеннолетия.

Примечательна была оговорка, касавшаяся наследственных прав Микаэла. Ему было назначено всего сто рублей ежемесячно на карманные расходы, но за ним оставалось право на непременное получение части наследства лишь в том случае, если он женится на девушке «армяно-григорианского вероисповедания». Иначе — до конца жизни ему придется довольствоваться скудным ежемесячным окладом. А жениться Микаэл мог только при условии, если изменит расточительный образ жизни.

Еще примечательней был другой пункт: Смбат не имел права завещать свое наследство ни «иноплеменнице-жене», ни детям от нее. Если же он разведется с нынешней женою и женится на армянке, дети от нового брака будут считаться законными наследниками.

Завещание разбило немало надежд. Многих оно чрезвычайно огорчило, а больше всех — Исаака Марутханяна. Он рассчитывал, что известная доля наследства достанется его жене, и теперь был взбешен, но не подавал виду. При оглашении завещания ни один мускул не дрогнул на его лице, только в зеленовато-желтых глазах вспыхнул хищный огонек. Наклонившись к жене, он шепнул: — Завещание незаконно! Она удивленно взглянула на него. Марутханян продолжал:

— Отец твой продиктовал его уже не в здравом уме. Это — не завещание, а поучение, записанное идиотом попом. Суд не утвердит его. Уйдем отсюда. Тут, кроме Микаэла, все станут нашими врагами... Скоро сама убедишься...

И, не дожидаясь жены, Марутханян с гордо поднятой головой направился к выходу.

Притворное соболезнование родственников, разумеется, сразу уступило место яростной ненависти и вражде. Все ополчились на Смбата.

Выяснилось, что хранившиеся в подвале набитые золотом мешки были плодом пылкой фантазии. Старик оставил наличных средств четыреста — пятьсот тысяч, и то в процентных бумагах. Остальное богатство заключалось в недвижимом имуществе, нефтяных промыслах, заводах и двух пароходах. Не подтвердились также басни о существовании трехов. Распространился слух, будто старик приказал положить их в гроб и так предать его земле. Легковерные люди во время панихиды подходили к гробу Маркоса-аги, чтобы взглянуть на заветные трехи. Однако в гробу ничего не оказалось, кроме желтого трупа в черном сюртуке.

В воскресенье с самого утра в доме Алимянов яблоку негде было упасть. Число желающих нести гроб было так велико, что очередь не дошла даже до Срафиона Гаспарыча — главного распорядителя похоронной процессии. Людское лицемерие выводило его из себя, и он, не стесняясь, громко негодовал:

— Проклятые, пока жив был человек, — злословили, клеветали, отравляли ему жизнь, а теперь вдруг все стали его друзьями! Умерьте ваши аппетиты — Смбата вам не провести!

Обедню служил «либеральный» отец Ашот, молодой, худощавый поп, сотрудничавший в одной из газет, сущее, наказание для прочих пастырей! Прибыл глава епархии Епрем Пирвердиан, пожелавший присутствовать на похоронах. Стоя под балдахином, он обдумывал приличествующую случаю проповедь.

Перед гробом, утопавшим в венках из живых цветов, стояли трое сыновей покойного, погруженные в свои думы.

Аршак с траурной повязкой на рукаве озирался по сторонам. Он устал и был голоден, потому что плохо спал ночью и с утра ничего не ел. Апатично слушал он зычные возгласы священников — эти монотонные «аллилуйя» и «мир всем», нестройные напевы дьяконов, позвякивание кадил, шепот густой толпы; равнодушно смотрел на кадильный дым, на сиянье и копоть погребальных свечей. Смерть отца даже радовала его, как избавление от мелочной, скупой и жестокой опеки.

Сердце Микаэла щемило; он осунулся, впадины под глазами углубились и посинели. Всю ночь он не мог сомкнуть глаз. С той минуты, как он узнал содержание завещания, покойник стал ему ненавистен. Теперь Микаэлу чудилось, что холодный и окаменелый труп отца злорадно насмехается над ним, как адский призрак, лишивший его счастья. И в самом деле, разве отцовское завещание — не сплошное издевательство? Объявить под опекой двадцативосьмилетнего мужчину — какому отцу придет в голову подвергнуть родного сына такому жестокому наказанию? О, безжалостный старик! А он-то по простоте сердечной, воображал, что со смертью отца избавится, наконец, от надоедливой опеки и невыносимых попреков, будет жить как ему угодно и свободно распоряжаться наследством! Стоя по правую руку от старшего брата, он чувствовал, что рядом — чужой, незваный гость, пришелец из неведомых далей, насильно вторгшийся в его собственный дом и завладевший его добром, как разбойник. Ведь целых восемь лет этот человек жил в памяти отца только для ненависти и проклятий. Ведь Смбат был изгнан из родительского дома как виновник чудовищного позора, обрушившегося на семью. А теперь!.. Он явился теперь как хозяин, владыка!..

Иное чувствовал Смбат. Погруженный в мрачные думы и опустив голову, он стоял словно приговоренный. Сколько воспоминаний ожило в нем! Тяжелые мысли обступили его в этой родной обстановке, покинутой на долгие годы, где его сегодня отталкивают, как чужого. Долгие годы? Нет, всего восемь лет. Но ему казалось, что за это время он передумал и перечувствовал гораздо больше, чем за всю предыдущую жизнь. Какая-то несокрушимая стена отделяла его последние восемь лет от прошлого. И никакого сходства между этими отрезками жизни, ни единой общей черты. Еще неделю назад ему казалось, что он навсегда оторвался от близких и больше никогда не вернется под родительский кров. Отец проклял его, с отвращением прогнал и будто забыл о его существовании. Но когда Смбат получил телеграмму, принесшую печальную весть, в его сердце мгновенно все перевернулось. Скупые слова телеграммы сразу воскресили любовь к отцу, подобно тому как пущенный сильной рукой камень будит тишину сонного пруда.

Вновь в глубине его души ожили старые чувства. И теперь он плакал у гроба отца, плакал искренне. Острая скорбь заставляла его время от времени вздрагивать, ему казалось, что это он виноват в смерти старика, он, со своей непоправимой ошибкой. Ведь человек с таким железным здоровьем мог бы жить еще долгие годы — это душевные терзания преждевременно свели отца в могилу.

Однако, скорбя, оплакивая и укоряя себя, Смбат в то же время чувствовал, что стена между ним и окружающими несокрушима...

Взойдя на амвон, епископ начал высокопарно восхвалять покойного за его пожертвования, кстати сказать, весьма скудные сравнительно с его огромным состоянием.

— Эчмиадзинскому монастырю — пять тысяч, духовной академии — пять тысяч, «Человеколюбивому обществу» — десять тысяч, школе — одну тысячу, богадельне — три. Да будет благословенна незапятнанная память почившего, да воздаст господь сторицей его благородным наследникам, да послужит примером для всех истинных армян сие озаренное светом небесной благодати дело...

Обедня отошла. Отслужили панихиду и понесли гроб на кладбище. Погребальный обряд закончился к трем часам дня.

Вопреки обычаю, установившемуся с недавних пор, вдова Воскехат настояла, чтобы устроили такие пышные поминки, каких еще никто не видывал. Скрепя сердце, Смбат согласился, не желая огорчать мать.

Хотя большинство участников похорон разошлось, просторная квартира Алимянов была переполнена. Все уже успели проголодаться и с нетерпением ждали обеда еще во время заупокойной литургии. Расставленные на белоснежных скатертях яства и сверкающие бутылки возбуждали аппетит. Отец Симон, приходский священник Алимянов, сидевший с «именитыми» горожанами в особой комнате, предложил выпить за упокой души Маркоса-аги. За ним последовали «либеральный» отец Ашот и «консервативный» отец Саак. Возглас «царство ему небесное» пронесся по комнатам, настроив к возлияниям. Начали осушать бокалы, заработали вилки и ножи. Сперва все напоминало эчмиадзинскую монастырскую трапезную с ее каменными столами: гости ели молча, исподлобья поглядывая друг на друга. Однако первая смена винных бутылок разгорячила головы, языки развязались, и оживление распустилось, как цветы под майским дождем.

Смбат, давно не видавший подобных пиршеств, переходил из комнаты в комнату и не без любопытства присматривался. Он не был голоден и дивился аппетиту гостей. Многие, хмелея, шутили, смеялись, потчевали друг друга, чтобы и самим выпить лишнее. Чувства Смбата были оскорблены. Какой-то сапожник, осушая бокал, всякий раз толкал локтем соседа, подмигивал сидевшему напротив приятелю и поглаживал грудь, как бы желая сказать: «Ну и вкусное же вино у богача!» Другой, с набитым ртом, рассказывал циничные анекдоты и смешил гостей. Кое-где уже успели залить скатерть красным вином и посыпали ее солью. Наевшиеся до отвала, рыгали. Некоторые из приказчиков паясничали. Главной мишенью их шуток был «адвокат» Мухан, человек с желтым лицом и распухшим носом, запивавший каждый кусок вином или водкой. С пыльными, всклокоченными волосами, с взъерошенной седоватой бородой, вроде обшарпанного веника, с воспаленными глазами, в грязном выцветшем и потертом сюртуке, Мухан напоминал истопника восточных бань. Изо дня в день у камеры мирового судьи сочинял он за гривенник прошения либо разъяснял статьи законов, а потом всю дневную выручку добросовестно оставлял кабатчикам.

Приказчики кидали в «адвоката» хлебные шарики, метя в большую шишку на кирпично-красной шее. Его трясущиеся руки роняли на пол то нож, то вилку, то салфетку, или куски мяса, и, когда он нагибался, чтобы поднять их, хлебные шарики градом сыпались на его шею.

Раз, когда один из шариков угодил ему в нос, Мухан, побагровев, хотел уже выругаться, но чья-то рука сзади прикрыла ему рот.

— Довольно, наклюкался! — шепнул ему на ухо невысокий человек с желтоватыми волосами и стеклянным взглядом. — Дело у меня к тебе... К восьми часам вечера зайди ко мне.

И тотчас исчез.

Стояла ясная погода. Воздух был теплый. Лучи заходящего солнца пробивались в комнаты, освещая разношерстную толпу гостей.

От дыхания людей, от табачного дыма, пыли, грязи и пота в комнатах стояла тяжелая и неприятная атмосфера второразрядного трактира. Многие из гостей уже охмелели и рыгали, по персидскому обычаю давая понять, что сыты по горло, но тем не менее продолжали жевать: ведь бог знает, когда еще удастся поесть за таким обильным столом.

Обжорство гостей, их оживленные, веселые лица, взрывы беззастенчивого хохота вызывали в Смбате невольное отвращение. Давно не приходилось ему видеть подобного отталкивающего зрелища. Проходя мимо «адвоката» Мухана, он заметил, что этот пропойца опрокинул полный бокал на скатерть и ищет солонку, чтобы засыпать красное пятно. Сидевшие рядом с ним портные гоготали, широко, по акульи, разевая полные рты.

— Я вам покажу перед зерцалом су... — рассвирепел Мухан.

Смбат, подавляя отвращение, поспешил к «именитым». Тут ели также не без аппетита, но пристойно; пили немало, но нешумно и не спеша; смеялись, но не громко.

Отец Ашот с воодушевлением говорил о национальных чаяниях своей паствы и о новых задачах церкви. Его «либеральные» взгляды выводили из себя «консервативного» отца Симона, вообще не выносившего своего молодого коллегу. Вскоре между ними возник спор. Каждый из них старался блеснуть ученостью и этим приковать к себе внимание и симпатии богатых сотрапезников. Между тем богачи только делали вид, что слушают внимательно, — мысли их были заняты наследством, оставленным Маркосом Алимяном, и собственными делами: у одного в буровой скважине прогнулась труба, у другого проворовался приказчик, третьему завтра предстояло выкупить векселя, четвертый обдумывал, как бы, подобно иным ловкачам, проложить потайную трубу к нефтехранилищу соседа для воровской откачки нефти. Одним словом, всем им было не до просвещенных идей отца Ашота.

На поминальном обеде присутствовали также некоторые друзья Микаэла. Все они были одеты с иголочки. Один из них шепотом описывал соседу прелести недавно прибывшей опереточной примадонны.

— Вчера за кулисами познакомился. Просила навещать... За ее здоровье!..

Это был известный в городе кутила Григор Абетян, прозывавшийся «Гришей». С красным мясистым лицом, толстыми губами, жгучими черными глазами, этот молодой человек любил на шумных попойках швыряться посудой, резаться в карты, хлестать шампанское прямо из горлышка, шататься ночью по улицам под звуки тара и дудука, задирать полицейских и задабривать их взятками. По одну сторону Гриши сидел желтолицый Мелкон Аврумян, нефтепромышленник лет двадцати шести, в чертах лица которого резко проступал страшный недуг сластолюбия, превративший его в скелет. По другую сторону — сонливо-пьяный Мовсес Бабаханян, с головой ушедший в карточный азарт.

— Познакомишь меня, не так ли? — спросил Мелкон Аврумян.

— Ужин и две дюжины шампанского! — поставил условие Гриша.

— Идет.

— Где?

— На поплавке.

— Молодец! Но этого мало.

— Чего же тебе еще?

— Оркестр...

— Будет.

После ужина на баркасе до острова Наргена... Ночи лунные...

— Согласен.

14

О чем это вы шепчетесь? — вмешался, позевывая, сонливо-пьяный Мовсес Бабаханян.

Мелкон объяснил.

— Чет или нечет? — прохрипел Мовсес Бабаханян, с трудом подымая усталые веки. Он сунул руку в боковой карман вытащил сторублевку и зажал в кулаке.

— Нечет! — отозвался Гриша.

Проверили номер кредитки — он оказался нечетным Мовсес Бабаханян передал деньги Грише.

Микаэл сидел поодаль, рядом с Исааком Марутханяном. Ему казалось, что приятели подтрунивают над ним Ведь он не раз хвастал перед ними, что после смерти отца будет тратить столько, сколько никто еще не тратил. А сегодня вдруг выясняется, что он не полноправный наследник, а лишь подчиненный брата, с ничтожным жалованьем простого приказчика.

— Как мне быть? Научи, Исаак, как мне быть? — то и дело обращался он к Марутханяну.

Зеленовато-желтые глаза за стеклами очков в эту минуту глядели задумчиво. Было ясно, что Марутханян обдумывал что-то очень важное. Вдруг он слегка наклонил неподвижную голову и прошептал Микаэлу:

— Вечерком зайди ко мне, дело есть...

— Стало быть, можно надеяться? — обрадовался Микаэл.

— Приходи, потолкуем.

Поминки подошли к концу. Священники прочитали молитву, и гости стали расходиться. Остались только друзья семьи и приятели Микаэла. Они еще ничего не знали о завещании.

На просторном дворе Алимянов собралась огромная толпа голодного люда. Приказчики и прислуга покойного раздавали нищим еду. Царила невероятная суматоха. Грязные, полунагие попрошайки толкались и ругались, стараясь опередить друг друга, чтобы добраться до кухни.

Звон медной посуды, окрики прислуги, шум голодной толпы — все сливалось в общий гул, производило впечатление восточного базара. Грубость, грязь, чад, зловонные лохмотья вызывали отвращение в сытом и безучастном наблюдателе.

Какой-то слепой армянин, размахивая палкой, прокладывал себе путь к вкусно пахнущим котлам. Юный перс оттаскивал его за полу, норовя пробраться первым. Русский инвалид споткнулся, упал на айсорку и в ярости укусил ей пятку. Краснолицый лезгин, безрукий до локтей, бросался от одного к другому, выхватывал зубами куски и проглатывал их почти не жуя.

Стая бродячих собак, смешавшись с нищими, рыча, обгладывала

остатки костей. Приказчики и прислуга пытались осадить напиравшую толпу, но все их усилия водворить хотя бы подобие порядка оказывались тщетными.

Наконец, вся еда была роздана, двери кухни затворились, но толпа не расходилась, — значит, предстояло еще что-то. Вот на площадке лестницы показалась внушительная фигура Срафиона Гаспарыча. Он распорядился поодиночке подпускать к себе нищих. В уках у него был большой пестрый платок с серебряными монетами. Вдова Воскехат назначила для раздачи нищим сто рублей из своих средств.

Срафион Гаспарыч встряхнул платок, и монеты зазвенели. Привлекательный звон серебра подействовал на толпу, точно электрический ток, и она дрогнула. Все на мгновенье застыли и ошеломленно впились глазами в волшебный платок отставного чиновника. Но вот толпа снова всколыхнулась, загудела и, как стая хищных птиц, кинулась к платку. Теперь уже ни прислуга, ни приказчики, ни даже прибежавшие полицейские не в силах были сдержать напор голытьбы.

Старика окружили со всех сторон. Сотни рук, словно движущийся лес, замелькали в воздухе. Тут были расслабленные, безногие, с невероятными усилиями, ползком пролагавшие себе путь, были обессиленные чахоточные, попадались даже прокаженные, которых чернь не гнушалась. Молодые орудовали локтями и кулаками. Женщины трепали за косы друг друга. Персы славословили память покойного и желали ему райского блаженства. Христиане поносили «неверных» и били их нещадно. В оглушительной сутолоке на разных языках раздавалась самая отвратительная ругань; выношенная столетиями в горниле смрада и грязи, эта ругань была как бы местью природы человеку за извращение естественного правопорядка.

Зрелище заинтересовало многих гостей. Столпившись на балконе, они развлекались, глядя, как попиралось человеческое достоинство. Это были главным образом сынки толстосумов — «золотая молодежь».

— Чет или нечет? — невозмутимо продолжал пытать счастье Мовсес Бабаханян.

Тут находился и репортер либеральной газеты Арменак Марзпетуни, молодой человек со смугло-желтым лицом и большим носом, в неловко сшитом длиннополом сюртуке складки которого свидетельствовали, что он был извлечен из сундука совсем недавно. Поминки дали ему тему для статьи которую он решил назвать «Контраст». Внизу зрелище ужасающего голода и наготы, где трудно отличить людей от псов. А здесь, наверху, — живое воплощение сытости и довольства. Там — нужда, полуголые тела, море голов, грязных, взъерошенных. Тут — щегольские костюмы, золотые цепочки с драгоценными брелоками, брильянтовые кольца и булавки в галстуках. Можно было бы пожалеть находящихся внизу, посочувствовать им, но Арменака Марзпетуни больше влекли к себе те, что были наверху.

Репортер подошел к Смбату, наблюдавшему, как толпа набрасывается на крохи с его барского стола.

— Господин Смбат, я намерен сегодня же описать похороны вашего родителя и послать статью в газету «Искра», пользующуюся, как вам известно, всеобщим уважением.

— Как вам угодно, — отозвался Смбат сухо, даже не взглянув на корреспондента.

— Наш долг ознакомить читателя с примерной благотворительностью покойного. Проповедь слышали только здесь, печатное же слово прозвучит по всей стране. И потому, прежде чем написать статью, я бы попросил сообщить мне кое-какие дополнительные сведения.

— Как-нибудь в другой раз, милостивый государь, сегодня не время, — отрезал Смбат и отвернулся.

Репортер метнул ему вслед яростный взгляд и решил: «Теперь-то я знаю, что надо писать, разжиревший буржуа!» Подошел либеральный отец Ашот.

— Прощайте, Смбат Маркич, разрешите заверить еще и еще раз, что отец ваш обессмертил свое имя.

— Господин Смбат лучше нас знает цену деяниям покойного отца своего, — перебил его консерватор отец Симон, на правах духовника неотступно следовавший за Смбатом.

Смбат вежливо, но холодно пожал обоим руки и, повернувшись, отошел.

Отовсюду Смбата провожали десятки завистливых глаз. А он в эту минуту чувствовал на сердце такую тяжесть, какой еще никогда не испытывал.

3

Сидя в отцовском кабинете, Смбат приводил в порядок дела покойного.

На столе множество бумаг — договоров, счетов, векселей Знакомясь с делами отца, Смбат размышлял о том положении, которое предстоит ему занять в совершенно новом, незнакомом коммерческом мире. Однако сосредоточиться на этом ему не удавалось, — нечто, другое властно теснило мысли. Мужественное лицо его то морщилось в горькой улыбке, то разглаживалось.

Посреди стола перед ним стояла фотография, прислоненная к чернильнице. Вот они, дорогие существа, на долгие годы оторвавшие Смбата от родного гнезда и навлекшие на него отцовское проклятье. Ужасная дилемма: он ненавидит жену, но любит детей. Прошло всего пятнадцать дней как Смбат расстался с этими бесконечно милыми ему существами, а сколько тоски, горечи, скорби! Он никогда еще так сильно не любил своих детей, никогда! И вот хотят заставить его расстаться с ними, расстаться навсегда, во имя каких-то вздорных законов, каких-то диких предрассудков! Да разве можно вырвать сердце из груди, разлучить душу смелом и... все-таки жить!

Нет, нет! Он не любит жену и давным-давно убедился, что никогда не любил и не был любим. Произошла роковая ошибка, оплошность, которую он допустил, не разобравшись в своих чувствах, — ошибка, обычная для многих в юности. А когда он понял свою ошибку, было уже поздно, слишком поздно. Что же, разве Смбат, как честный человек, не должен был связать себя законным браком с чистой, непорочной дочерью порядочных родителей, которую соблазнил в минуту увлечения? Наконец, неужели он должен был выкинуть на улицу беспомощное милое существо, которому сам дал жизнь — родное дитя? Зачем, в силу какого морального права? И вот он женился, пожертвовал ради элементарной порядочности темными предрассудками и отжившими традициями родителей, за что был изгнан из отчего Дома и заслужил родительское проклятие...

Теперь он снова у родного очага, но проклятие все же тяготеет над ним. Примириться или же, вырвав собственное сердце, освободиться от проклятия? А потом? Неужели тогда не нависнет над ним еще более жестокое, чудовищное проклятие — вечное проклятие невинных детей? Нет, нет! Он может ненавидеть ту, которую, как ему казалось, когда-то любил, а теперь ненавидит, — но как разлучиться с родными детьми, когда даже хищное животное не покидает своих детенышей? Не легче ли перенести проклятие упрямого и темного отца, насмешки и презрение сородичей, чем стать бесчестным, бессердечным родителем и носить в груди черную змею, а на совести — тяжелый камень?

Смбат снова взял со стола заветную фотографию и прижал к губам, не замечая, что мать неслышно подходит к нему.

Вдова на минуту остановилась за спиной сына. Тронутая зрелищем, она грустно покачала головой. Но это мимолетное чувство тотчас сменилось другим, более сильным; бескровные губы Воскехат дрогнули, и из груди ее вырвался тяжелый вздох.

— Твои дети? — спросила она, положив руку на плечо сына.

Смбат вздрогнул, поднял голову и посмотрел на мать, одетую с головы до ног в черное.

— Скажи, это твои дети? — переспросила вдова.

— Да, мама, мои кровные дети, — ответил Смбат, ставя фотографию на место.

— Нет, сын мой, не кровные они, нет!

— Мама! — произнес Смбат укоризненно.

— Да, да, они от тебя, но не твои!

— Мама, не говори так, у тебя тоже есть дети, которых ты любишь.

— Да, любила и люблю. Но послушай, сынок...

Вдова уселась против сына, сложила руки на груди и направила на него взгляд, полный участия. Взгляд этот „ слегка смутил Смбата, в сердце его закралась какая-то неприязнь к матери. Ему показалось, что перед ним не любящая мать, а неумолимый судья.

— Сын мой — продолжала вдова, озабоченно вздыхая, — довольно тебе позорить себя, родителей и всю семью. Ты с детства был умницей. Отец твой знал это, потому и передал тебе свои дела. Неужели ты не понимаешь, что поведение твое противно обычаям наших отцов, дедов иконам нашей святой церкви? Две недели назад отец твой задел вот тут, на этом месте. Бедняжка! Никогда он не был так озабочен и грустен.

«Воскехат, — сказал он, — мне снилось, что я скоро умру, как быть с Смбатом? Не хочется умирать не помирившись». И он горько заплакал. Потом положил руку мне на плечо и заставил поклясться прахом родителей моих, жизнью детей и брата, что я буду молить тебя образумиться. В завещании написано мало, но он говорил много об этом. День и ночь только о тебе, и только о тебе шла речь.

И вдова черным шелковым платком утерла слезы. — Матушка, значит, ты хочешь, чтобы я своих собственных детей вышвырнул на улицу, как лишнюю обузу? — молвил Смбат, с трудом сдерживая гнев.

— Боже упаси, сынок! Зачем бросать? Отец твой мечтал только об одном: чтобы ты иноплеменницу и детей лишил своего имени. Пусть живут как хотят. Слава создателю, покойный оставил такое состояние, что ты можешь обеспечить на всю жизнь и жену и детей. Пусть им перепадет часть твоего наследства, бог с ними!

— Мать, я понял тебя, довольно, больше об этом ни слова! — возмущенно прервал Смбат.

Он встал и, заложив руки в карманы, подошел к окну. «Ни слова!» — но как же молчать матери, страдавшей за сына целых восемь лет, матери, на которую была возложена исстрадавшимся отцом священная обязанность — помочь сыну ступить на верный путь? Как же было не говорить ей, когда над любимым сыном нависло отцовское проклятье? И Воскехат продолжала говорить. Она описывала свои терзания, муки отца, упреки родни и друзей, молчаливое презрение знакомых, проклятия соотечественников и церкви...

Смбат слушал молча, взволнованно шагая по комнате. Когда мать облегчила сердце, он, схватившись за голову, горестно застонал:

Матушка, ты отвела душу, теперь оставь меня одного. Я обдумаю, как мне поступить.

— Но ты сегодня же, не так ли, сегодня должен это решить! — упорствовала вдова.

Вошел Срафион Гаспарыч и стал успокаивать сестру. Еще не время решать эту тяжелую задачу. Пусть пройдут Дни траура, а после он сам переговорит с Смбатом, объяснит ему все обстоятельства и убедит исполнить последнюю волю родителя. А сегодня надо принять главу епархии, он выразил желание «лично утешить скорбящего».

— Владыка просил передать, чтоб ты ожидал его, — обратился Срафион Гаспарыч к племяннику.

И действительно, час спустя слуга доложил, что епископ уже выходит из кареты.

Прибытие его преосвященства было обставлено довольно торжественно. Он шествовал в сопровождении молодого архимандрита, всех городских священников и двух ктиторов, как бы желая показать все величие своего сана. Два соперника — краснолицый, крепкий, чернобородый отец Симон и сухопарый, в очках, отец Ашот, подхватив под руки владыку, бережно помогали ему подыматься по устланной коврами лестнице. Епископу было пятьдесят лет. Среднего роста, он был кругленький, тучный как хорошо откормленный боровок. С его мясистого, широкого лица ниспадала длинная, густая борода пепельного оттенка, закрывавшая ему грудь, словно два расправленных орлиных крыла. Из-под блестящего шелкового клобука виднелась пара очень бойких глаз с припухшими красными веками, частично скрытыми под густо разросшимися длинными бровями. По обеим сторонам его толстого носа, с жесткими волосками на кончике, возвышались две синеватые припухлости, заменявшие, ему щеки, — единственные места на лице, где не было волос. На грудь владыки спускалась массивная золотая цепь с большим крестом, осыпанным брильянтами.

Пока епископ с важной медлительностью подымался, постукивая о ступени посохом, его беспокойно бегающие глаза изучали обстановку богатой прихожей. У последней ступени Смбат припал к его волосатой с синими прожилками руке.

Епископ тяжело вздохнул и перевел дух, мысленно проклиная свое толстое брюхо. Но пусть окружающие думают, что этот вздох — выражение глубокого соболезнования осиротевшей родне.

Торжественное шествие, возглавляемое владыкой и замыкавшееся священником в коротенькой рясе цвета лягушки, направилось к гостиной в сопровождении Смбата и Срафиона Гаспарыча. Тут его преосвященство ожидали вдова Воскехат, Марта и несколько пожилых женщин. Все приложились к руке епископа и удостоились его благословения. Отец Симон и отец Ашот усадили владыку в кресло, битое бархатом; он утонул в нем до остроконечной верхушки своего клобука, как литая бомба в клубах ваты.

— Его святейшество патриарх и католикос всех армян, — начал епископ, торжественно отчеканивая слова, — соблаговолил прислать кондак[2] с благословением вашему степенству, высокочтимый Смбат Алимян. Я явился, чтобы вручить вам сие святое послание и со своей стороны также, отечески паки и паки воздать благодарность доброй памяти усопшего, а также благословить вас за пожертвования приснопамятного родителя вашего на процветание церкви и на нужды народные.

И, вынув из-за пазухи огромный пакет, владыка высоко поднял его со словами:

— Прочтите, отцы!

Отец Симон и отец Ашот одновременно потянулись к пакету. Отец Ашот, более ловкий, чем его противник, успел перехватить кондак.

— Отец Симон, читай лучше ты, у тебя голос покрепче, — велел владыка.

Отец Ашот, кусая губы, передал пакет своему противнику.

Отец Симон начал читать. Вдова заплакала, за нею последовали другие старухи, хотя ровно ничего не понимали из того, что читалось.

— Сей благословенный дом достоин патриаршего благословения, — изрек епископ по прочтении кондака и собственноручно передал его Смбату. — Не плачьте, сестры, а возрадуйтесь, ибо отныне десница царя небесного пребудет над сим семейством. Да примет всевышний душу покойного в сонм святых и пророков!

При этих словах владыка благоговейно возвел очи. Но тут взгляд его остановился на огромной золоченой бронзовой люстре, спускавшейся с потолка. «Любопытно знать, сколько она стоит?» — промелькнуло в его голове.

Потом он заговорил об эчмиадзинском монастыре, посоветовав вдове Воскехат посетить святую обитель к предстоящему празднику мироварения, добавив, что и сам будет там, чтобы помолиться за паству своей епархии и принести его святейшеству, католикосу, уверения в преданности этой паствы заветам родной апостольской Церкви.

— Грех на моей душе, владыка, великий грех против нашей святой

---

[2] Кондак — послание

веры, не могу я с чистым сердцем ехать в Эчмиадзин, — проговорила вдова, бросив многозначительный взгляд на окружающих.

Епископ знал семейные обстоятельства Алимянов. Поэтому, поняв намек вдовы, обратился к сопровождавшим его духовным лицам:

— Отцы, и ты, отче архимандрит, пройдите в другую комнату.

Приказ был немедленно исполнен, и в гостиной остались, кроме епископа и Воскехат, Смбат и Срафион Гаспарыч.

Первой начала вдова:

— Да, великий грех тяготеет над домом Алимянов, и пока не будет он искуплен, никто из нашей семьи не посмеет считать себя подлинным правоверным армянином.

Смбат предчувствовал, о чем будет говорить мать с епископом, а потому заранее решил вооружиться хладнокровием, чтобы не огорчить ее каким-нибудь резким возражением.

Вдова вкратце рассказала все то, что уже было известно епископу: говорила она взволнованно, то и дело прижимая к глазам черный шелковый платок.

— Сын мой не повинен, нет, нет, — заключила она. — Он был молод, его совратили и впутали в беду...

Наивная женщина! Она все еще думала, что ошибку сына можно легко исправить, — стоит лишь ему этого захотеть... Она думала, что только тот брак свят и нерасторжим, который связывает двух единоплеменников и единоверцев, и что только дети, родившиеся от такого брака, могут считаться законными и достойными любви.

Епископ чувствовал себя в затруднительном положении. От него требовалось, чтобы он убедил Смбата нарушить обет, порвать с женой и бросить детей. Как заставить человека с твердыми взглядами, с университетским образованием решиться на такой шаг, какими словами и доводами подействовать на него?

У его преосвященства участилось дыхание, он вспотел под тяжестью навалившейся на его тучные плечи непосильной обузы. Но все же он заговорил — заговорил об историческом и политическом значении родной церкви, описал гонения ею перенесенные, доказывал необходимость любви и преданности религии для «сохранности нации», но, не дойдя до сути дела, устремил взгляд на бронзовую люстру и замолчал.

Вдова Воскехат тяжело вздохнула, чувствуя, что вопрос гораздо сложнее, чем ей казалось, и вновь прибегла к своему обычному оружию — просьбам и слезам.

— Сними, сынок, с себя отцовское проклятие, избавь себя и нас от напасти! — твердила она в сотый раз одно и то же.

Для Смбата все это было тяжелым испытанием, которое, если бы продолжалось, могло стать непосильным. Он кусал губы, чтобы сдержать крик, чтобы не оскорбить в присутствии епископа мать лишним словом.

— Владыка, — заговорил он наконец, — благоволите убедить мою мать, что не человек, а чудовище тот, кто способен выбросить родных детей на ,улицу. Я любил отца, люблю мать, но как могу я во имя этой любви пожертвовать детьми? Владыка, каждый человек сам отвечает за свои поступки и на этом и на том свете. Если мой шаг — преступление против моего народа, против религии и родины, то я, и только я, должен нести наказание. Проклятие отца я постараюсь снять с себя как-нибудь иначе; я постараюсь быть безупречно честным в отношении семьи, ближних, но покинуть детей — никогда, никогда!..

— А коли так, — возьми детей, а жену брось! — не выдержала Воскехат.

— Бросить мать детей?! — вскричал Смбат, не в силах более сдержать себя. — Что бы ты сделала, если бы у тебя отняли детей? Нет, владыка, ваше вмешательство ни к чему не приведет. Я не могу исполнить требование матери!

При этих словах он встал, давая понять, что не желает более об этом говорить.

Епископу было приятно, что вопрос не усложняется и что он может теперь свободно вздохнуть. Выбрав удобную минуту, владыка тоже поднялся и прочитал молитву, давая понять находившимся в соседней комнате, что беседа на щекотливую тему окончена.

Епископ получил плату «за допущение к его руке» и отбыл с той же торжественностью, с какой прибыл.

Вдова плакала, Срафион Гаспарыч ее утешал.

Четверть часа спустя Смбат снова прошел в отцовский кабинет. Хотя он и был огорчен, но все же чувствовал в душе облегчение. Первая буря, ожидаемая им ежеминутно после похорон отца, оказалась не столь уж сильной. Смбат сумел противодействовать матери. Теперь ему уже не трудно будет намекнуть на близкий приезд из Москвы жены и детей. Вдова, разумеется, вознегодует, заплачет, будет упрашивать, но это не беда, мало-помалу свыкнется с мыслью о неизбежной встрече с невесткой. Ну, а дальше? Неужели вопрос решен? О нет, нет, не в этом суть: примирится ли он сам, Смбат, со своим положением, если даже предаст забвению отцовское проклятие?

Он не мог более заниматься делом, начал собирать бумаги. Вошел слуга и доложил, что уста Барсег хочет видеть хозяина.

— Кто такой Барсег? — Один из ваших арендаторов. — Пусть войдет.

Посетитель оказался тем самым рыжеволосым человеком, который на поминках подошел к «адвокату» Мухану и попросил его зайти к нему вечером. Он остановился у дверей, сложил руки на груди и отвесил низкий поклон, затем, воровато озираясь, подошел к Смбату и с льстивой улыбкой протянул ему руку. С первого же взгляда вид и ухватки этого человека произвели на Смбата отталкивающее впечатление. — Что вам угодно?

— Доброго здоровья вашей милости, Смбат-бек, — раздался в ответ глухой голос уста Барсега. — У вас дело ко мне? — Маленький счетец, Смбат-бек. — Присядьте.

Гость поклонился, но не сел.

— Ваша милость, как вижу, изволили забыть меня, — заторопился он, устремив стеклянные глаза на хозяина. — Оно, конечно, дорогой ага, столько лет прошло... Только мы вашу милость помним. Во какой был ты, — продолжал гость, держа руку на аршин от полу, — маленький-маленький. А потом подрос еще малость и уехал в Москву. Сохрани тебя господь, теперь ты уже мужчина, да еще какой!.. Как поживаешь, дорогой ага?

— Спасибо. Вы сказали, что у вас есть счет, что это за счет?

Барсег сделал вид, будто не расслышал, и продолжал по-прежнему:

— Бывало, приходил ты ко мне в лавку и бубенчики спрашивал — кошке на шею. Вот под этой самой комнатой наша лавка, миленький, топнешь — и прямо в голове слуги твоего отзовется.

— Вспоминаю, вспоминаю, — нетерпеливо прервал его Смбат, — вы — уста[3] Барсег, серебряных дел мастер... Скажите, что у вас за счет, уста Барсег?

— Пришел ты как-то ко мне: «Сделай удочку, уста Барсег, рыбу ловить». — «Со всем нашим удовольствием, говорю, сделаю, голубчик ты мой». Засел я, провозился целый день, смастерил хороший серебряный крючок и подарил тебе. Ну и обрадовался же ты, миленький...

— Уста-Барсег, вы про какой-то счет говорили...

— На другой день ты прибежал опять: уста Барсег, говорят, мол, серебро фальшивое. Уж и не знаю, кому это нужно было сказать, что уста Барсег фальшивое серебро за настоящее выдает... Помнишь?

— Что у вас за счет, уста Барсег? — воскликнул Смбат раздраженно.

— Счетец? — небрежно переспросил гость. — Да, заговорился и забыл о нем. Счетец, Смбат-бек, на имя Микаэла Маркича... Счетец, голубчик ты мой, маленький, очень маленький... Но Микаэл Маркич все тянет... Вот уже три дня просим-молим... не оплачивает...

— Не оплачивает? Значит, он вам должен?

---

[3] Уста — мастер.

— Именно должен, голубчик ты мой. Ежели не отдаст, конечно, помолчим, но ведь он должен по векселю...

— По векселю?

— Чисто... На предъявителя!

— Сумма?

— Для вашей милости — сущие пустяки, цена костюмчика, вечерок в компании. Для нас же, голышей, целая казна, Царство, сад Гарун аль Рашида, ха-ха-ха!..

Смех этот был до того сух и неприятен, что Смбат почувствовал невольное омерзение. Однако он уже был заинтригован словами посетителя.

— А ну-ка, покажите вексель, — протянул Смбат руку.

Барсег, озираясь, вытащил из бокового кармана истертый бумажник. Из пачки каких-то бумаг осторожно извлек вексель, развернул и, держа крепко за уголки, поднес к глазам Смбата.

— Да, это подпись Микаэла, — подтвердил Смбат. — Вы не бойтесь, я не отниму, хочу только взглянуть на какую сумму.

Смбат изумился. Вексель был на семь тысяч рублей, — сумма, несомненно, превосходившая все состояние заимодавца.

— Уста Барсег, вы и теперь занимаетесь вашим ремеслом?

— Да, голубчик мой, как был ремесленником, так ремесленником и остался: постукиваем молоточком, — семью содержим, пятеро детей... Вот уже года два как шкафчик завели, разложили в нем кое-что из золота и серебра и тешимся, будто и мы чем-то торгуем...

— А может быть, Микаэл у вас золотые вещи брал?

— Нет, жизнью твоей клянусь, наличными. Клянусь драгоценной жизнью твоей, у детей изо рта вырывал — ему давал...

— Уста Барсег, вы ему ровно семь тысяч дали или меньше? — спросил Смбат, бросив проницательный взгляд на посетителя.

Уста Барсег смутился, но лишь на мгновенье. Тотчас овладев собой, он ответил улыбаясь:

— Конечно, голубчик ты мой, дал я немного меньше, но вся-то сумма семь тысяч серебром.

— Я вас прошу сказать, сколько вы дали наличными деньгами? Ведь вексель содержит и проценты?

— Проценты, понятное дело, а то как же без процентов... Но долг Микаэла Маркича — ровно семь тысяч рублей.

— Когда истекает срок?

— Срок? Да сегодня. Уже шестнадцать дней прошло, как помер Маркос-ага, царство ему небесное! Клянусь твоей жизнью, мы денно и нощно за него молились. Но что же поделаешь, — ни нам от смерти не уйти, ни смерть нас не забудет. Видно, так богу было угодно...

— Что вы хотите сказать, уста Барсег? Не пойму я вас.

Ясно как день, Микаэл-ага обещал уплатить спустя несколько дней поселе смерти отца.

Смбат вздрогнул. Он понял чудовищный поступок брата, делавшего ставку на смерть отца. Несомненно, этот Барсег, кровопийца-ростовщик, воспользовался стесненным положением расточительного молодого человека и ссудил деньги под чудовищные проценты, с обязательством уплаты тотчас после смерти старика. Но кто из них омерзительней — должник или кредитор?

— Ладно, — сказал Смбат, — повремените до завтра, я переговорю с братом, и после увидимся.

— Нет, нет, молю тебя! Микаэл Маркич не должен знать, что мы приходили к вашей милости. Упаси господи! Буйный он человек, убьет меня и пустит по миру моих детей...

— Ступайте! Приходите завтра — получите деньги.

— Да, голубчик ты мой, завтра покончим. Пятеро детей, старуха мать, сестры, братья, племянницы, племянники — целая орава у меня. По судам бегать неохота. Лучше по-хорошему, сам Христос так велел. Дай бог царство небесное Маркосу-аге, отменный был человек, очень нас любил, каждый день заходил ко мне в лавку. Мы тоже к услугам вашей милости под сенью вашей и живем. Прости за беспокойство, не сердись, голубчик, уходим без разговора, завтра явимся, просим прощенья...

И уста Барсег, пятясь к двери и отвешивая низкие поклоны, выкатился из комнаты.

В тот же вечер между Смбатом и Микаэлом произошло первое столкновение. Микаэл без стеснения сознался, что занял у Барсега всего одну тысячу, выдал же вексель на семь. Ничего другого не оставалось — нужны были деньги. Он поступил так же, как поступали многие дети скупых родителей. Не мог же он морить себя голодом, будучи сыном миллионера, когда его друзья тратили тысячи, десятки тысяч. А сейчас, когда он наконец, имеет право на свободное, независимое существование, вместо одного деспота является другой. Нет, это невыносимо и оскорбительно. Отец оставил незаконное завещание, и он, Микаэл, разумеется, не будет сидеть сложа руки, он примет необходимые меры, а пока что Смбат, без лишних слов, должен заплатить уста Барсегу, иначе дело поступит в суд...

Смбат принялся разъяснять, что ему и в голову не приходило стать деспотом Микаэла, что они равные братья и обязаны помогать друг другу добрыми советами. Но ведь жизнь Микаэла — это духовное банкротство, нравственное падение, разложение. Пусть посмотрит на себя в зеркало. Так продолжаться не может — это оскорбление для семейной чести.

— Наконец, мы не имеем морального права ради нашего удовольствия бросать на ветер состояние отца, нажитое в поте лица.

— В поте лица! — повторил Микаэл с горькой усмешкой. — Ты убежден, что наш отец нажил миллионы честным путем?

— А ты сомневаешься?! — воскликнул Смбат удивленно.

— Я? Я-то убежден, а вот ты — нет.

— Что ты хочешь этим сказать?

— А то, что ты в душе считаешь нашего отца эксплуататором и в то же время не стесняешься пользоваться его богатством.

— Микаэл!

— Зря ты оскорбляешься. Хочешь, я покажу твои письма из Москвы, после того как покойный отказал тебе в деньгах? Ты писал, что в наши дни нельзя разбогатеть честным путем. Ты обвинял отца в эксплуатации трудового люда, в жадности и скупости, я же отвечал, что богатство Маркоса Алимяна не результат чужого труда, а игра случая, дар судьбы, лотерея. Я защищал, ты — наносил удары! Скажи же теперь, кто из нас более достойный наследник, — я, ведущий расточительный, распутный образ жизни, или же ты с твоими экономическими воззрениями и вычитанной из книг философией? — Не знаю, может быть, — ты...

— Да, я! Дай в таком случае мне пользоваться наследством. Отойди от дел и передай мне богатство, накопленное эксплуатацией. Ты — человек образованный, я — неуч, ты — умен, я — дурак, деньги дураку и нужны, ведь умный сам может их заработать. Вот ты козыряешь своей безупречностью и воздержанностью, но забываешь житейские условия, в которых мы росли. Тебя в двенадцать лет вырвали из дурного общества и отправили в Москву. Жил ты там в лучших семьях, воспитывался у лучших учителей, окончил университет. Меня же держали тут, в этом поганом городе, и, не получив по твоей милости никакого образования, я попал в дурную среду.

— По моей милости? — прервал его Смбат. — Да, именно, разве ты этого не знал? В тот самый день, когда отец узнал, что ты женился не на армянке, он поклялся не только не посылать остальных детей в Россию, но и вообще не отпускать их от себя ни на шаг. Вот почему я лишился тех добродетелей, которыми ты теперь гордишься. Да, да, ты умен, ты получил высшее образование, ты можешь себя обеспечить честным трудом, а вот я не могу, ведь я — невежда, дурак, ни к чему не способен. Именно мне, а не тебе, пристало проматывать богатство, добытое чужим горбом. — Но ведь я обязан исполнить волю, выраженную в завещании отца?

Микаэл расхохотался.

— Обязан исполнить волю! — повторил он, всплеснув руками и

27

покачав головой. — Ай-яй-яй, нечего сказать, похвальная покорность! Обязан? Так выполни в первую очередь главный пункт завещания; разведись с женой и брось детей! — Это тебя не касается!

— Пусть так. Если тебе угодно, отныне не буду говорить об этом, но при одном условии, чтобы ты тоже не надоедал мне своими наставлениями, не имеющими для меня ни малейшей ценности.

— Но я обязан тебя наставлять, такова воля не только отца, но и матери.

— Почему? Потому что я шарлатан, а ты порядочный человек, я беспутный, а ты нравственный, да? Потрудись же, нравственный человек, пройти к матери и посмотреть, из-за кого бедняжка проливает слезы. До свиданья, завтра без лишних слов уплатишь уста Барсегу мой долг, отберешь вексель, а для меня приготовишь пять тысяч рублей. У меня есть и другие долги — все оплатишь и запишешь за мной. Он вышел, бросив на брата взгляд, полный презрения. Смбат возмущенно ударил по столу и поднялся. Вот как! Даже этот испорченный до мозга костей юнец укоряет его, тычет ему в глаза его непоправимой ошибкой. Но что поделаешь? Как тут наставить брата на «путь истинный», когда он сам не выполняет возложенного на него посмертной волей отца тяжелого обязательства?

«А все-таки я приберу тебя к рукам», — решил Смбат про себя.

4

Как! Долгие годы играть роль заурядного приказчика, томиться под пытливым взглядом упрямого и мелочного старика, придумывать всякий раз небылицы для оправдания расходов, порою с нечистыми руками подходить к отцовскому сундуку и волей-неволей жаждать смерти родителя в надежде, что она освободит от ненавистного гнета, — и что же! Умер в конце концов отец, оставив огромное наследство, а он, Микаэл, неожиданно оказался лишенным законных прав и очутился под новой докучливой опекой?

Нет, нет, это невыносимо, оскорбительно для Микаэла, этого удара он не перенесет. Что скажут его друзья и приятели? Не вправе ли они смеяться, издеваться над ним? Нет, нет, он не покорится безмолвно воле старшего брата, он равный наследник. Что за бессмысленное завещание! От него требуют изменить образ жизни, жить по прихоти полупомешанного старика и жениться на армянке, чтобы вернуть себе наследственные права. Жениться в такие годы, когда его друзья свободны от брачных пут, а те, кто женился, уже раскаиваются, как, например, Мелкон Аврумян и многие другие. К чему ему лезть в ярмо, плодить лишние рты и ежедневно слышать «папа, папа» — это глупое смешное слово, приятное для тупиц и несносное для тех, кто умеет ценить блага жизни и пользоваться ими. Нет, Микаэл теперь независим, свободен и хочет остаться таким, — холостая жизнь ему еще не прискучила!..

Занятый этими мыслями, Микаэл чувствовал, как в его сердце с каждым днем растет ненависть к брату, и он придумывал всевозможные планы, чтобы выйти из-под опеки старшего брата.

Смбат уже уплатил долг Микаэла уста Барсегу, отобрал вексель и передал брату, но в просимых им пяти тысячах отказал.

Время шло к полудню. Полчаса назад Микаэл снова попросил денег у брата и снова получил отказ. Теперь он взволнованно шагал по своей комнате, самой комфортабельной в доме Алимянов. Тут были изысканные белуджистанские ковры, подушки, подушечки, кресла, обитые нежнейшей хорасанской и кирманской шалью и парчой. Перед одним из окон, задернутых плотной шелковой занавесью, стоял большой письменный стол, обремененный массивным серебряным, чернильным прибором, разными статуэтками и альбомами в дорогих переплетах. В углу — роскошный книжный шкаф, набитый сочинениями русских поэтов и прозаиков в золоченых переплетах. Бросалась в глаза также переводная литература. Через сводчатую дверь виднелась спальня, устланная мягкими коврами. Там, в углу, — постель, покрытая шелковыми одеялами и вышитыми накидками. На ней — пять-шесть подушек, сложенных горкой. Можно было подумать, что это ложе шикарной кокотки, если бы стена напротив не была увешана оружием. В другой комнате стоял туалетный столик, уставленный всевозможными флаконами, пузырьками с розовой водой, гребнями, щеточками и ножницами.

В оформлении этого уютного уголка большое участие принимала Воскехат. Это она убедила мужа не останавливаться перед расходами, чтобы сделать приятное сыну: ведь то, что тратится на убранство дома, зря не пропадет, да и Микаэла можно этим постепенно приучить к оседлости и вызвать в нем желание обзавестись семьей. Но пышная обстановка льстила тщеславию Микаэла и только. Ему было приятно, что иные из его друзей завидовали, когда он угощал их вином в золоченых кубках или же, открывая карточный столик, ставил на него золотые подсвечники.

Отворилась дверь, и вошел Исаак Марутханян с вкрадчивой улыбкой на румяном лице.

— Наконец-то! — воскликнул Микаэл по-русски и знаком пригласил гостя сесть. — Ну, говори, какие новости?

— Смотря, что тебя интересует, — ответил Марутханян, подбирая полы сюртука и усаживаясь в кресло.

— Что же еще может меня интересовать, кроме этого дурацкого завещания?

— Понятное дело, — проговорил Марутханян, медленно снимая перчатки и бросая их в шляпу. Он осмотрелся по сторонам. — Надеюсь, никто нас не услышит?

— Не беспокойся. Хочешь, закроем двери.

— Не худо бы.

Микаэл подошел к двери и повернул ключ.

— Вопрос ясен, — начал Марутханян, взяв со стола папиросу. — Прежде всего ты должен дать мне честное слово, что все, о чем мы будем говорить, останется между нами.

— Излишняя осторожность. Я себе не враг.

— Молодцом! Тебе известно, дорогой мой, что я не похож на здешних горе-купцов. Я — юрист, хотя и без высшего образования, но не хуже любого присяжного поверенного разбираюсь в законах. Меня знают и здесь и в Тифлисе. Этим я хочу сказать, что если берусь за какое-нибудь сложное дело, то уж довожу его до конца, действуя осторожно и обдуманно: семь раз примерю, один раз отрежу.

Пустив в потолок клуб дыма, он уставился желтовато-зелеными глазами на Микаэла.

— Хочешь, чтобы завещание было признано незаконным I и утратило силу?

— Конечно, хочу! — ответил Микаэл с жаром. — Отлично. Но для этого потребуется ряд условий. — Например?

— Во-первых, твердость воли, хладнокровие, а затем уменье лицемерить и ловко лгать.

— Лгать? Разве это необходимо?

— Безусловно! Девятнадцатый век, милый ты мой, век лжи, а век этот еще не кончился. Нынче лгут все, и особенно, те, кто восстает против обмана.

— Ну, а дальше? Изложи свой план. — Сию минуту. Твой старший брат, Смбат, вот уже три дня как судебным порядком утвержден в правах наследства. Отныне ты его раб в полном смысле этого слова. Так или нет?
— Допустим, что так.

— Допускать нечего, по точному смыслу закона это так. Отец твой назначил тебе ежемесячно сто рублей — жалованье повара средней руки. Ты можешь вступить в наследственные права лишь после женитьбы. А жениться разрешается тебе лишь в том случае, если ты станешь серьезным, рассудительным человеком, ха-ха-ха!.. Этот пункт завещания весьма эластичен и обличает наивность того, кто писал, и невежество того, кто. диктовал. Скажи, пожалуйста, если ты совсем изменишь образ жизни, то есть бросишь пить, играть в карты, волочиться за женщинами, напустишь на себя важность, как ты можешь доказать, что ты на самом деле изменился? При желании Смбат всегда может возразить: дескать, ты остался тем же, каким был и при жизни отца. Это — во-первых. Во-вторых, разве ты согласился бы жениться? Уверен, что нет. Ты принадлежишь к категории мужчин, для которых слово «женитьба» звучит так же фатально, как для меня «Сибирь» или «Сахалин». И на кой черт жениться тебе, когда к услугам таких, как ты, жены дураков. Итак, этот пункт завещания, как видишь, твоя гибель, намыленная петля... И вот я со своим планом иду тебе навстречу. Мой план хоть и наскоро составлен, но все же лучше этого идиотского завещания, мой план так или иначе может изменить твою судьбу.

— А что за план?

— Другое завещание, так сказать, контрзавещание.

— Где же его взять?

— Вот в этом-то и загвоздка! Допустим, что контрзавещание составляется с полного твоего согласия, по моему плану и при участии двух таких помощников, из которых каждый мастер своего дела и никогда еще не был уличен ни в чем. Только ответь — хочешь ли стать полноправным наследником богатства, оставленного твоим батюшкой, или же предпочитаешь быть рабом брата?

— Говори скорее, бога ради! — воскликнул Микаэл, которому казалось, что зять шутит.

— Контрзавещание, разумеется, будет составлено зад ним числом, и на нем, понятно, будет подлинная подпись покойного. Это не так трудно, как тебе может показаться. Ты мне дашь образчик почерка отца, лучше всего подпись под какой-нибудь бумагой, а уж остальное дело мое и моих помощников. Согласен?

— А каково будет содержание контрзавещания? — поинтересовался Микаэл, убедившись, что Марутханян вовсе не шутит.

— Весьма любопытное, психологически весьма правильное, весьма ясное и справедливое, — ответил Марутханян, поправляя свой красный галстук. — Прежде всего о размере наследства. По самому скромному подсчету оставленное покойным недвижимое имущество я оцениваю в три с половиною миллиона. На четыреста пятьдесят тысяч процентных бумаг и приблизительно столько же наличными. По контрзавещанию наличные деньги, процентные бумаги вместе с обстановкой этого дома достаются тебе. А вся недвижимость, как то: нефтяные промысла, дома и завод, то есть их стоимость или же доходы с них, делятся на три равные доли: одна — опять-таки тебе, другая — твоему младшему брату, Аршаку, третья — сестре, то есть моей жене... Что касается матери, то она, согласно закону, получает седьмую часть. Думаю, что более справедливого и законного завещания нельзя и представить.

— А Смбат?

— Было бы неосмотрительно упоминать о нем в завещании. Все знают, что он был проклят и изгнан, естественно, Смбат должен быть обделен. Выиграв дело, мы назначим ему постоянный оклад или же дадим некоторую сумму, и тогда нас же будут хвалить за великодушие. — Но выиграем ли мы дело?

— Может, выиграем, а может, и нет. Если не выиграем и обман обнаружится, нас потянут к уголовной ответственности.

— Нет, нет, я на это не пойду! — воскликнул Микаэл, ужаснувшись.

Марутханян иронически улыбнулся.

— Но ведь мы без всякого сомнения выиграем дело, — проговорил он с полным спокойствием. — Ты послушай! Где будет рассмотрено дело? Ясно, в губернском суде. Вот тут-то и зарыта собака. Кем выносится решение? Лишь дураки и идиоты верят в справедливость. А я наперечет знаю всех членов суда, знаю также, до чего они падки на взятки. Взятка — вот та великая сила, что движет совестью судей и законами. Мне же известны приемы, как подкупить членов суда и других, начиная от швейцара и кончая председателем.

— А если нам не удастся подкупить? — спросил Микаэл с нетерпением.

— Тогда мы прибегнем к другому средству, — предложим пойти на мировую.

— Кому?

— Смбату.

— Каким образом?

— Прежде всего припугнем его слухами о контрзавещании. Мною уже кое-что предпринято в этом направлении. Затем появится на свет контрзавещание. Смбат, увидя подпись покойного батюшки и выслушав мои показания, придет в ужас, и мы прижмем его к стене.

— Выходит, что ты мне предлагаешь пойти на мошенничество?

— Дорогой мой, — сказал Марутханян, снова поправляя галстук, — на свете много ложных понятий и ложных чувств. Мошенничество — понятие растяжимое. Разве не мошенничество — опозорить имя родителей, изменить вере отцов, погубить будущность детей за ласки какой-то распутницы, поносить родного отца при жизни, а после смерти завладеть его богатством, обобрав законных наследников? Своими махинациями я хочу восстановить справедливость, как дипломат, который правдой и неправдой спасает свое отечество. Впрочем, зря я затягиваю, воля твоя, не хочешь, — что я могу поделать? Ступай и пей воду из рук брата, как глупый баран...

— А не слишком ли много придется на долю твоей жены?

— Доля долей, а мне за труды? Неужели, рискуя своей репутацией, я должен остаться при пиковом интересе?

— Ведь говорил же ты: семь раз примерь, да раз отрежь, — значит, ты не очень рискуешь.

— Будущее покажет... В этом деле главная роль принадлежит тебе. Впрочем, нечего канителить: либо да, либо нет!

— Ладно, делай как хочешь, но только обойдись без меня. По судам таскаться мне неохота, да и вообще твой проект мне не особенно улыбается. Это дело темное.

— Оно сделается ясным, раздобудь только мне одну подпись покойного или лучше несколько...

— Хорошо, — согласился Микаэл, — сегодня же разыщу и дам.

— Вот за .это хвалю! Надо, милый мой, действовать, действовать!

Покидая Микаэла, Марутханян в дверях едва не столкнулся с Гришей. Толстяк, почтительно пропустив Марутханяна, вошел, устало отирая платком пот с раскрасневшегося лица и шеи, и с плечами ушел в кресло.

— Ох, — простонал он, насилу переводя дух, — подниматься по лестнице — мученье! У порядочных людей Дом должен быть без лестниц... Черт бы побрал этих врачей, пристали: ходи да ходи, чтобы похудеть? Каково мне таскать этот бурдюк! Собираемся у Кязим-бека, дружок, пей уксус: большой дебош предстоит. Кстати, когда сороковины?

— Кажется, через неделю.

— Так я ему и сказал. Значит, в то воскресенье мы воздадим памяти покойного последние почести, а во вторник снимем с тебя траур. Однако к делу. Я пришел просить тебя сегодня вечером ко мне — предстоит небольшая партия в баккара. Вели подать стакан воды.

Лакей принес бутылку нарзана, и Гриша напился прямо из горлышка. Потом он уговорил Микаэла отобедать в гостинице «Еврона», — там будут артистки недавно прибывшей оперы во главе с очаровательной примадонной Барановской.

— Ну, я передохнул. Аида, пошли! Стояла теплая погода, хотя и было начало октября. Друзья прошлись по центральным улицам и дошли до квадратной площади, служившей местом прогулок. Отвечая на приветствия многочисленных знакомых, Микаэл уже воображал, что всем известно о завещании: не смеются ли над ним, а может быть, и сочувствуют?..

— Ступай в гостиницу, мне надо протелефонировать кой-кому о сегодняшнем баккара.

И Гриша скрылся за дверью ближайшей конторы. Микаэл свернул на узенькую улицу, потом на другую и, остановившись перед новым одноэтажным домом, призадумался. За последнее время, проходя мимо этого дома, он всегда на несколько мгновений задерживался и засматривал в окна.

Сегодня на улице было почти пусто. Лишь изредка показывался прохожий или извозчик, и снова наступала тишина. Микаэл почувствовал приятное волнение, кровь в его жилах заиграла, наполняя тело приятной истомой. Сняв пальто, он перекинул его через руку. Сердце забилось, в висках застучало, как в жару, глаза загорелись, губы подергивались.

У окна стояла женщина и, улыбаясь, глядела на Микаэла. Вот эта самая улыбка и зажгла в нем кровь. Женщина была высокая, широкоплечая, с крупными, но привлекательными чертами; отличительной особенностью ее лица были нежные, едва заметные усики, пленявшие Микаэла.

Он подошел к окну.

— Где это вы пропадали? Что вас давно не видно в наших краях? — произнесла дама густым, бархатным контральто.

Казалось, ей надо было быть мужчиной, а этому молодому, женственно хрупкому человеку, так нежно пожимавшему ей руку, скорее пристало родиться женщиной. Словно природа перепутала их оболочки, как пропойца-портной, надевающий заказчику платье, скроенное на другого.

— Занят был домашними делами.

— Вы — и домашние дела! — усмехнулась дама, облокачиваясь на подоконник и наклоняясь вперед.

— Ведь я же в трауре, — отозвался Микаэл, жадно глядя на ее чуть видневшуюся полную грудь необычайной белизны. — А-а, понимаю, заняты делами, завещание... Но...

— Как поживаете, сударыня? — перебил Микаэл, не желая говорить о завещании.

— Очень плохо, тоскливо...

И выразительные глаза ее медленно поднялись, по губам пробежала страстная улыбка, открывшая ряд жумчужно-белых зубов. Они не отводили друг от друга глаз. Дама ловко повернула тему беседы вопросом: отчего же Микаэл не женится? Ах, нынешняя молодежь вконец испорчена: она чурается семейной жизни, тратя драгоценные годы на излишества.

— Взгляните в зеркало, ведь вы с каждым днем чахнете...

— Я чахну, зато брат ваш все добреет. Отчего же вы его не уговорите жениться?

— Гришу-то?.. О, он неисправим! Его сердечко занято оперными и опереточными певицами. Вы — другое дело, ваше сердце свободно...

— Как знать!

— Ах, так? И вы? А я считала вас неспособным увлечься, — с насмешливой лаской улыбнулась она.

— Вы правы, любовь певицы меня захватить не может.

Дама откинулась от подоконника, и складка на белом похотливом подбородке сгладилась.

В свое время много шуму наделала в городе история замужества Ануш Гуламян. Дочь Мнацакана Абетяна, богача, владельца лучшего в городе магазина, влюбилась в одного из отцовских приказчиков. Родители, разумеется, воспротивились неравному браку, но однажды Ануш бросилась на колени перед матерью и со слезами покаялась. Мать не могла скрыть признание дочери от мужа. Надменный толстосум разъярился, вызвал Ануш к себе, обругал, назвав «распутницей», и, как поговаривали, даже поколотил ее.

Но было уже поздно, начались сплетни, насмешки, и отец, скрепя сердце, выдал Ануш за своего приказчика. Теперь у этого приказчика в центре города лучший магазин на позолоченной вывеске значится «Петр Иванович Гуламов, представитель московских мануфактурных фирм». В год этой скандальной женитьбы Микаэл Алимян был учеником седьмого класса реального училища. Эта история запечатлелась в его памяти, и с тех пор Ануш приворожила его. Микаэл познакомился с ней через Гришу года два назад и время от времени навещал ее как близкий товарищ брата. И Ануш и супруг ее принимали Микаэла радушно, как бы считая за честь, что у них бывает сын миллионера Алимяна. Ануш опять высунулась из окна, на этот раз еще ближе склонившись к Микаэлу, и осмотрелась по сторонам. Щеки ее зарделись, глаза сверкали, как черные алмазы, пышная грудь колыхалась. Она то и дело отбрасывала со лба густые черные пряди волос.

Микаэл опьяненными глазами продолжал впиваться в ее полные плечи, стройный стан и особенно в полуоткрытую грудь. Какая шея, какие огненные глаза, какой манящий взгляд! Пусть говорят, что хотят, о неженственности этого существа, а все же она очаровательна, бесподобна. Оглянувшись, Микаэл потянулся к Ануш и уже хотел поцеловать ее, как, отпрянув, она еле слышно произнесла: — Гриша идет.

Микаэл отскочил. Кокетство Ануш, ее бесконечно трогательная и вызывающая улыбка, страстное выражение глаз доставили Микаэлу такое наслаждение, какого он не испытывал никогда, — наслаждение, которое стоило многих побед. Ведь Ануш — одна из самых уважаемых в городе дам, считается добродетельной безупречной женой, несмотря на скандальный брак с Гуламяном.

— Это ты с Ануш разговаривал? — спросил Гриша, подходя к Микаэлу.
— Ты заметил, как она скрылась, завидя меня? Мы в ссоре, не разговариваем.

— Почему же вы в ссоре?
— Потому что ее муж — осел. Третьего дня я в присутствии жены

назвал его ослом, вот она и разобиделась, не разговаривает со мной. — Но почему же ты обидел человека?

— Как не обидишь, милый мой, я у него попросил в долг тысячу рублей, а он отказал. «Нет», — говорит. Обобрал, разбойник, моего отца, нажил миллионное состояние и говорит: «нет». А для любовниц, конечно, есть.

— У него есть любовницы?

— Да еще сколько! Во всех уголках города. И какие красотки — одна уродливее другой!..

Это было новостью для Микаэла, и весьма приятной. Ведь если муж неверен жене, стало быть, и жена вправе изменять ему. С этого дня нежные усики Ануш все сильнее манили Микаэла. Несколько дней подряд в известные часы прохаживался он под окнами одноэтажного дома, однако Ануш не показывалась. Это еще сильней подстрекнуло Микаэла. Наконец, он решил навестить ее.

Против ожидания, муж оказался дома, хотя обычно он в эти часы уходил в клуб. После недельной размолвки муж и жена помирились. Их былая «любовь» давно уже успела смениться взаимной холодностью, и месяца не проходило, чтобы супруги не оскорбляли друг друга из-за какого-нибудь пустяка. Охлаждение наступило уже через год после брака. В глазах друг друга они стали скучнейшими существами: муж со свойственным его кругу убожеством, жена со своей требовательностью и претенциозностью. Оба поняли, что не любовь, а мимолетная страсть бросила их в объятия друг друга. Эту страсть Петрос перенес на продажных женщин, у Ануш же она лишь временно погасла, как бы ожидая случая вспыхнуть снова.

Сегодня Ануш с особенным вниманием разглядывала то супруга, то гостя. Разница между ними оказалась чудовищной. Неповоротливый, толстобрюхий, с глубоко посаженными жадными глазами, плешивый и прыщеватый — таков Петрос; он тянет чай из блюдца, похрюкивая, словно свинья; жадно, непрерывно сопя и чавкая, большими кусками глотает пирожное; не умеет держаться с гостем; увидя в своем доме Микаэла, этого изысканно одетого, изящного сына миллионера, чьи манеры и повадки изобличали человека, выросшего в роскоши и холе, он растерялся. Да, только безумие могло толкнуть Ануш на брак с этим уродом, вдобавок еще изменяющим ей, тогда как, казалось, должно было быть наоборот. Петрос говорил с Алимяном о торговых делах, нисколько не интересовавших Микаэла. Нефть с каждым днем дорожает, счастлив тот, у кого имеются нефтяные участки. У Петроса их нет. Вот если бы Микаэл Маркович был так добр и уступил часть своих владений по сходной цене, Петрос был бы ему бесконечно благодарен. Ануш с отвращением отвернулась: она не помнит случая, чтобы ее муж, беседуя с богатым молодым человеком, чего-нибудь да не клянчил. Вот что значит бывший приказчик! Но в то время как муж клянчил, жена обещала... обещала пленительной улыбкой, глубокими взорами. Больше того — прощаясь, Ануш так крепко пожала руку молодому человеку, что у него уже не могло остаться и тени сомнения...

Два дня спустя Микаэл наведался снова и на этот раз застал Ануш одну. Даже детей не было дома — няня увела их к бабушке.

Ануш встретила Микаэла как-то умышленно холодно, с печатью грусти на лице. Но Микаэл был обстрелянной птицей — настроение изящной дамы он истолковал правильно: сегодня ей хотелось побеседовать о муже, перемыть ему косточки. Ей казалось, что если она сама не начнет порицать супруга, Микаэл, чего доброго, может подумать, что Ануш все еще любит этого безобразного и грубого мужлана. Однако самолюбие удерживало ее, и она ограничилась несколькими намеками, показавшими, как тяготится Ануш своей участью. Меняются времена, меняются вкусы и потребность женщины; сейчас уже мало иметь супруга и детей, чтобы чувствовать себя счастливой, есть и духовные запросы. Ах, как бы хотелось Ануш заняться каким-нибудь делом вдали от неприглядной семейной обстановки. Вчера она была в театре. Шла какая-то новая драма, где героиня, уставшая от семейной жизни, стремится к общественной деятельности. Ануш взволновалась, с трудом сдерживая слезы; ей казалось — будь она актрисой, наверное, эту роль она сыграла бы лучше, чем кто-либо другой.

— Поверьте, в наши дни одни только артистки и живут полной жизнью, а такие, как я, несчастны.

Микаэл слушал сочувственно. Он уже убедился, что никакой любви к мужу у Ануш нет: больше того — все ее желания и помыслы вызваны ненавистью к нему.

С этого дня Микаэл уже не боролся со страстью, разгоравшейся в его сердце с нарастающей силой. Он ходил к Ануш каждые два-три дня под тем или иным предлогом и всегда в отсутствие Петроса...

5

За месяц Смбат успел ознакомиться с отцовскими делами. Изучая их, он все более и более заинтересовывался ими. Миллионные предприятия, кроме своей материальной основы, заключали в себе какую-то особую, неизъяснимо притягательную силу. Он, всего лишь какой-нибудь месяц назад имевший под своим начальством одну горничную, теперь распоряжался огромным количеством людей. Около тысячи мастеровых, рабочих и приказчиков видели в нем могущественного владыку, во власти которого было осчастливить их или лишить куска хлеба.

Смбат удивлялся природному уму, такту, энергии и особенно выдержке покойного отца. Этот невежественный человек, с трудом выводивший свою фамилию на банковых чеках и векселях, в течение многих лет вел обширное и сложное дело, с которым вряд ли сумел бы справиться целый отряд специалистов. Отец, безусловно, был человеком незаурядным.

Смбату часто вспоминались едкие насмешки Микаэла. Да, он, Смбат, часто утверждал, что в наше время невозможно нажить богатство честным путем, что все богачи — своего рода вампиры, сосущие кровь человечества. И вот теперь он стоит во главе большого дела, вызванного к жизни потом и кровью трудового народа. Как ему быть? Остаться ли верным заветам прошлого, презреть все, отдать богатство брату и стать бедняком, каким он был всего месяц назад? Будь у него настоящее мужество, он так бы и поступил, но ведь тогда, думал он, за какие-нибудь несколько лет исчезнет все это колоссальное состояние — стоит ему попасть в руку Микаэла. Между тем, сколько хорошего и полезного можно сделать, если применить для нравственной цели безнравственными путями добытые средства! И, увлеченный этими мыслями, Смбат почувствовал в себе прилив какой-то необыкновенной энергии, неведомую до сих пор нравственную зарядку. В нем словно пробуждалась дремавшая мощь, напрягая все его существо. Он мысленно разрабатывал десятки планов, один заманчивей другого, — проекты, рассчитанные на облегчение человеческих страданий. Смбат улучшит положение своих рабочих — это будет его первым и, само собою разумеется, большим делом, делом, за которое пока еще не брался ни один нефтепромышленник и заводчик. Днем Смбат работал, а по вечерам запирался у себя в кабинете — читал, писал и изучал проблемы экономики. Порою доставал из бокового кармана заветные фотографии, долго рассматривал их и покрывал поцелуями. Он сильно тосковал по детям, ему казалось, что давно, очень давно разлучен с ними и словно оторван от них навсегда. О поездке в Москву Смбат пока не думал. Дела заставляли его быть здесь. Оставалось вызвать сюда жену с детьми. Но мог ли Смбат водворить их под тот самый кров, откуда когда-то его самого изгнали и где никто не встретит его детей с распростертыми объятиями? Имеет ли он, наконец, на это право, когда над ним тяготеет, с одной стороны, угроза проклятия, закрепленная отцовским завещанием, с другой — нескончаемые упреки матери? Но ведь он страдает в разлуке с детьми, а там, на холодном севере, в этих детях бьются сердца, полные горячей любви к нему! Вдобавок, как разлучить эти невинные создания с матерью, заставить их мучиться вдали от нее?

Как-то вечером, раздумывая об этом, Смбат невольным движением взял лист бумаги и стал писать жене. Он больше не в силах переносить разлуку с детьми. Тоска по ним ломает его жизнь — он не может ни работать, ни думать.

Дописав письмо, Смбат перечитал его и снова погрузился в думы: что собственно он затеял — надругаться над отцовским завещанием, пренебречь слезами и мольбами матери и остаться под вечной угрозой проклятья? А потом, как же он примирит родных, до мозга костей пропитанных предрассудками, с женой, воспитанной на современных началах? Но это еще полбеды, есть и другое, более серьезное препятствие: ведь он не любит жену — семь лет, проведенных вместе, были для него сплошным адом. И вот едва он расстался с женой, едва вздохнул свободно, как опять собирается вернуть прошлое.

Смбат хотел уже порвать письмо, но вновь вспомнил детей и снова почувствовал укоры совести. Ах, если бы он не был так привязан к ним, если б он походил на тех своих соотечественников, которые в подобных случаях бросали детей на произвол судьбы и со спокойной совестью, воротясь на родину, вновь вступали в брак! Тогда он омыл бы свою нечистую совесть в святой купели. Но ведь Смбат любит эти создания и как родитель, и как чуткий человек. Ненавидя жену, сам ненавидимый ею, сознавая непоправимость своей ошибки, проклятый отцом, вдали от матери, братьев, близких, он имел лишь одно утешение — детей, только с ними он забывал сердечную горечь.

Смбат вложил письмо в конверт. Вошел Микаэл. Приблизившись, он молча сел против брата у письменного стола. Лицо его выражало решимость — было видно, что он явился по серьезному делу.

— У тебя есть время? — спросил он.

— Смотря для чего.

— Сейчас скажу. Что это за письмо?

— Тебя оно не касается.

— Догадываюсь, ты пишешь жене. Конечно, я не имею права вмешиваться в твою жизнь, однако не мешает знать: как ты распорядился судьбой детей?

— Пишу их матери, чтобы она приезжала с ними. Надеюсь, что по крайней мере хоть ты не будешь против.

— Да, но ведь ты сам сказал, что это меня не касается. Только не рано ли задумал?

— Что ты хочешь этим сказать?

— А то, что, прежде чем писать ей, тебе следовало бы посоветоваться со мною.

— Не понимаю.

— Хорошо, я буду говорить ясно и решительно: тебе в ближайшем будущем придется вернуться в Москву.

— Вернуться в Москву? Зачем?

— Чтобы продолжать прежнюю жизнь семейного отщепенца.

— Микаел, я не настроен шутить.

— А я тем более. Должен тебе сказать, что ты получил отцовское наследство незаконно.

— Неужели? — спокойно отозвался Смбат, прижимая пресс-папье к конверту.

— Да, не ты законный наследник.

— Есть у тебя марки? — обратился Смбат к брату с полным хладнокровием. — Я хочу отправить письмо сейчас же.

— Прошу оставить шутки и выслушать меня.

— Ну говори, я слушаю.

— Отец тебе ничего не завещал. Тот документ, по которому ты стал обладателем его состояния, фальшивый. Настоящее завещание у меня. Если угодно, можешь ознакомиться с его содержанием.

— Должно быть, ты прямо с пирушки? Голова у тебя отяжелела, поди проспись. Микаэл вспыхнул.

— Я трезв, как никогда! — воскликнул он, выхватывая из бокового кармана вчетверо сложенную бумагу.

Смбат нажал кнопку. Вошел слуга.

— Отнеси письмо на почту.

Слуга взял письмо и удалился.

— Что это за бумажка? — спросил Смбат с прежнимхладнокровием.

— Да, бумажка, клочок бумаги, однако это подлинное завещание нашего отца. Верю твоей честности, на, прочти.

Смбат протянул было руку.

— Впрочем, постой, — засуетился Микаэл и засунул руку в карман, — я ошибся. Марутханян говорит, что в наши времена нельзя доверять никому, даже родному брату. А он-то уж знает людей!

— Младенец! — усмехнулся Смбат. — Неужели у тебя нет другого довода, кроме оружия?

Он взял бумагу, развернул и посмотрел на подпись. — Да, наметанная рука у составителя этой бумажки! — Ты не веришь? — Конечно, нет, но...

Он замолчал на минуту, потирая лоб. Он не верил, но в то же время колебался. Неужели это завещание настоящее? Он посмотрел на дату и смутился: бумага была составлена после той, что хранилась у него. И там и тут одна и та же подпись. Значит, рушатся все его планы. Опять нищета, вдали от родины, под гнетом проклятья?.. Что же это такое, в самом деле?

Неужели покойный на смертном одре издевался над ним? Или он пребывал в состоянии умопомрачения, спутав одну бумагу с другой?

Смбат бросил на Микаэла испытующий взгляд, и его помутившийся рассудок мгновенно прояснился. Сгладились морщины на лбу, по губам пробежала горькая улыбка.

— Кто состряпал эту бумажонку? — воскликнул он, ударив рукой по подложному завещанию.

— Сам покойный составил, неужели не ясно?

— Возьми его обратно, изорви и брось в сорный ящик! Ты — жертва гнусной интриги!

— Ха-ха-ха! — ответил деланным, фальшивым смехом Микаэл.

Смбат еще раз сличил поддельную подпись с другими, имевшимися в делах, и задумался. Он понимал, что эта бумага, хоть она и подложная, причинит ему большие неприятности.

— И ты хочешь, чтобы я на основании какой-то бумажки уступил тебе свои, утвержденные законом, права? — спросил он, вставая.

— Иного выхода у тебя нет.

— А если я не соглашусь?

— Тогда я обращусь в суд.

Смбат замолчал, сложил бумагу и положил ее перед братом. Микаэл смотрел на него в упор. Он было подумал, что поступает дурно, но лишь на миг. Не стоило начинать комедию, а раз начал, необходимо довести ее до конца.

— Значит, действовать через суд?

— Действуй, как тебе угодно, — ответил Смбат решительно. — Я это завещание считаю подложным, его состряпал Марутханян.

Микаэл вздрогнул, как птица в силке, однако тотчас овладев собой, приподнялся.

— Жаль, но придется обратиться в суд, — сказал он.

И, чтобы не подвергать свою выдержку еще более тяжелому испытанию, счел благоразумным ретироваться.

Уставясь в пол, Смбат в раздумье прижал палец к губам. «А если бумага не подложная? Придется обдумать положение. Ему не хочется терять отцовское добро. Да и кто захочет? Пусть родительское богатство накоплено нечистыми руками, можно его очистить, употребить на общую пользу, но снова обеднеть — благодарю покорно...»

Наутро Смбат зашел к Микаэлу и застал у него Исаака Марутханяна. Не трудно догадаться, что могло заставить зятя явиться к шурину в такой ранний час. Смбат догадался также, что зять успел настроить Микаэла против него. Смбат потребовал объяснений. Микаэл повторил то же самое, но более решительно.

— Сегодня же я подам в суд, если не пожелаешь кончить дело миром.

— Подавай, — ответил Смбат, бросив испытующий взгляд на Марутханяна. — Подавайте, вы оба сломаете себе шеи! Фальсификаторы!

— Прошу без оскорблений! — возмутился Марутханян. — На каком основании ты впутываешь меня в это дело и, не получив ответа, прибавил:

— Единственная моя вина в том, что я доверяю Микаэлу больше, чем тебе. Контрзавещание подлинно и неоспоримо. Я, как юрист, в этом уверен.

Настроение Смбата мгновенно упало, но не от страха, а от сознания того, что, если даже выяснится, что контрзавещание подложно, оно все же может наделать много шума.

— Микаэл, — обратился Смбат к брату, стараясь держаться возможно хладнокровней, — не доверяйся этому человеку, он может тебя погубить. Говорю без всякого стеснения, в его же присутствии.

С этими словами Смбат направился в одну из лавок нижнего этажа.

Это была длинная, широкая комната, разделенная деревянной перегородкой. В задней части ютился один из городских приказчиков, а передняя была отведена под контору. Тут стояли: желтый расшатанный шкаф, два ветхих письменных стола, несколько не менее ветхих стульев. Несгораемой кассы не было, на полу лежало промысловое и заводское оборудование: трубы, краны, связки канатов.

За столом, в глубине комнаты, сидел, склонившись над бумагой, худощавый человек лет сорока, с преждевременно поблекшим лицом. Завидев Смбата, он поднялся во весь рост и поздоровался, согнув и без того сутулую спину. На нем был поношенный сероватый сюртук с металлическими пуговицами, блестевшими, точно ордена. Черный засаленный платок, обмотанный вокруг шеи, придавал ему болезненный вид, кончик другого пестрого платка торчал из заднего кармана. Внешность этого человека говорила о том, что он прошел суровую школу жизни.

Смбат присел за стол и подписал несколько бумаг, молча положенных ему сутулым человеком, одновременно исполнявшим обязанности заведующего конторой, приказчика и бухгалтера. Приняв из рук Смбата бумаги, он под подписью хозяина везде проставил и свою: «Бухгалтер Давид Заргарян».

Подписав бумаги, он достал из кармана пачку кредиток и положил ее перед Смбатом со словами: — Поступления от двух магазинов. — Оставьте у себя, сдадите завтра, — сказал Смбат. — Нет уж, получите. Я не могу держать при себе такие деньги ни единого часа.

Видно было, что бухгалтер взволнован. Вся его фигура выражала оскорбленное достоинство.

— Опять случилось что-нибудь? — спросил Смбат, уже успевший изучить характер Заргаряна.

— Господин Смбат, получите деньги и освободите меня от всяких денежных счетов.

Проговорив это, Заргарян принялся большими шагами расхаживать по комнате с таким видом, точно он старался наступить на ускользающего гада.

— Не понимаю, — заметил Смбат, — может быть, я чем-нибудь обидел вас?

— Нет, господин Алимян, вы слишком воспитаны, чтобы обижать таких, как я. Мне просто страшно держать при себе деньги.

— Боитесь потерять?

—Да.

— Но, насколько мне известно вы служите у нас много лет и ни разу еще ничего не теряли.

— Нет, раза два случалось при жизни вашего покойного батюшки.

Смбат почувствовал в словах Заргаряна какой-то особый смысл. В честности бухгалтера он ни на волос не сомневался. Довольно было и того, что его держал семь-восемь лет такой осторожный и недоверчивый человек, как покойный Маркое Алимян.

— Убедительно прошу вас, говорите яснее. Вижу, вы хотите что-то сказать, но не решаетесь.

— Хороша, скажу яснее, раз вы мне разрешаете, — ответил Заргарян и, широко шагнув, остановился перед хозяином. — Ваш брат, господин Смбат, занимается воровством.

— Заргарян! — прервал Смбат возмущенно. — Вы мне разрешили быть откровенным, значит, не должны сердиться. Да, господин Микаэл ворует, и я не в силах ему препятствовать. За эту неделю он трижды брал из конторы деньги, не оставляя никаких расписок. Вот счет: тысяча семьсот рублей.

И он положил перед Смбатом листок. Воровство! Что за чудовищный удар по семейному престижу Алимянов! Об этих деньгах Микаэл ничего не говорил Смбату и, конечно, не собирался говорить. Вот как! Значит, Микаэл, не довольствуясь тем, что получает от матери и от брата, не останавливается перед воровством! Он не щадит даже этого несчастного бухгалтера, подвергая риску его репутацию. Вот до чего дошел Микаэл!

— Покойный, — продолжал Заргарян со вздохом, — хорошо зная сына, строго-настрого наказал съемщикам и приказчикам не давать ему ни гроша. Было бы недурно, если бы то же самое сделали и вы.

— Отлично, я воспользуюсь вашим советом. И Смбат покинул контору, чтобы рассеяться. Жизнь в промышленном городе кипела. Люди торопливо и озабоченно сновали взад и вперед. Не трудно было угадать, что головы их заняты одной мыслью, сердца — одним чувством: нажить как можно скорее и больше. Воздух был пропитан духом наживы. Люди

43

раскланивались поспешно, разговаривали второпях, едва переводя дух. Останавливались лишь изредка, чтобы обменяться рукопожатием. На свежего человека город производил впечатление вокзала, где каждый спешит, суетится? толкается, боясь опоздать на поезд. Вихрем мчались экипажи мимо недавно воздвигнутых и возводимых зданий, развозя дельцов, одержимых жаждой золота. Старые глинобитные приземистые азиатские лачуги с плоскими земляными крышами заменялись великолепными каменными домами европейского типа. Все менялось, обновлялось с лихорадочной быстротой, и прежде всего — внешность горожан. Вчерашняя персидская папаха, длиннополый балахон и чарохи[4] уступали место шляпе, сюртуку и лакированным ботинкам. Конторы и великолепные магазины были полны посетителей: входили, выходили, покупали, продавали, надували — и неизменно спешили.

Смбат заметил толпу перед небольшим двухэтажным домом: люди перешептывались с таинственным видом и опасливо озирались. Он поднял голову и прочел на фронтоне: «Биржа». Сюда в известные часы сходились маклеры и «биржевые зайцы», тут они наживались и обманывали. Каждый норовил купить чужой товар подешевле, продать свой подороже. Несколько человек, узнав Смбата, почтительно расступились и дали ему дорогу, другие низко поклонились. Сначала Смбат почувствовал к этим людям презрение, смешанное с отвращением, — дармоеды, язва на общественном организме! В либеральных студенческих кружках ему не раз приходилось жестоко порицать общественные группы, чуждые производительному труду. Потом презрение уступило место другому чувству: вправе ли он считать этих посредников паразитами и клеймить их презрением? Не легкомысленно ли порицать явление, не разобравшись в породивших его причинах? Если посредник — тунеядец, паразит, то таким же названием можно окрестить и нефтепромышленника, заводчика, помещика, купца, лавочника, а стало быть, и его самого, Смбата Алимяна?

Он почувствовал, что мысли его унеслись далеко, очень далеко, проникая в тайники политической экономии. Смбату стало стыдно за свой умственный и нравственный мир. В эту минуту он видел себя в двойном облике: один — нынешний Смбат, другой — тот же, но два месяца назад; один — наследник миллионов, другой — тот бедный молодой человек, что содержал семью частными уроками, был проклят отцом и изгнан из родного дома.

К которому из двух вернуться, с кем слиться? Что лучше — потерять богатство, но остаться верным принципам, или предпочесть золото, силу и власть? Проблема казалась неразрешимой.

---

[4] Чарохи — вид обуви.

Вдруг Смбат вздрогнул. Он вспомнил контрзавещание, о котором успел было забыть. Да, если оно законно, то вопрос разрешится сам собой, помимо его воли. Его снова выгонят из семьи, и он опять станет тем, кем был два месяца назад. Пусть тогда Смбат отстаивает свои идеи, на пустой желудок проповедует нравственные принципы и кормит своих детей высокими теориями...

— Смбат! — послышался сзади знакомый голос; он обернулся.

Это был Григор Абетян, запыхавшийся и обливавшийся потом.

— Уф! Чуть не лопнул! Проклятые врачи выматывают душу, а помощи никакой... Послушай, я к тебе с миссией: Кязим-бек Адилбеков просит тебя пожаловать к нему на гала-кейф. Он хочет снять с тебя траур и подружиться с тобой. Заклинаю тебя именем всех международных кутил — не отказывай! Я дал Слово, что заполучу тебя, и ты должен пойти.

— А кто там будет?

— Говорят тебе — международные кутилы.

— А Микаэл?

— А то как же? Микаэл — душа нашей компании.

Смбат хотел было отказаться от этой чести, но любопытство взяло верх: хоть раз побывать в кругу друзей Микаэла и посмотреть, как он прожигает жизнь.

— Ладно, приду.

— Нет, так нельзя, ты можешь забыть или, чего доброго, сбежишь. Сначала поедем в клуб, я заеду за тобой, жди меня дома. Впрочем, нет, нет, жди в конторе — у меня не хватит сил подняться по лестнице.

6

Швейцары Общественного собрания, увидев Смбата, засуетились; торопясь и толкаясь, они принимали от него пальто и шляпу.

Поднявшись по широкой лестнице, Смбат и Гриша прошли в обширный зал. Здесь одни играли в карты, другие, разбившись на группы, беседовали и спорили, убеждали, разъясняли. Тут же заключались торговые сделки. Шутили, острили, рассказывали циничные анекдоты и, подталкивая друг друга, обделывали дела на десятки тысяч. Возгласы и жесты, допускающиеся в Общественном собрании, могли оскорбить непривычного человека. Изменилась лишь одежда у вчерашних лавочников, фруктовщиков и возниц. Улица в накрахмаленной сорочке, лакированных ботинках переместилась в Общественное собрание, залитое электрическим светом люстр и уставленное роскошной мебелью. Небрежно развалившись в бархатных креслах, здесь восседали люди, еще недавно сидевшие на драных циновках, поджав по восточному обычаю ноги. Тут были также врачи, адвокаты, инженеры, внешнее обхождение и речь которых носили неизгладимый отпечаток воспитавшей их среды — почти те же грубые жесты, та же вульгарная речь невежественных торгашей. Они даже умышленно перенимали повадки разбогатевших поваров и дворников, с единственной целью — понравиться им.

Смбата встретили любезными приветствиями, подобострастными улыбками. Все наперебой спешили пожать ему руку, выразить соболезнование по поводу смерти отца и восхваляли достоинства покойного.

— А вот тут наши патриоты, — сказал с иронией Гриша, вводя Смбата в небольшую комнату, где человек пять-шесть о. чем-то жарко спорили.

— Голодное брюхо шевелит мозг! — сострил Гриша.

Затем они очутились в ярко освещенной просторной комнате, где за длинным столом группа людей читала газеты.

— Местные политиканы! — объяснил Гриша с жестом гида.

— Следующие комнаты были битком набиты играющими в карты. Меловая пыль, табачный дым, тяжелое дыхание образовали сплошной сизый туман, в котором мелькали раскрасневшиеся лица, заплывшие глаза и обвисшие животы. Иные и за картами совершали торговые сделки.

Поминутно хлопали пробки: новоиспеченные буржуа, сопя и рыгая, освежались минеральными водами после плотного обеда.

В последней комнате сражались на бильярде. Здесь были Мовсес и Мелкон.

— Добро пожаловать, сиротка! — обратился к Смбату„ Мелкон , прицеливаясь в шар.

— Иншалла![5] — проронил сонливо-пьяный Мовсес, натирая мелом конец кия. — Карамболь!..

— Ну, пора кончать, уже десять! — крикнул Гриша нетерпеливо.

Партию докончили кое-как. Смбат, Мелкон и Мовсес отправились прямо к Кязим-беку, а Гриша по пути свернул в театр.

— Забегу я за моими красотками, не то их похитят.

Помещение, называвшееся театром, представляло собою убогое четырехугольное сооружение, лишенное стиля и напоминавшее сарай. В узком проходе Гриша бросил пальто подбежавшему капельдинеру и шмыгнул за кулисы. Тут царила ярмарочная сутолока: в то время как на сцене пел хор и порхали балерины в легких нарядах, здесь, за кулисами, хохотали, толкались, флиртовали, спорили, бранились. Несколько завзятых ловеласов, мошенничеством разбогатевших приказчиков и

---

[5] Иншалла — хвала богу (араб.).

маклеров поджидали тут своих временных Дульциней, чтобы увести их после спектакля ужинать.

Гриша потрепал по щеке смазливую балерину и примостился около миловидной хористки, в ожидании, когда примадонна кончит на сцене свою партию, удостоится аплодисментов и получит от какого-нибудь бывшего извозчика корзину цветов. За кулисами Гришу принимали с любовью и почтительно, а иные актрисы прямо вешались ему на шею.

Сообщив примадонне, где они соберутся после спектакля, Гриша поспешил в битком набитый зрительный зал. Уверенными шагами он прошел между пышно разряженными дамами и с иголочки одетыми мужчинами и занял свое постоянное место в первом ряду. Десятки глаз завистливо следили за этим баловнем счастья, чувствовавшим себя в зрительном зале, как дома, а за кулисами — как в собственном гареме.

Среди друзей Микаэла Кязим-бек Адилбеков был самым свободным в отношении семейных обязанностей, самым богатым и самым расточительным. Родители его умерли несколько лет назад. Дома, кроме двух-трех слуг лезгин, повара и кучера, он никого не держал. Жил Кязим-бек не магометанином, быт свой он приноровил к вкусам и привычкам друзей-христиан. От отца ему досталось несколько великолепных домов, многочисленные нефтяные скважины, два парусных судна, пароход и мешки с золотом. Он уже успел спустить половину родительского добра и принялся за другую. Благочестивые мусульмане давно уже примирились с греховными привычками Кязим-бека, считая его поганым «гяуром», обреченным на вечный адский огонь...

Гости прошли в просторную комнату с полуевропейским и полувосточным убранством. В одном углу, на тахте, поджавши ноги, пели и играли сазандары. Хозяин с приятелями сидел за картами — играли в винт. Это был здоровый, жизнерадостный молодой человек с привлекательными чертами тщательно выбритого лица, с большими черными глазами и нежными темными усиками. На нем была черкеска из тончайшей дагестанской шерсти, надетая на шелковый архалук, стянутый золоченым поясом; на поясе — кинжал в ножнах с великолепной резьбой по золоту и слоновой кости. При виде гостей Кязим-бек вскочил, расправив гибкий стан. По багровому лицу и воспаленным глазам его не трудно было заключить, что он питает слабость к спиртным напиткам и по ночам кутит.

— Машалла! Машалла![6] — воскликнул он, бросаясь к Смбату Алимяну.
— Клянусь именем Иисуса, что я безмерно счастлив видеть тебя сегодня в моем доме. Ну и сюрприз.

---

[6] Машалла — браво (араб.).

Он обнял Смбата, поцеловал и представил его гостям. Тут были: русский офицер, грузинский князь, персидский консул, трое армян, лезгин, два еврея, грек и поляк. Самым старым из присутствующих был армянин лет пятидесяти пяти, один из первых богачей города — тоже баловень судьбы! Про него рассказывали, что в прошлом он был поваром: Второй армянин — молодой человек с увядшим лицом — производил впечатление кутилы, пресыщенного обилием земных благ. Третий — Микаэл, который с появлением Смбата отошел в отдаленный угол.

Винт был прерван. Приступили к баккара. Вновь прибывшие, кроме Смбата, никогда не бравшего в руки карт, не теряя драгоценного времени, разместились за карточным столом. Кязим-бек не решился предложить Смбату присоединиться к игрокам.

Вначале игра шла вяло — на карту ставили не больше десяти-двадцати рублей. Партнеров стеснял офицер. Денег у него было мало, поэтому остальные играли осторожно, не желая нарушать «картежной этики». Наконец, офицер спустил все дочиста и поднялся, к вящему удовольствию сонливо-пьяного Мовсеса. Вскоре игра оживилась. Микаэл проигрывал, Мелкон тоже. Кязим-бек перестал играть, обнял Смбата, и они вместе вышли на балкон.

Микаэл начал волноваться и сердиться. Карты его «бились» одиннадцать раз подряд. Нет, это невозможно, он насилу добыл несколько тысяч, и вот — уже больше половины ушло. Надо «переменить руку». Пока играли «по маленькой» — везло, а теперь...

— Николай Лукич, присядьте, — обратился он к офицеру, с завистью следившему за игрой; так голодные глядят на пышные яства.

Офицер нагнулся, и Микаэл сунул ему пук кредиток.

— Играйте смелее!

Не прошло и десяти минут, как офицер продулся. Микаэл продолжал проигрывать.

Все были разгорячены. Уже никто не считался с величиной банка, шли на все вызовы. Лица были воспалены, глаза горели, сердца бились от сильного волнения, свойственного азартным игрокам, часами просиживающим за карточным столом, — волнения, не лишенного своеобразного удовольствия.

Смбат, вернувшись, стал с любопытством следить за Микаэлом. Его занимали не выигрыши или проигрыши, а душевное состояние брата. Игра совершенно преобразила Микаэла: воспаленные глаза его блуждали, ноздри вздрагивали, как у арабского скакуна, весь он был охвачен страстью, — бледный, как бумага, он тяжело дышал, грудь подымалась и опускалась, точно кузнечные мехи. Он не смотрел на Смбата, играл как одержимый, то загребая, то отбрасывая кипы ассигнаций.

Выбыл из строя еще один игрок, и Кязим-бек занял его место.

Смбат почувствовал, что какая-то дьявольская сила влечет и его к карточному столу, как бездна, удержаться на краю которой — геройство. Смбат уже постиг нехитрую механику игры и мог бы участвовать в ней. Временами он волновался вместе с игроками, ставившими огромные суммы, или негодовал на неудачные ходы. Соблазн становился все непреодолимей.

Внезапно сунув руку в боковой карман, а другую положив на стол, Смбат воскликнул:

— На пробу!

Сдавал Мовсес. Он вышел из своего обычного сонливого состояния и играл азартнее всех. Он утроил банк. Смбат взял карты. По бледным губам Микаэла пробежала ироническая улыбка. Смбат бросил на стол шесть сторублевок и проиграл. Еще взял карты — опять проиграл. Третью карту .побил и отошел.

Грузинский князь спустил всю наличность и уже играл «на мелок».

— Папаша, уступи мне место, — обратился Мелкон к бывшему повару, беспрерывно загребавшему выигрыш.

— Я... гм... старый человек... Я... гм... гм... не могу встать... — проговорил, запинаясь, экс-кухмистер, прозванный «Папашей».

— Коньяку! — крикнул Мовсес.

Слуга-лезгин тотчас исполнил приказание. Выпили по рюмке, по другой, по третьей, и кровь заиграла еще сильнее. Микаэл теперь выигрывал. Выигрывали также Мовсес и Папаша. От остальных счастье отвернулось.

Карты, сделав круг, перешли к Мелкону Аврумяну. Бросив на соседа пронизывающий взгляд, он крикнул: — Тысяча рублей!

Никто до сих пор не начинал с такой крупной суммы. Сосед Мелкона, грузинский князь, замялся и посмотрел на Папашу: он просил у бывшего повара денег, но взгляд его требовал. Старик мотнул головой, давая понять, что он уже довольно ссужал соседа в долг без отдачи. Все переглянулись.

— Идет! — воскликнул Мовсес, ударяя по столу.

Он выиграл, покрыв восьмерку девяткой. Мелкон сквозь зубы крепко выругался и швырнул карты. Взяли новые колоды. Не помогло. Счастье на этот раз изменило Мелкону. Он был вне себя от злости и искал, на ком бы сорвать ее. Вообще Мелкон слыл забиякой. Неудачный игрок с досады прикрикнул на музыкантов, обступивших стол и жадными глазами пожиравших груды денег. Когда карты опять перешли к нему, он на минуту задумался, потер лоб и объявил: — Три тысячи! На этот раз даже Мовсес поколебался, хотя выиграл немало.

49

— Идите, — посоветовал грузинский князь Папаше.

— Я... гм... пока не пьян... гм... гм... не орехи...

— Сбавь, — обратился Микаэл к Мелкону, — видишь, карта не идет, с ней не сговоришься.

— Пять тысяч! — разгорячился Мелкон .

— Коньяку! — крикнул Мовсес.

Он схватил рюмку, приложил руку ко лбу и на минуту задумался, Потом выбрал карту, посмотрел масть. Мовсес загадал: если красная — идти.

— Шесть тысяч, — накинул Мелкон, побелев как полотно.

Смбат уставился да Микаэла. Он видел, как брат горячился, и понимал его: он сам был охвачен дьявольской властью азарта.

— Семь тысяч! — крикнул Мелкон и, не получив ответа, процедил сквозь зубы: — Трусы!.

Самолюбие Микаэла было уязвлено.

— Идет! — отозвался он и посмотрел на брата.

Смбат притворился равнодушным.

— Это не шутка, а игра, — предупредил Мелкон. — Я не признаю шуток, дай карты!

— Клади деньги!

— Можешь поверить до завтра.

Микаэл опять посмотрел на брата. Смбат продолжал казаться безучастным.

— Поверю, если карты возьмет твой брат.

— Ты что — меня за шулера считаешь? — возмутился Микаэл, стукнув изо всей силы по столу.

— Боже упаси, я только не доверяю твоей кредитоспособности.

— Я, сударь, не банкрот!

— Банкроты те, что когда-то что-то имели.

На минуту воцарилось общее замешательство. Музыканты испуганно отскочили от игроков.

— Даешь или нет? — вскочил Микаэл. угрожающе. Мелкон повернулся к Смбату.

— Можешь сдавать, — произнес Смбат, не в силах более вынести унижения брата.

Мелкон сдал две карты Микаэл у и две взял себе. Потом , осторожно посмотрел на свои и насупился. — Даю...

— Бери себе, — сказал Микаэл. Мелкон прикупил карту.

— Губы его дрожали.

— Ну-с, что скажешь? — спросил он.

— Говори ты.

— Нет, слово за тобой.

— У меня шестерка.

— Покажи.

— Семерка... — сказал Микаэл, раскрывая карты. Он был уверен в удаче. Но Мелкон выложил перед ним две десятки и девятку. Микаэл вздрогнул.

— Не может быть! Не может быть! — крикнул он, теряя власть над собой. — Я не позволю обирать меня!

— На то и игра, — хладнокровно сказал Мелкон . — Завтра заплатит брат.

— Разбойник, девятку ты из-под колоды вытащил! — Ты сам шулер!

Поднялся переполох. Противники вскочили и схватились за стулья. Еще минута, и они бросились бы друг на друга. Но вмешался Смбат. Он оттащил брата в сторону и отчеканил Мелкону:

— Завтра утром ты получишь выигрыш. Игра, разумеется, прекратилась. Смбат хотел немедленно уйти и взять с собой Микаэла.

— Нет, нет, — умолял Кязим-бек, — вы кровно обидите меня. Пустяки, помирятся.

Пока успокаивали игроков, вошли Гриша, примадонна, две хористки и певец. Их появление и особенно красивое, улыбающееся лицо примадонны успокоили разбушевавшиеся страсти.

Слывшая красавицей, примадонна была высокая, довольно полная блондинка, с завитками волос, собранных в греческий узел на затылке. Искусно подведенные глаза казались большими и томными. Пудра и белила скрывали кое-какие шероховатости кожи, а умело наложенные румяна придавали щекам привлекательную свежесть. Жидкие брови были подрисованы с таким мастерством, что никому не пришло бы в голову заподозрить тут участие косметики.

Примадонна дружески пожала всем руки и одарила компанию очаровательной улыбкой, свойственной служительницам сцены. Сазандары воодушевились, предвкушая исключительное пиршество, а стало быть, и щедрое вознаграждение, особенно если состоится примирение между Микаэлом и Мелконом.

Гриша обнял и расцеловал почтенного Папашу, нашептывая ему фривольные похвалы дамам. Старик, подкручивая пышные усы и поправляя галстук, уставился, как блудливый кот, на примадонну, и, меряя ее взглядом с ног до головы, мысленно раздевал красотку.

Полчаса спустя Кязим-бек пригласил гостей в столовую, где их ожидал стол, ломившийся от обилия яств и вин. Микаэл занял место по правую руку примадонны. Больше месяца он не бывал в женском обществе и стосковался по нем. Гриша очутился слева от красавицы. Кязим-бек и грузинский князь сели напротив. Смбат занял место между хозяином дома и Папашей.

Распорядителем пира был избран Гриша. Первое время все старались держаться солидно в присутствии примадонны, тем более что впечатление от ссоры еще не рассеялось. Тамада предложил тост за «яркую звезду» искусства — тост, принятый стоя и с большим воодушевлением. Сазандары исполнили туш.

— Silence![7] — воскликнул молодой юрист с утомленным лицом, исполнявший обязанности мирового судьи.

Воцарилось молчание. Юрист произнес речь, посвященную красоте и искусству. Начал он с древних греков и римлян, дошел до наших дней и, исчерпав весь запас своих знаний, закончил:

— Ergo[8] мы, как горячие поклонники искусства, преклоняемся перед его царицей.

Кязим-бек воскликнул:

— Афарим![9]

Грузинский князь поддержал:

— Ваша![10]

Гриша предложил прибывшему с ним актеру спеть романс.

Поднялся бритый, основательно потрепанный мужчина — второй тенор оперы — и стал извиняться и отказываться. Ему хотелось, чтобы весь стол упрашивал его. Желание сбылось.

— Джиоконда! — обратился он к «царице искусства». — Романс для тебя — вещь слишком шаблонная. Разреши мне спеть и представить «Сумасшедшего».

— Браво, браво, чудесно, дядюшка! — отозвалась примадонна. — Господа, прошу внимания. «Сумасшедший» — номер исключительный. Честь имею представить: будущий Барнай или, если хотите, Сальвини. Он решил посвятить себя драме. О господи боже, нервы мои не выносят этих диких звуков! — прибавила Джиоконда, сделав недовольный жест в сторону восточных музыкантов.

— Помолчите, ребята! — приказал Кязим-бек, и сазандары прекратили игру.

«Будущий Барнай или Сальвини» торжественно оглянулся, вытерся, поправил галстук, чтобы обратить на себя всеобщее внимание, и принялся изображать «Сумасшедшего». Губы его кривились, лицо морщилось, зрачки бегали, и будущий «Барнай» напоминал циркового клоуна. Его охрипший от пьянства голос то возвышался, то застревал в горле, временами издавая звуки, похожие на скрип немазаного колеса.

---

[7] Молчание! (франц.).

[8] Следовательно (лат.).

[9] Афарим — молодец (араб.).

[10] Ваша — ура! (груз.).

Примадонна, в глубине души жалевшая своего «пропащего» коллегу, зааплодировала. За ней — остальные. «Будущий Барнай», с достоинством раскланявшись налево и направо, грустно, со вздохом опустился на стул.

— Сколько экспрессии! Сколько чувства! — воскликнула примадонна, прижимая платок к глазам, делая вид, что вытирает слезы. — Экстра твое здоровье, многострадальный мученик искусства!

— О Джиоконда, экстра, экстра! — воскликнули все в один голос, осушая бокалы.

Гриша умел почтить прекрасный пол, он предложил тост за хористок.

Настала очередь поднять бокал за Смбата Алимяна. Гриша объявил, что сегодня компания обрела драгоценного сочлена, «заблудшую овцу», сбежавшую из родной овчарни.

Когда запас тостов, наконец, иссяк, Кязим-бек велел сазандарам сыграть какой-то танец. Первым пустился в пляс он сам, не сводя глаз с пышных форм красавицы и кружась у стола.

— Шампанского! — крикнул он слугам

Смбат чувствовал какую-то необычайную теплоту. Эта обстановка, еще час тому назад казавшаяся ему чуждой, теперь не отталкивала его. Теперь он не жалел, что пришел сюда. Более того: он даже оправдывал Микаэла и готов был обнять его и расцеловать.

7

Микаэл уже забыл о своем неприятном столкновении и не переставая шептался с примадонной. За картами он не раз вспоминал усики мадам Ануш Гуламян, но теперь, сидя подле певицы, совершенно забыл об Ануш. Кровь Микаэла кипела, зажигая в сердце сладкую тревогу. Он не сводил страстных взглядов с пышной груди певицы, с ее белоснежной шеи. Временами ему казалось, вот-вот он обнимет эту шею и крепко прижмет к губам, но его сдерживали устремленные со всех сторон завистливые взгляды, в особенности — взгляд Смбата, тоже пылавший страстью к певице.

Первый бокал шампанского был выпит за примадонну, но на этот раз не как за «царицу искусства», а как за «прекраснейшую». Все шумно поднялись, за исключением Смбата, все еще соблюдавшего траурный этикет. Кязим-бек подошел к «несравненному созданию» и попросил разрешения приложиться к ее «эфирному» плечику. Пример оказался заразительным — все поочередно облобызали соблазнительное плечо красотки. Не тронулся с места один Смбат, и это не ускользнуло от зоркого взгляда певицы.

— Кажется, господин Алимян слишком поглощен своей визави, — заметила она смеясь.

Визави оказалась одной из хористок, на которую Смбат до этого ни разу не взглянул.

«Будущий Барнай» порядком уже подвыпил и со слезами посвящал сидевшего рядом офицера в душевные муки служителей искусства. Напились также Мелкон и Мовсес. Папаша, улучив удобный момент, взял стул и подсел к певице. Поднялся общий хохот.

— Тронулся Папаша! Папаша теряет над собой власть! — раздалось отовсюду.

Певица, уже слышавшая о богатстве бывшего повара, одарила его очаровательной улыбкой.

Гриша что-то шепнул примадонне, подливая ей шампанского.

— Господа! — воскликнула певица, поднимая бокал. — Там, где веселье, нет места раздорам.

— Внимание, внимание! Сама богиня вещает, — раздался голос Гриши.

— Я пью за здоровье Микаэла Марковича и Мелкона Амбарцумовича и прошу их поцеловаться в знак примирения.

— Целоваться, обязательно целоваться, ура! — слышались дружные возгласы.

Часть гостей окружила Микаэла, другая — Мелкона; подталкивая друг к другу, их заставили поцеловаться. Примирение воодушевило всех. Теперь уже можно было продолжать пиршество без всякого стеснения. Смбат возмущенно наблюдал сцену примирения. Значит, в этом кругу слово не имеет цены. Неужели чувство чести незнакомо этим людям до того, что они способны обниматься через час после нанесенных друг другу тяжких оскорблений?

Микаэл также терял самообладание — актриса обворожила его своими недвусмысленными улыбками и обольстительным голосом. Время от времени он осторожно пожимал локоть соседки, не встречая заметного сопротивления.

— Когда ваш бенефис? — спросил он, наконец.

— В ближайшее воскресенье.

— Могу я надеяться, что в этот день вы пообедаете со мной?

— С удовольствием.

— И поужинаете?

— Этого обещать не могу. Все зависит от публики. Быть может, меня пригласят со всей труппой.

— Вы разрешите мне теперь же исполнить один приятный долг?

— Что вы хотите этим сказать?

— Вот что! — ответил Микаэл и, сняв брильянтовое кольцо, попросил у певицы разрешения надеть его на палец.

Красотка взглянула на искрящийся брильянт и прикинулась смущенной.

Нет, нет, подношения она обычно принимает в храме искусства. Но, ах, какой чудесный камень, какая отделка! О нет, она не примет! Что скажет Смбат Маркович?

— Посмотрите, как он глядит на нас...

Самолюбие Микаэла было задето. Ведь он человек самостоятельный, и брат не имеет никакой власти над ним. Он нарочно, в кругу товарищей, подносит ей кольцо, чтобы доказать свою полную независимость. Друзьям он уже сообщил о контрзавещании. Было решено завтра же в последний раз предложить Смбату добровольно признать законность этого завещания, иначе дело поступит в суд.

— Помогите мне, Гриша, — обратился Микаэл к товарищу.

— Простите, Елена Анастасьевна, — сказал Гриша, пытаясь надеть кольцо на указательный пальчик певицы. — Мы — грубые кавказцы. Когда слово не действует, прибегаем к силе...

— Скажите лучше: рыцари без страха и упрека. Можно ли обижаться на вас? — ответила певица, протягивая палец. — Какие у вас изящные руки — прелесть! — прошептала она, лаская пальцы Микаэла.

Этой легкой лаской дива наградила Микаэла за ценный подарок.

— О чем вы там шепчетесь? — раздалось со всех сторон.

— Да ничего, — засмеялась певица, — я слегка порезала палец, и Микаэл Маркович перевязал его.

И, подняв руку, она как бы нечаянно похвастала подарком. Ей хотелось вызвать зависть у других, но не удалось. Кое-кто усмехнулся легкомыслию Микаэла: стоило ли до бенефиса делать такой богатый подарок? Это мещанское тщеславие.

Смбату стало стыдно за брата, но он сдержался.

Все уже были пьяны, кроме грека и евреев. Поляк незаметно скрылся. От табачного дыма и чада трудно было дышать.

— Как жарко! — заметила певица, готовясь встать.

Дело в том, что румяна на ее лице таяли, а пудра осыпалась, и ей приходилось то и дело пудриться.

— Да, жарко, — повторил Мовсес, собираясь скинуть пиджак, но ему помешали.

— Дайте спичек, — крикнул Мелкон , не сумевший побороть зависть к Микаэлу. — Небольшой фейерверк в честь богини искусства...

Он сплел из нескольких кредиток подобие венка, намочил их бенедиктином и положил на тарелку; в середине венка он поместил фотографию певицы. Спичка вспыхнула, и кредитки загорелись, освещая портрет дивы радужным пламенем. Эффект был полный. Раздались рукоплескания, грянула музыка. Под фотографией уцелели несколько сторублевок. Мелкон поднес этот венок «Богине искусства».

— Дико, но оригинально! — восхитилась певица, громко смеясь и пряча кредитки в ридикюль.

Хористки жадно следили за этим зрелищем, завидуя примадонне. Вдруг они пискливо затянули какой-то дуэт.

Папаша бросил им в бокалы по паре золотых и украдкой поцеловал в шею одну из девушек.

— Браво, Папаша! Брависсимо! — воскликнула певица, от зоркого ока которой ничто не ускользало.

Сутолока все больше и больше нарастала.

Гришу бесило, что певица больше занята Микаэлом; он со злости дважды выплеснул на сазандаров шампанское. Мовсес подшучивал над хористками, время от времени ржал, как ретивый жеребец, и кусал девушкам плечи, вызывая ревность в стареющем Папаше. Мелкон то и дело целовался с соседями, как пьяный провинциальный репортер. Кязим-бек все чаще подходил к примадонне и прикладывался к «эфирной ручке», все еще не решаясь подняться выше. Князь Ниасамидзе вывел на балкон расклеившегося тенора и опрокинул ему на голову ведро холодной воды. Белобрысый лезгин с толстой шеей мысленно сравнивал хористок, не зная, кому отдать предпочтение... Исполняющий обязанности мирового судьи, произнеся заключительную речь, воодушевился до того, что хлопнул бокалом о бутылку и разбил его вдребезги.

Смбат думал о том, что уже поздно, время покинуть бесшабашную компанию, но какая-то невидимая сила приковала его к месту. Он не испытывал удовольствия, но и не скучал. Все. что здесь творилось, противоречило его нравственным убеждениям, претило его вкусам, но в то же время таило в себе какую-то демоническую силу, парализовавшую его волю.

Офицер с бутылкой шампанского подошел к певице. Он расстегнул китель, заложил руку в карман синих рейтуз и громко попросил внимания. Никто его не слушал. Тогда, хлопнув по плечу тамады, он крикнул:

— Слушай, дружок! Слушайте, господа! — И, на минуту овладев вниманием, продолжал: — Господа, я видел в Москве, как чтут искусство наши именитые богачи. Вам этого не понять, вы — азиаты... Слушайте, слушайте! Края хрустального бокала слишком грубы, чтобы воздать почести искусству, понимаете, черт побери!

Певица не могла догадаться, к чему клонит пьяный офицер, и не на шутку испугалась его налитых кровью глаз. Эти офицеры вообще падки до скандалов.

— Господа, было время, когда и я купался в шампанском. Увы,

отцовские капиталы! Позвольте же, черт вас побери, хоть раз тряхнуть стариной...

Он, нагнувшись, ухватил певицу за ножку.

— Это принято всюду, где умеют, черт побери, прожигать жизнь!

Певица уже поняла, в чем дело, сняла туфлю и передала офицеру.

— Да здравствует Мельпомена, обладающая столь очаровательной ножкой! — воскликнул офицер и, налив в туфлю шипучий напиток, поднял ее над головой. — Во имя искусства! Во имя любви к искусству!

— Ура! Ура! — гремело со всех сторон.

И все выпили по туфле шампанского, все, кроме Смбата Алимяна, слыхавшего ранее о подобных выходках, но первый раз наблюдавшего их теперь воочию.

Певица хохотала до слез при виде необычной чести, которой удостоилась ее туфля.

— Это не ново. Мы видали номера и почище, — обратился Гриша к офицеру и, достав из кармана пару новеньких атласных туфель, нагнулся и надел на ножки певице.

Неглупая и практичная примадонна сообразила, что дело заходит далеко и бог весть чем может кончиться. Быстро поднявшись, она прижала руку ко лбу, другую — к сердцу, и потупилась.

Микаэл в замешательстве обнял ее за талию.

— Что такое? Что случилось? — раздались голоса.

Певице сделалось дурно. Закрывая глаза, она прикусила губу:

— Сердце, сердце...

Разумеется, все мгновенно окружили ее.

— Дохтура, гм... дохтура... — заволновался Папаша.

Принесли одеколон, натерли диве виски. Кязим-бек бросился вызывать по телефону врача. Певица продолжала стонать, повторяя:

— Отвезите меня домой! Домой хочу...

Многие порывались проводить ее, в особенности Микаэл и Гриша, однако она неожиданно склонилась к плечу тенора, обняв рукой одну из хористок. Ничего другого не оставалось, как вывести ее и посадить в экипаж Кязим-бека.

Ах, она просит извинить ее, она очень и очень признательна, но сожалеет, что не справилась с нервами и захворала некстати. О, она никогда не забудет оказанной ей чести. Она горячо любит всех и уверена, что не забудут о ее бенефисе...

— О-о-о, не могу, сердце!.. Живей, кучер, гони! Скорее домой, дядюшка, и ты, бесподобная подруга!

Когда экипаж скрылся в ночной темноте, певица внезапно преобразилась, хлопнула тенора по плечу и, громко смеясь, воскликнула:

57

— Видал?.. Ну, скажи, кому из нас лучше даются драматические роли?.. Дураки, поверили...

— Бесподобно было, моя богиня, изумительно! Подари мне одну сотняжку, завтра надо за номер платить.

Певица дала ему кредитку, заметив:

— Завтра, наверное, один из этих эфиопов навестит меня, придется немного всплакнуть, а там...

Гости, хмурые, вернулись в столовую. Микаэл приуныл. Он напоминал ребенка, у которого упорхнула птичка, похитившая золотое кольцо.

Кутеж совсем разладился, не стоило продолжать.

— А я? А я? Кто меня проводит? — бросалась то к одному, то к другому потрепанная худощавая черноглазая хористка.

— Папаша, Папаша, — раздалось отовсюду.

— И думать нечего, — воспротивился Кязим-бек, — никого не выпущу! Настоящий кутеж только теперь и начинается.

— Господа, — объявил Гриша, — я отказываюсь от обязанностей тамады.

— Да здравствует республика! — рявкнул кто-то.

— Молчать! — заорал офицер.

Снова зашипело шампанское и заиграли сазандары. Пиршество превратилось в оргию, какой Смбат и представить не мог.

Папаша скинул сюртук, швырнул его на головы сазандарам и принялся откалывать «карабахскую». За ним — Мовсес и Мелкон . Князь Ниасамидзе гаркнул: «Лекури!» — и, подобрав полы черкески, пустился в пляс, развевая широкую бороду. Поднялась невероятная суматоха, так что ничего нельзя было разобрать, — каждый самого себя только и слышал.

Расстроенный Кязим-бек сердито кусал усы, надула, сукина дочь, ничего у нее не болело, удрала, чтобы никому не достаться на ночь. Завтра потребуем объяснения — если притворялась, мы ее проучим. А уж проучить Кязим-бек сумеет на славу. В день бенефиса он скупит билеты первого ряда и раздаст уличной голи. Как только певица появится на сцене, вся эта орава начнет свистать, шикать, выть, швырять в нее гнилыми огурцами, апельсинными корками, тухлой рыбой, дохлыми крысами...Вот тогда она и поймет, что с кавказцами шутки плохи. А пока надо придумать для гостей какое-нибудь исключительное развлечение.

Для начала Кязим-бек заставил хористку подбежать к Папаше и вскочить ему на спину. Шутка удалась. Все захохотали, хватаясь за животы. Потом он приказал слугам: — Ванну сюда!

— О-о-о! — воскликнули все в один голос, угадывая пикантную затею.

Исчезновение примадонны разом отрезвило всех, и теперь, в предрассветный час, каждый осознавал свои поступки. Один Смбат был как в тумане и не столько от вина, сколько от непривычной обстановки. Он смотрел, но видел неясно и озирался то на того, то на другого. У всех на лицах читалось ожидание чего-то небывалого, необычайного, и это ощущение возбуждало с новой силой, тормошило уснувшие страсти. Все знали, что когда Кязим-бек в ударе, его причудам нет удержу и границ.

Папаша ухарски покручивал усы. Кровь этого пожилого кряжистого мужлана обладала свойством старого вина — не пенилась, а обжигала.

В дверях послышался грохот. Слуги-лезгины, кряхтя и задыхаясь, притащили большую мраморную ванну, и вслед за тем появились корзины с шампанским. Жирные лица музыкантов засияли от удовольствия — не впервые им приходилось быть свидетелями невообразимых проказ Кязим-бека.

Ванну поставили посреди комнаты.

— Кябули! — крикнул хозяин музыкантам, вскочил в ванну и, выхватив кинжал, стал плясать.

Он кружился, изгибался, выпрямлялся, подпрыгивал, подносил к глазам лезвие кинжала и проворно засовывал его под согнутое колено, вызывая общее изумление. Отплясав, Кязим-бек выскочил из ванны, вложил кинжал в ножны, подошел к хористке и облапил ее своими мощными руками.

Уже светало. Однако люстры еще продолжали гореть. Папаша приспустил занавески на окнах и велел слугам удалиться. Присутствие слуг оскорбляло «порядочность» Папаши.

Только теперь сообразил Смбат, свидетелем какого зрелища придется ему быть. Хотелось уйти, но неведомая, непреодолимая сила по-прежнему удерживала его.

— Караул! Помогите, караул! — вопила хористка.

Но Кязим-бек уже не помнил себя. Кое-то из гостей пытался отговорить хозяина от беспутной затеи, хотя в то же время всех тянуло посмотреть на это пикантное зрелище.

— Кто в бога верует, спасите! — кричала хористка дребезжащим, неприятным голосом.

Офицер, стоя поодаль, крутил усы:

— Вот это я понимаю, вот это значит кутить помосковски...

Не легко было вырвать хористку из цепких объятий Кязим-бека. Он уже раздевал несчастную, крича, чтобы остальные лили шампанское в ванну.

Поруганная женская честь и безобразное зрелище принудили Смбата вмешаться. Он попросил Гришу заступиться за девушку. Года два назад Гриша первый подал подобный пример, выкупав проститутку в пиве; потом она заболела и чуть не умерла от воспаления легких.

— Разве тебе не хочется посмотреть?: — спросил Гриша с удивлением.

— Нет, это дико, подло, возмутительно!

— Да ведь Кязим-бек для тебя же и старается.

— Я не желаю, меня тошнит! — воскликнул Смбат возмущенно. — А если ты боишься Кязим-бека, рассчитывай на меня.

Самолюбие Гриши было задето. Чтобы он боялся кого-нибудь? Да ведь эта чертовка, поди, рада искупаться в шампанском, только ломается, чтобы набить себе цену.

— Не допускай, прошу тебя, — настаивал Смбат.

— Ладно.

Гриша подошел к хозяину и положил ему руку на плечо.

— Кязим, оставь эту женщину, хватит.

— А ты кто такой будешь? — огрызнулся Кязим-бек, сверкнув глазами.

— Я Гриша.

— Проваливай!

— Прошу тебя...

— Отвяжись...

Теперь уже всеобщее внимание было устремлено на Гришу. Он был единственный человек, которого Кязим-бек побаивался. Было заметно, что Гриша уже теряет хладнокровие.

— Прошу тебя, Адилбеков, — снова попытался он уломать хозяина.

— Заткни глотку, — заревел Кязим-бек, — что захочу, то и сделаю.

Гриша сильной рукой оттолкнул его и, заслонив собой хористку, бросил на Кязим-бека гневный взгляд.

— Ты забыл, что я — Гриша? — процедил он сквозь зубы, выхватывая револьвер.

Кязим-бек очнулся — не от страха, а от стыда: разве пристало хозяину вздорить с гостем из-за какой-то потаскушки?

— Ну, да ладно, я пошутил. — И он крикнул слугам: — Убрать ванну!

Хористка, вырвавшись из железных рук Кязим-бека, полураздетая, задыхаясь, бросилась на тахту.

«Сеанс» был сорван, но никто не посмел выказать неудовольствие. Кязим-бек позволил хористке уехать, сунув ей две сотенных и приказав слугам положить в экипаж полдюжины шампанского.

— Дома сама примешь ванну.

Хористка засмеялась, сразу позабыв о происшедшем. Она даже поцеловала Кязим-бека и выпорхнула, вне себя от радости.

— Микаэл, не пора ли? — обратился Смбат к брату.

— Остается финал.

Было уже совсем светло, хотя солнце еще не взошло.

Гости в сопровождении музыкантов выбрались на улицу. Теперь компанией верховодил Мовсес. Удивительная была у него натура: чем больше другие пьянели, теряя рассудок от винных паров, тем крепче он себя чувствовал. Теперь он был неузнаваем: говорил больше всех, пел, шутил, прыгал.

Стояла тихая, теплая погода. В зеркальной морской глади отражался темно-синий купол неба. Направо, в стороне так называемых Черного и Белого городов, поблескивали тысячи электрических огней, постепенно исчезавших при свете набегающего утра. Дым, подымаясь столбами из несчетных заводских труб, заволакивал небо черным туманом. Справа виднелся Баиловский мыс с его морскими казармами и красивой церковкой, луковки куполов которой темнели на чистом небосклоне и как будто безмолвно перекликались с творцом. А там, еще дальше, за горой, щетинились стрельчатые нефтяные вышки.

По улицам уже двигались рабочие и мастеровые — одни грустно и понурясь, другие — бодро, иногда с песнями. Долетали отголоски заводских гудков, то глухие, точно рыканье льва, то пронзительные, как змеиное шипенье. Алебастрового оттенка пар, на мгновенье сверкнув в воздухе, незаметно разлетался. Вдали на горизонте вставало пламя — должно быть, горел завод: яркие вспышки огня прорезывали черные клубы дыма.

Но вот, наконец, из-за Апшеронского полуострова поднялось багряное солнце, похожее на гигантский кубок литой бронзы, медленно, гордо, уверенно, как властелин вселенной, купаясь в своем сиянии, как в огненном море. Гряды высоких облаков загорались подобно труту, озаряя небосвод. Лучи этого пламенного океана рассеивались на небе, прогоняя последние остатки ночной темноты. Золотились мачты, паруса, фасады домов, оконные стекла, нагие песчаные холмы, кладбище с гробницами, кустами и огромная башня — памятник трагической гибели легендарной девушки.

Звезды незаметно теряли свой блеск, электрические огни гасли, шум и грохот усиливались... Парусники и пароходы, дремавшие на якорях после летних рейсов, сиротливо покачивались на глади моря, словно гигантские лебеди. Молодые рыбаки приводили в порядок свои снасти, собираясь добывать хлеб насущный. Матросы, распевая, мыли палубы, и в их песне чувствовалась необъятная сила водной стихии. На длинных деревянных пристанях, заваленных грудами тюков и бочек, работали, разгружая и нагружая пароходы, тысячи грузчиков, вечно согбенных, вечно потупленных, как бессловесные животные.

Сказочной музыкой мерно зазвенели бубенчики. Это верблюды длинной вереницей поднимались песчаной горой по узкой тропе, ведущей далеко-далеко, куда еще не успели проникнуть пар и электричество. Эти караваны мысленно переносили человека в библейские времена. А там, налево, бесчисленные пароходы и заводы надменно возвещали о мощи современной цивилизации. С одной стороны

— Азия, с другой — Европа. Совершеннейший хаос контрастов, где новое насмерть борется со старым.

Смбат наблюдал это бесподобное зрелище и умилялся. Но восторг его отравляла капля горького яда. Чарующее пробуждение природы напоминало о раннем увядании его собственной жизни, и он забыл обо всем: о Микаэле с его компанией, об отцовских делах, о подложном и подлинном завещаниях, о становящихся со дня на день все назойливее угрозах брата, — он помнил только о своих детях! О, он был бы бесконечно счастлив, живя полунагим, полуголодным, но свободным от семейных пут...

Усталый, присел Смбат на скамейку у берега моря, — усталый, но не от вина и бессонной ночи, а от душевных мук. Куда ни глядел он, везде перед ним возникали две пары детских глаз, немым укором терзавшие его. Нет, нет, Смбат никогда не бросит их на произвол судьбы, никогда не расстанется с ними: ни родительское проклятие, ни мать, ни религиозные предрассудки — ничто не сломит его воли.

Кругом хлопотливо щебетали воробьи в поисках пищи.

Птички и те озабочены, а эта пьяная ватага людей тащится по набережной, с виду беспечная и беззаботная, на деле же пресыщенная жизнью. Для них день только кончается и начинается ночь; день, отравленный излишествами и пьяным угаром, ночь — изнуряющая, подтачивающая здоровье.

Впереди играли и распевали сазандары, а за ними тянулась вереница порожних извозчиков в надежде развезти кутил по домам и получить щедрую мзду. Проходившие рабочие и мастеровые не удостаивали кутил даже взглядом. На бледных, худых лицах этих эксплуатируемых и угнетенных людей выражалось презрение честных тружеников к дармоедам. Никого из них не интересовало это зрелище — заводские гудки властно звали их к труду, им нельзя опоздать ни на минуту.

Вдруг три носильщика, бегом протискавшись сквозь толпу, очутились впереди. Поднялся хохот. Иные стали рукоплескать, а кое-кто швырять в них камнями. Азиатские музыканты заиграли европейский марш.

На спинах грузчиков сидели Гриша, Мовсес и Микаэл. Размахивая шляпами и дико завывая, они нещадно колотили ногами в живот и бока грузчиков, превращенных в животных. Да отчего и не потешиться, ведь они заплатили им по рублю — двухдневный заработок поденщика. Пусть себе тешатся господа, господам все разрешается...

Смбат молча всматривался вдаль, где в легком утреннем тумане четко вырисовывался небольшой островок. На днях из-за этого островка покажется пароход, который привезет его детей и жену — его радость и горе.

На минуту отвернувшись, Смбат заметил юношей, с пением и криком спешивших к одной из морских купален. Кто-то отделился от компании и стал быстро удаляться. То был Аршак, младший брат Смбата, — ученик реального училища, в штатском платье. Смбат бросился за юношей и нагнал его.

— Что ты тут делаешь в такую рань?

— А ты-то сам что делаешь? — дерзко ответил юноша, вырывая локоть из рук брата.

— Значит, и ты начал?

— Так же, как и ты. Только я начал вовремя, а ты опоздал.

Дерзкий ответ брата не столько возмутил, сколько смутил Смбата.

— Пошел домой! — крикнул он.

— А тебе какое дело? Ты думаешь, я от тебя убегал. Кто ты такой, какие у тебя права надо мной! Мой старший — Микаэл, я от него убегал.

У Смбата руки ослабели, он выпустил юношу. «Вот оно что! Значит, Марутханян и его сбил с пути, восстановил против меня!..»

Аршак убежал, присоединился к товарищам и вошел в купальню. Ночь напролет он кутил, опьянел, раскис и теперь собирался освежить себя купаньем.

Компания Микаэла решила прокатиться по морю. Взяли две причудливо раскрашенных лодки и расселись вместе с музыкантами. Как ни упрашивали Смбата, он остался на берегу — свинцовая тяжесть давила ему сердце. А не лучше ли было бы и для него провести юность и молодость подобно этим людям? Тогда он, наверное, избежал бы непоправимой ошибки. У них нет нравственного критерия, но они еще могут исправиться — еще довольно времени и возможностей у них стать на истинный путь. А он? Ах, какое было бы счастье остаться под крылом родителей, пусть даже невеждой, но избежать на чужбине встречи с той, которую он как будто бы любил и вызывал ответную любовь, теперь перешедшую во взаимную ненависть.

Уж не телеграфировать ли ей, чтобы не выезжала? Но как быть тогда с детьми, этими милыми и невинными существами?

8

Никогда еще в доме Алимянов не бывало такого множества незваных гостей, как на сороковинах по Маркосу Алимяну.

Прежде всего не замедлил пожаловать глава епархии и снова повел разговор о нуждах церкви. Необходимо в одном из сел построить церковь, не то погибнет сельский приход. Уже проникли в это село лютеранские миссионеры и таскают поодиночке невинных агнцев из Христова стада.

Вдова Воскехат вручила владыке кругленькую сумму. Три дня спустя в одной из газет появилось благодарственное письмо «в назидание всей пастве», за подписью его преосвященства.

Явились один за другим отец Ашот и отец Симон. Первый вытащил из своего широкого рукава подписной лист и положил перед Смбатом. Надо пожертвовать некоторую сумму «на издание бессмертных творении выдающегося публициста»; не явись этот замечательный публицист на свет божий — наверняка погиб бы армянский народ. Второй в мрачных красках обрисовал материальное положение одного редактора, без стойкой помощи которого неминуемо рухнула бы армянская церковь.

Чтобы отвязаться от них, Смбат дал и тому и другому. Несколько дней спустя об этом появились сообщения в печати. В одной из газет хвалили отца Ашота и поносили отца Симона как «обскуранта»; в другой — восхвалялся отец Симон и поносился отец Ашот как «ярый либерал».

Явился какой-то юноша с известием, что профессора нашли у него бесподобный тенор и что ему необходимо ехать в Италию, а средств нет. Другой принес какую-то мазню и объявил, что все советуют ему поехать в столицу для дальнейшего развития таланта. Приходили дьячки, священники-беженцы, неимущие учащиеся, и все просили помощи. Дошло до того, что Смбат приказал больше никого не допускать к нему. Тогда все эти неудачники принялись обивать порог конторы. Заргарян беспощадно гнал их. Попрошайки пустились ловить Смбата на улицах, в клубе, в магазинах, словом — везде и всюду.

Очередь дошла до корреспондента газеты Марзпетуни. После долгой слежки он, наконец, улучил момент и застал Алимяна в конторе. На его счастье, здесь не оказалось бухгалтера Заргаряна.

Марзпетуни начал издалека. Некогда армяне полагали, что нацию охраняет религия. Но, после того, как «яркие лучи европейской культуры проникли к нам», выяснилось, что нации необходимы, конечно, не только церковные книги и духовные гимны, необходимы также наука, искусство и в особенности литература.

Продолжая речь в этом духе, Марзпетуни осторожно коснулся щекотливой стороны вопроса. Оказалось, что им написана книга, но у него нет средств на ее издание. Вот если бы нашелся просвещенный меценат, который не то, чтоб пожертвовал, — о нет, нет, Марзпетуни не из тех, что творят за чужой счет! — а ссудил некоторую сумму, тогда он своим «скромным трудом» обогатил бы родную литературу. Кстати, «случайно» он прихватил и рукопись. Марзпетуни положил ее на стол. В заголовке стояло: «О бессмертных усопших». Речь шла «о ярких звездах» V века, но если на долю автора выпадет успех, он доведет повествование до наших дней: «Ведь и в наши дни имеются бессмертные».

Как на грех, в самую решительную минуту в контору вошел Заргарян и положил перед Смбатом пачку денег. Марзпетуни знал, что бухгалтер его терпеть не может. Литератор посмотрел на деньги и поправил галстук.

— Ну что, господин хороший, уж не собираетесь ли вы издавать книгу? — спросил Заргарян с иронией.

Автор поспешил придвинуть к себе рукопись.

— Милый друг, пожалейте бумагу и чернила, вы не писатель, а пачкун. Занялись бы лучше чем-нибудь полезным...

— Не вашего ума дело!

Смбат дал автору пятьдесят рублей. Тот вложил их между страницами «Бессмертных усопших», поклонился и, бросив на Заргаряна негодующий взгляд, вышел.

— Напрасно вы ему дали, — заметил бухгалтер.

— Ну, бог с ним, может быть, и в самом деле человек нуждается.

Заргарян горько усмехнулся.

— Нуждается!.. Эх, господин Алимян, вы еще молоды, вы еще не понимаете, что такое настоящая нужда. Да, простите, вы не понимаете этого. Подлинная нужда не обивает порогов, не кричит, не плачет на людях, а молча терпит.

Голос его дрожал, глаза странно сверкали. Семь лет служит Заргарян в этой конторе, но никто не знает, какую нищенскую жизнь он ведет. На сорок рублей в месяц он содержит шесть душ: паралитика-брата с женой и дочерью и вдовую сестру с двумя детьми. И никто никогда не слыхал от Заргаряна жалоб на судьбу. Это был один из тех молчаливых и скромных тружеников, которые всегда заботятся только о других, а потом вдруг исчезают, не оставляя следа, кроме, быть может, признательности у облагодетельствованных ими. Житейские невзгоды они переносят молча, подавляя горькие слезы, чтобы не отравлять ими куска хлеба, добываемого для близких.

Ярмо нищеты, безропотно влачимое Заргаряном, становилось ему уже невмоготу. Отсюда и тревожное беспокойство, угнетавшее его в последнее время. Слабые плечи, на которые судьба взвалила такую тяжкую ношу, не выдерживали ее. Нервы бедняка были чрезмерно напряжены. Ах, с самых детских лет на них, на этих струнах, только нужда и играла. Между тем в груди его никогда не умолкал голос самолюбия, голос бессильной гордости бедняка...

Овладев собой, Заргарян уселся за работу, но вскоре бросил перо. Было ясно, что он совершенно подавлен. Смбат украдкой следил за странными движениями бухгалтера, догадываясь, что он хочет что-то ему опять сказать, но не решается.

— Господин Смбат, — заговорил, наконец, Заргарян, привстав, — прошу меня уволить.

Смбат удивленно вскинул глаза. Целых семь лет этот человек безропотно служил у них и вдруг собирается уходить. Разумеется, это неспроста.

— Вы нашли лучшее место? — спросил он.

— Нет, места я еще не нашел.

— Значит, разбогатели?

— Да, долгами.

— Не понимаю тогда, почему же вы хотите бросить место?

— А потому, что я теперь тут лишний. Я слышал, что вы собираетесь вести счетоводство по новой системе, я же не специалист...

— Да, я намерен вести счетоводство по новой системе, но вы все же будете мне нужны. Однако, господин Заргарян, не в этом дело, вы, должно быть, обижены на нас.

Заргарян ухватился узловатыми длинными пальцами за свою жиденькую бородку, и вдруг его прорвало:

— Вы правы, я обижен!.. Ваш брат, господин Смбат, меня преследует. Я больше не могу оставаться у вас, нет сил, избавьте меня! Спасибо, что держали до сих пор...

Смбат задумался. Увольнять Заргаряна ему не хотелось. С другой стороны, он знал, что Микаэл действительно преследует несчастного за отказы в деньгах.

— А не пожелали бы вы перейти на промысла?

— На промысла?..

— Да, я вас назначу туда помощником управляющего и бухгалтером. Там вы будете иметь бесплатную квартиру из четырех комнат. Можете перебраться со всей семьей. Теперь вы получаете сорок рублей, а там будете получать вдвое больше.

Заргарян, не веря ушам, удивленно взглянул на хозяина. Смбат повторил свое предложение. В глазах Заргаряна мелькнула улыбка, первая веселая улыбка, подмеченная Алимяном на этом мрачном лице.

— Но ведь я незнаком с промысловым делом, — возразил Заргарян неуверенно.

— Научитесь. Если у вас нет других возражений, можете завтра же переезжать. Я сейчас собираюсь на промысла и распоряжусь, чтобы вам приготовили квартиру.

Полчаса спустя Заргарян торопливо шел домой — сообщить своим радостную весть. От необычайного волнения колени его подгибались. Он никогда не чувствовал себя таким счастливым: восемьдесят рублей при бесплатной квартире, чистый воздух для паралитика-брата, а самое главное — подальше от Микаэла. Вот неожиданное счастье!

Заргарян разговаривал сам с собой, высчитывал, расплачивался с долгами, накупил гостинцев для племянников, размахивая руками, улыбался, смеялся, привлекая внимание прохожих.

Наконец, он добрался до узенькой, грязной, зловонной улицы и через большие ворота вошел в широкий двор, такой же сырой, грязный и кочковатый, как и вся улица.

Не помня себя от радости, Заргарян поклонился какому-то работнику, медленно погонявшему лошадь. Она тянула веревку, конец которой был привязан к колодцу. Отходя от колодца, лошадь вытягивала бурдюк, от сырости размякший и белый, как вата. Работник дергал веревку, и вода из бурдюка выливалась в желоб соседней бани. Во дворе повсюду было развешено зловонное тряпье. Пробравшись между этих тряпок, Заргарян узким, тянувшимся вдоль двора балконом прошел в небольшую полутемную комнату, где играли двое полунагих ребятишек. Вся обстановка состояла из нескольких желтых стульев, простого некрашеного стола, накрытого чистой скатертью, и зеркала на двух ножках. Стены были вымазаны белой глиной, пол тоже замазан глиной и покрыт желтыми циновками.

Заргарян прошел в следующую комнату, выглядевшую так же мрачно, — тут уже не было ни стульев, ни стола. На краю длинной тахты сидел его брат паралитик — Саркис.

Лет шесть назад этот человек прибыльно торговал в одном из северных городов. Но счастье изменило ему — богатый магазин сгорел, Саркис обнищал. Этой беды он не перенес: его разбил паралич. Раньше Саркис ни разу не вспоминал, что у него в Закавказье есть брат, скромный учитель, потом конторщик, содержавший сначала престарелых родителей, а затем и овдовевшую сестру с детьми. В несчастье Саркис вспомнил брата, написал ему, прося помощи. Заргарян откликнулся с христианским всепрощением и взял к себе паралитика, его жену и дочь.

От некогда счастливого человека теперь остался полутруп: половина тела омертвела, лицо распухло, глаза вылезли из орбит. Но у этого полутрупа осталось от счастливого прошлого два свойства: неутолимый аппетит и неугомонный язык. Было ли в доме, что поесть, голодали ли дети — паралитику все равно: он должен завтракать, обедать и ужинать. Веселились или грустили — все равно, в доме на первом месте причуды больного, все более и более впадавшего в детство.

Главной жертвой этих причуд была его двадцатидвухлетняя дочь Шушаник. Весь день девушка только и была занята отцом — водила его под руку, когда он прохаживался по комнате, читала вслух, играла с ним в карты, прислуживала. Она все еще любила эту развалину, любила всей силой дочернего сердца.

Когда дядя вошел, Шушаник кормила отца. Она была немного выше среднего роста, с лицом бледным, но не болезненным, одетая очень скромно, с серой шерстяной шалью на плечах, скрывавшей ее стройный стан. В светлых и задумчивых глазах светились ангельская кротость и беспредельное терпение. В эту минуту, с ложкой и тарелкой в руках, она напоминала самоотверженную сестру милосердия, посвятившую страданиям других и радости и горести свои. Но она была больше, чем сестра милосердия, — она была любящей дочерью, с сердцем отзывчивым, как эолова арфа.

Заргарян сообщил радостную весть. Две преждевременно увядшие женщины, одетые в черное, его сестра и невестка, даже вскрикнули от радости. На меланхолическом лице Шушаник заиграла светлая улыбка; откинув со лба густую прядь каштановых волос, она взглянула на отца. Паралитик как будто не радовался вести, принесенной братом, а может быть, и скрывал свою радость. В эту минуту он был не в духе: горячая пища запоздала. Несколько минут назад он разбранил жену, брата, всю семью. Весь мир только и думает, как бы уморить его голодом! Услыхав от брата о переезде на промысла, Саркис здоровой рукой оттолкнул тарелку, воскликнув:

—Ты задумал утопить меня в нефтяном колодце! Не поеду я туда!..

Шушаник любила дядю не меньше, чем отца. Человек, на которого была взвалена вся тяжесть заботы о семье, вместо благодарности встречал одно недовольство. И это со стороны брата, не удостаивавшего его даже переписки, когда был богат и здоров... От волнения девушка судорожно сжала кулаки, как бы желая заглушить горечь сердца.

— Отец, — заговорила она растроганно, — ты будешь каждый день есть жареную рыбу. Дяде дадут хорошее жалованье.

— Врешь! — воскликнул паралитик, выпучив глаза на девушку. — Знаю я вас, вы меня там похороните, да, похороните... Обольете меня керосином и сожжете. Не знаю, что ли, я вас, вы безбожники!

И, уронив голову на подушку, он заплакал, как ребенок. Заргарян, овладев собою, прошел в другую комнату. Ему хотелось есть, но он был так взволнован, что почти не притронулся к хлебу с сыром.

— Вам нездоровится, дядя? — спросила Шушаник. — Вас знобит?

— Нет, нет, я не болен. Уговори отца, чтобы он согласился переехать на промысла. Клянусь богом, там мы заживем хорошо. Три комнаты, нет, четыре, понимаешь, четыре, восемьдесят рублей в месяц — не шутка! Почем знать, может, удастся и прислугу нанять, избавить тебя от тяжелой домашней работы. Погляди-ка, Шушаник, как огрубели твои руки. Нет, я не хочу, чтобы ты работала на кухне, жалко тебя, красавица моя...

Шушаник засмеялась. Чудак этот дядя, она ведь не на чужих работает, а на родителей, на дядю, на тетю.

— Оно верно, милая моя! — воскликнул Заргарян. — Все мы на ближних работаем, но ведь ты молодая девушка... Как знать?.. Зачем так изводить себя, худеть и бледнеть?.. Правда, я никогда не жаловался, но должен сказать, что отец тебя не любит, Шушаник, не щадит он тебя, неблагодарный человек...

— Он болен, будьте к нему снисходительны.

— Глупенькая ты, — произнес Заргарян смягчаясь. — Разве я на него сержусь? Нисколько. Но ведь он должен войти в твое положение, я о тебе только и забочусь.

Из комнаты больного вышли мать Шушаник и тетка. Разговор прервался. Со двора прибежали босые дети семи и девяти лет, только что повздорившие с соседскими мальчишками и порядком пострадавшие от них. Они со слезами прижались к матери. Шушаник обняла детей и стала успокаивать, а мать вышла браниться с соседями — зачем они распускают своих ребят.

— Хоть от этого крика избавимся, — заметил Заргарян, — там у нас не будет соседей. Ну, полно тебе, Анна, — крикнул он сестре, подойдя к двери, — брось, не стоит!..

Анна вернулась и в сердцах хотела отшлепать детей, но Шушаник заступилась за них — увела в другую комнату, откуда доносился ропот паралитика:

— Позови его, позови сюда!

Шушаник позвала дядю.

— Давид, — забормотал больной, — бога ради, избавь меня от этого ада. Соседи убьют, задушат меня ночью... Я задыхаюсь от банной вони... вызволи, избавь меня...

На другой день Давид Заргарян сдал дела новому бухгалтеру и перебрался на промысла. А через два дня перевез туда и семью. Перед отъездом паралитик снова заявил, что не желает жить на промыслах, и здоровой рукой оттолкнул дочь, подымавшую его. Но когда брат решительно заявил, что он может, если хочет, остаться в городе, больной пустился причитать: как, неужели хотят его бросить?

— Извозчика! Сейчас же за извозчиком! Заберите меня, заберите хотя бы в ад!..

В этот день приехал на промысел и Смбат. Его интересовала участь семьи Заргаряна. Улучшение жизни подчиненного радовало его.

Но лохмотья на детях, поношенные платья женщин, жалкий домашний скарб произвели на него тяжелое впечатление. Он не подозревал, что Заргаряны так бедны.

— А кто эта девушка? — спросил он бухгалтера.

Речь шла о Шушаник, которая с неизменной серой шалью на плечах тщательно обтирала привезенные из города вещи и вносила их в дом. Ее ясные и умные глаза, меланхолическое лицо невольно привлекли внимание Смбата. Он не смог побороть любопытства и перед отъездом в город почти напросился на чай к Заргарянам.

Обездоленное семейство было тронуто скромностью молодого миллионера. Шушаник подала чай на веранде. Паралитик остался в комнате. Смбат слышал доносившееся оттуда беспрестанное ворчанье. Дети играли во дворе, а женщины распаковывали и расставляли вещи.

Смбат, увлеченный ясными глазами, стройным станом и милым лицом Шушаник, украдкой наблюдал за нею, беседуя о делах со своим подчиненным. Ему казалось, что нужда еще не успела сломить девушку и не лишила ее гордости. В то же время он чувствовал, как необходима она жалкому паралитику, полуголым племянникам и всей семье. И чем больше Смбат наблюдал, тем больше радовался в душе, что хоть немного облегчил участь этой семьи; по-видимому, отныне судьба уж не так сильно будет ее угнетать, а значит, и домашняя работа этой молодой и привлекательной девушки станет легче.

Прощаясь, Смбат встретился взглядом с глазами девушки и почувствовал, как рука ее дрогнула в его руке. Это не было смущение дочери бедняка перед богачом. Это была дрожь женской стыдливости от слишком любопытного взгляда мужчины, с которым она только что познакомилась.

9

Утром Смбат, направляясь в экипаже на промысла, с особенной тоской вспоминал своих детей.

Было холодно. Дул пронизывающий северный ветер. Песок, взмывая, кружился в воздухе, Мелкон дробью обдавая лицо Смбата.

Экипаж был уже за городом. Справа тянулись нефтеперегонные заводы Черного города, окутанного дымом, копотью и паром. Море подернулось белым туманом — надвигалась буря. Слева — холмики, пустынная песчаная равнина, местами вспаханная, но чаще нетронутая, унылая и мрачная. Не было даже следов растительности. Всюду песок, известняк, груды камней да высохшие соленые озера, сверкавшие издали, как снежные поля.

Весною здесь земля ненадолго покрывается чахлой травой. Поднимаются на две пяди всходы пшеницы и ячменя, но вскоре палящие лучи солнца выжигают всю растительность, окрашивая почву в желтый цвет. Начинается убогая жатва, и к середине лета земля снова одевается в бурые лохмотья. Однако под этими лохмотьями таятся несметные сокровища. Кажется, здесь природа сняла с лица земли все свои дары и скрыла их в недрах.

Безжизненный пейзаж усиливал тоску Смбата. Сегодня он казался себе глубоко несчастным. Опять был крупный разговоре Микаэлом по поводу завещания. Пришлось решительно заявить, что брат может обращаться в суд и что Смбат готов судиться с ним, но добровольно ему отцовское наследство никогда не отдаст. Но не это наводило на него такое уныние. В глубине души он был убежден, что контрзавещание подложно и что Микаэл в конце концов законным наследником признает старшего брата и примирится с ним. Причина его подавленного настроения лежала глубже. До сих пор Смбат как-то ухитрялся отгонять тяжелые мысли и, не споря с судьбой, закрывал глаза на действительность. А сейчас какая-то упрямая и непреодолимая сила заставляла его твердить самому себе: «Неужели нет выхода?»

Неужели, ненавидя жену, он обязан вечно быть связанным с нею? Неужели, любя детей, он должен вечно нести бремя отцовского проклятия и материнских укоров?

Смбат глядел вдаль. На обширной возвышенности чернел лес — фантастический лес, лишенный листвы и ветвей; там вместо холодных родников течет черная густая жидкость, вместо пения птиц слышится рев гудков, вместо предрассветного тумана — пар и дым. Там днем и ночью работает множество машин и рук. Это — подземные сокровища, чаща черных нефтяных вышек, неприглядных, как окрестные пески и соляные лужи, сумрачных, как лица обитающих здесь людей.

Темный лес постепенно редел, «деревья» раздвигались. Все яснее и яснее виднелись приземистые рабочие казармы, железные резервуары, телефонные столбы — все черное от копоти и нефти.

Экипаж несся мимо большой нефтяной лужи и уже забирался на крышу подземной сокровищницы. Работа на промыслах кипела. Здесь бурили новые скважины, там расчищали старые. Вертевшиеся на вышках шкивы свидетельствовали о работе в недрах земли. Время от времени с разных сторон доносилось журчанье — это сливалась в ближайшие чаны нефть, которая потом по трубам стекала в резервуары и далее, под мощным давлением всепобеждающего пара, перегонялась на заводы. Здесь она отстаивалась, очищалась и потом развозилась во все концы света, превращаясь в золото, наполняя карманы немногих счастливцев.

К числу таких счастливцев принадлежит и Смбат Алимян — законный наследник Маркоса-аги. И, однако же, он говорит: «Я несчастен!»

Экипаж останавливается перед большим зданием. Очнувшись, Смбат сходит. На миг он оборачивается к соседнему балкону, лицо озаряется улыбкой; так луч солнца пронизывает туман. Смбату грезится пара ясных, умных и кротких глаз...

Он идет дальше по грязной тропинке и вместе с Заргаряном подходит к одной из вышек. Это высокое деревянное строение с земляным полом и со стенами, пропитанными нефтью. Оно возвышается над скважиной в полверсты глубиной, обитой железом. Проще говоря — это труба, всаженная в землю.

Входя, ощущаешь острый и одуряющий запах газа. В углу силою пара работает маховик, вращающий передаточным ремнем огромный барабан. Управляемый рабочим, барабан наматывает и разматывает длинный канат.

Завидя хозяина, рабочий снимает огромную мохнатую папаху и кланяется. Глядя на «го перепачканное нефтью лицо, Смбат думает: «Ты не несчастнее меня!»

Канат извивается змеей, обматываясь вокруг шкива на самом верху вышки. На конце его — желонка, цилиндр длиной в несколько саженей с клапаном на дне. Как только барабан размотает канат, желонка стремительно летит в скважину, громыхая о железные стенки, падает в подземное озеро и с глухим шумом поднимается вновь, переполненная драгоценной жидкостью. Эта жидкость изо дня в день умножает богатство Алимянов, а между тем Смбату и в ее плеске слышится: «Ты несчастен!»

Смбат подходит к скважине и прислушивается. Там, в черной бездне, словно творится «геенское действо»: нефть клокочет под напором газа, скопившегося веками. Раздаются странные звуки — не то порывы ветра в лесной чаще, не то далекий рокот морских волн. В ушах Смбата этот шум звучит напоминанием: «Ты несчастен!»

Желонка с шипением выползает, точно чудовище из норы. На минуту сверкнет, отливая желтизной и, стремительно взвившись опять замирает, словно в усталом раздумье, ударяется клапаном о что-то и выливает в чан поток драгоценной жидкости. Брызги нефти, смешанные с газом, распыляясь, рассеиваются в воздухе.

Ах, если бы удалось Смбату одним могучим ударом развеять тяжелое горе, камнем сдавившее ему грудь!

Он переходит от вышки к вышке. Всюду — грязь, копоть, нефтяное месиво. Снуют босые рабочие, насквозь пропитанные нефтью, точно живые фитили. Тут жизнь ежеминутно в опасности: малейшая неосторожность — и взрыв газа неминуемСмбат входит в котельную. Заргарян удивлен: никогда хозяин так тщательно не осматривал промыслов и никогда не был так задумчив, как сегодня.

— Что с ним? — шепчутся рабочие.

Пять исполинских огненных глаз горят в кирпичной стене и оглушительно воют.

Мощные пламенные струи вихрем кружатся в топках котлов, ревут, жадно вылизывая стенки. Двое рабочих день и ночь суетятся перед этими огненными глазами, поддерживая пламя, как жрецы. В котлах кипит вода, превращаясь в пар для машин.

Царящий тут шум приводит в смущение непривычного человека. Мысль невольно уносится далеко-далеко. Кажется, что это воплощение ада, с той лишь разницей, что люди сами, добровольно обрекают себя на эту геенну.

Кажется, что вот-вот какой-нибудь котел, не выдержав дьявольского состязания огня и воды, лопнет и все взлетит на воздух, и прежде всего эти несчастные, еле дышащие в, ужасающем жару.

И чудится Смбату, что даже эти огненные глазища котлов твердят: «Ты несчастен!»

— Не знаю, почему, — обращается он к Заргаряну, — но мне кажется, что я сейчас задохнусь.

— И не удивительно: тут совсем нет воздуха, — отвечает бухгалтер, поняв его буквально.

Смбат молча направляется к выходу и идет дальше. Вот он переступает порог узкой комнаты, шагов десять в длину, с низкими окнами и кирпичным выщербленным полом. Потолок чуть выше человеческого роста; черные от копоти стены в белых, как язвы прокаженного, пятнах плесени; вдоль стен — нары, пол под ними земляной. На нарах груды грязного, прокопченного тряпья — постели рабочих.

Смбат впервые видит жизнь рабочего люда, перед ним впервые подымается завеса, скрывающая эту каторгу. Совесть терзает его. Ему кажется, что он незаконно владеет богатством, что весь отцовский капитал принадлежит не ему, а этим несчастным. И, обращаясь к Заргаряну, он говорит: — Мы обязаны построить для рабочих новые жилища.

— Было бы недурно, господин Смбат, было бы недурно, — повторяет Заргарян довольным тоном.

— Сегодня же закажите проект.

— Не обождать ли, пока поправится Сулян?

Сулян — инженер, управляющий промыслами, он болен и лежит в городе.

— Обойдемся и без него. Вы закажите проект. А сколько у нас рабочих?

— В Балаханах — шестьдесят, в Сабунчах — пятьдесят пять, Романах — сто девяносто... Всего пока триста пятнадцать.

— На всех промыслах придется снести старые казармы и построить новые. Идемте выпьем чаю и поговорим поподробнее. В этих свинарниках невозможно жить.

За столом Смбат набросал план будущих жилищ, давая Заргаряну

73

необходимые пояснения. Он все больше воодушевлялся, с увлечением развивая внезапно озарившую его идею. Главное — ничего не жалеть, выстроить просторные, светлые, удобные общежития.

Чай подавала опять Шушаник в комнате, отведенной для приема гостей и довольно прилично обставленной.

Сегодня девушка причесалась особенно тщательно и надела единственное праздничное темно-красное платье. Ведь нынче день ее рождения: ей исполнилось двадцать два года! День, до сих пор ничем не отличавшийся от всех остальных. Бедная семья не имела обыкновения праздновать дни рождения своих членов. И лишь паралитик, вспомнив счастливое прошлое, потребовал, чтобы Шушаник испекла ему пирог; она исполнила это с удовольствием.

Смбат, склонившись над бумагой, чертил и объяснял Заргаряну. Иногда он украдкой поглядывал на девушку, замечая, что и она смотрит на него. Он чувствовал, что Шушаник интересуется его идеями, к это его еще больше воодушевляло. Но вместе с тем он досадовал, что внимание Шушаник слишком его занимает.

— Мне кажется, прервал, наконец, Заргарян его пространные объяснения, — если вы осуществите все задуманное, то неизбежно навлечете на себя неприязнь соседей по промыслам.

— Почему?

—Конечно, столько благ рабочим: бани, сад, школа, читальня, даже театр. У нас это вещи небывалые. — Самые обыкновенные и простые вещи для каждого порядочного предпринимателя. У всякого буржуа своя фантазия, а это — моя фантазия. Не думайте, что я уж слишком забочусь о рабочих.

Сказал это он как-то беспечно, но искренне.

— Пошли бог всякому предпринимателю такую фантазию! — вздохнул Заргарян, невольно поддаваясь обаянию его скромности.

— Оставим это. Так вот, завтра же закажите по моим указаниям проект, а там посмотрим. Теперь, — обратился Смбат к Шушаник, — скажите, какую роль в этом предприятии вы могли бы взять на себя?

— Я? — переспросила Шушаник, не ожидавшая такого предложения. — Что я могу делать?

— О, очень многое. Вы бы могли заняться библиотекой-читальней! Если не ошибаюсь, вы учились в гимназии?

— До седыми., класса, — ответил за племянницу Заргарян. — Но знает она больше, чем даже некоторые окончившие. Время у нее не проходит зря.

Девушка бросила на дядю укоризненный взгляд, тщетно стараясь скрыть смущение.

— Ну и прекрасно, — улыбнулся Смбат, — есть дела, с которыми женщины справляются лучше нас. Например, воскресная школа для неграмотных. Как только построим новые казармы, думаю, нужно будет открыть такую школу. Взяли бы вы на себя это дело?

Как понять это предложение хозяина? Уж не смеется ли он над Шушаник? Или, быть может, этот молодой миллионер ее испытывает? Ясные глаза потупились, бледные щеки порозовели. Девушка промолчала.

— Чего же ты молчишь? — вмешался Заргарян. — Не мешало бы поблагодарить господина Алимяна, что он именно тебе оказывает такое доверие. Соглашайся, слышишь? Не то во мне взбунтуется кровь старого учителя.

Говорил он при хозяине смело, шутливо, но нисколько не впадая в фамильярность.

— Если сумею быть чем-либо полезной, я с готовностью возьмусь, — ответила, наконец, Шушаник. — Позвольте вам еще чаю?

— Нет, благодарю вас. Ну вот, у нас уже и помощница есть. Всего хорошего. Завтра поговорим подробнее.

По уходе Смбата Заргарян упрекнул Шушаник: Алимян так доверяет ей, а она этого как будто не ценит.

— Человек он умный и понимает, что ты здесь, в этом невзрачном окружении, скучаешь, вот он и предлагает тебе работу.

— Но я же сказала, что охотно возьмусь, если сумею справиться.

— Что значит «если сумею»? Не ахти какое дело — обучать грамоте. Наконец, много ли у нас учительниц развитее и начитаннее тебя?

Девушка не сказала ни слова и прошла в свою комнату. Из окна она проводила глазами Смбата, уезжавшего в город...

На другой день вечером Шушаник сказала дяде:

— Надо скорее строить жилища для рабочих. В самом деле, в старых домах жить невозможно...

— Откуда ты знаешь?

— Я нынче ходила и осмотрела их.

В голосе ее звучало беспредельное сострадание.

10

Мадам Ануш Гуламян сидела на излюбленном месте у окна в гостиной, откуда она разглядывала прохожих. Напротив, в первом этаже, жила какая-то не армянская семья, только что вернувшаяся из летней поездки по России. Семья эта состояла из мужа — рослого, здорового архитектора, и жены — элегантной красивой дамы.

Много толков ходило об этой женщине. И Ануш не раз видела ее разговаривавшей более чем нежно с каким-то молодым человеком.

Сегодня Ануш опять побранилась с мужем. Они наговорили друг другу много обидного. Взаимное влечение потухло. Бывали минуты, когда они испытывали друг к другу нестерпимое отвращение. Петроса раздражали усики и мужской голос Ануш. А ее отталкивали его маленькие, хитрые, заплывшие жиром глазки, уши цвета свежего мяса, толстая шея, а в особенности — грубые манеры. И все же она оставалась верна мужу, изменявшему ей на каждом шагу.

Погода еще стояла ясная, солнце ласково грело. Был уже конец октября, но все одевались по-летнему.

Впечатление от ссоры несколько сгладилось. Глядя на соседку, весело порхавшую по комнатам, Ануш почувствовала зависть. В сердце ее вспыхнула любовь к жизни, кровь закипела, как и в те дни, когда она, ослепленная страстью, бросилась на шею Петросу Гуламяну.

Ануш мечтательно припоминала волнующие сцены из прочитанных романов и воображала себя то одной, то другой героиней. Вспоминались ей юные годы — девичья пора. Веселые, беспечные часы! Чего-чего только не вытворяла она, прогуливаясь с подругами. Девушки подзадоривали сверстников, хихикали, подталкивали друг друга, как бы невзначай роняли нежные словечки, чтобы верней одурачить молодых парней, а порой прикидывались и влюбленными. Случалось, что писали письма, назначали свидания. Зачинщицей всех этих проказ была Анна Королькова, дочь таможенного чиновника, самая бойкая и изобретательная среди подруг.

Эх, счастливая пора! Но быстро она промчалась. Едва минуло Ануш четырнадцать лет, а уже ученье опостылело ей. И какое там ученье, кто интересовался уроками! Ануш, как и большинство ее подруг, ходила в школу формально. Посылали родители ее в школу только следуя моде, чтобы, так сказать, не отставать от других.

Ушла она из четвертого класса, не вынеся из школы ничего, кроме веселых воспоминаний.

Двери противоположного дома раскрылись. Натягивая перчатки, вышла изящная соседка с красным зонтиком под мышкой. За ней бомбой вылетела серенькая собачка с черной приплюснутой мордочкой, с ошейником, унизанным бубенчиками. После летнего путешествия красавица посвежела и похорошела. Своим независимым видом она окончательно сразила Ануш, и словно нарочно, чтобы сильнее возбудить зависть, подойдя к окну, спросила:

— Что вы все сидите дома в такую погоду?

Они познакомились на каком-то вечере.

— Да так, никуда не тянет...

— Пройдитесь по набережной, подышите чистым воздухом. Впрочем, простите, кажется, у вас не принято выходить без супруга, — прибавила дама с мягкой иронией.

— Напротив, у нас не принято выходить с супругом, если вы имеете в виду азиатские обычаи.

— Неужели? А я и не знала. У нас можно и так и этак, — заметила красавица, лукаво подмигнув.

Раскрыв шелковый зонтик, она грациозно подобрала юбку и с милым кивком удалилась, окликая собачку:

— Мопсик, Мопсик!..

«У нас принято и так и этак», — повторила Ануш. — Да, у вас принято, почему же у нас не принято? Почему армянка безропотно терпит распутство мужа и не осмеливается ему отомстить? Почему ей так трудно изменить? Должно быть, это признак невежества и трусости...»

Звонок прервал ее мысли. Она вздрогнула и поднялась. Вошел Микаэл Алимян.

Ануш молча пригласила молодого человека сесть. Заговорила о красивой соседке. Микаэл был знаком с этой четой, он только что встретил красавицу и поболтал с нею. Микаэл знал ее историю, знал и много других таких же. И то, о чем несколько минут назад думала Ануш, он высказал откровенно: Ануш малодушна. В словах Микаэла зазвучала ирония и дерзость.

Ануш не спорила и только изредка полушутливо приговаривала:

— Да помолчите, полно вам!

И больше ничего. Но вместе с тем думала: да, да, армянская женщина безмолвно и безропотно терпит беспутство мужа, но ведь она тоже живое существо, у нее тоже есть сердце. Настанет день, когда и ее долготерпению придет конец.

Страстные взгляды Микаэла нисколько не оскорбляли Ануш. Они доставляли ей глубокое наслаждение. Микаэл с трудом сдерживал себя. Страсть вынуждала его отбросить ребяческую робость. Ему хотелось обнять это пышное тело, обвить пленительную шею, как обвивается пригретая солнцем змея, и впиться поцелуем в эти румяные щеки.

Ануш вертела золотой браслет, снятый с белой пухлой руки. Внезапно она .взглянула в глаза Микаэлу, руки ее ослабели, пальцы разжались, браслет скользнул на колени и, прошуршав вдоль шелковой юбки, блеснув на миг, исчМикаэл быстро нагнулся; Ануш, отодвинув кресло, тоже нагнулась, ища браслет. Солнечные лучи озарили голову Микаэла и шею Ануш. Ее бросило в жар. Волосы ее касались лба Микаэла. Их головы настолько сблизились, что Ануш чувствовала на щеках горячее дыхание молодого человека. Микаэла страсть охватила с гораздо большей силой, чем тогда, когда он сжимал локоть примадонны. Он уже не сознавал, зачем нагнулся и чего ищет, лишь глядел украдкой на полную грудь, на белую шею женщины и судорожно кусал губы. Глаза Микаэла горели, рассудок мутился, как в горячке. Еще мгновенье и, быть может, он, не сдержавшись, охватил бы ее голову и прижал к груди со всей силой взбушевавшейся страсти.

Ануш приподнялась — она нашла браслет. Хотела надеть, но ей не удавалось.

— Позвольте, — прошептал Микаэл, дрожа от волнения. Ануш протянула руку, слегка подавшись вперед. Этот порыв убил в Микаэле последние сомнения. Теперь щеки Ануш побледнели, глаза сверкали, грудь вздымалась. Перед ней носился смелый жизнерадостный образ счастливой красавицы соседки.

Микаэл крепко сжал ее мягкий локоть, как бы пробуя соединить концы браслета. Ануш время от времени делала слабые попытки освободить руку. Горячие пальцы Микаэла жгли ей ладонь.

— Ах, это солнце, — проговорила Ануш, смеясь и привставая. Не отнимая руки, она притворила ставню.

С исчезновением солнечных лучей исчезли и последние проблески света в мозгу молодого человека. Безумное желание поглотило его целиком. Буйная кровь разыгралась, ударила в голову, точно кипяток в крышку завинченного котла. Губы его дрожали от звериной страсти, обнажая оскал белых зубов. Дыхание обжигало, точно пламя, глаза утратили человеческое выражение. Это был образ воплощенной страсти, страсти жгучей и неодолимой.

Ануш рванулась из рук Микаэла, слабо вскрикнула. Движение было слишком нерешительным для женщины, если не превосходившей мужчину силой, то во всяком случае не уступавшей ему. Микаэл привлек Ануш к себе на этот раз довольно грубо.

— Что вы делаете? С ума сошли? — вскрикнула Ануш и вырвалась.

Они посмотрели друг на друга. Микаэл смутился. Но оба дрожали от охватившего их волнения. Ануш поспешно открыла ставню и выглянула на улицу.

С минуту Микаэл стоял неподвижно. Он смотрел на плечи, шею и сбившуюся прическу Ануш, потом взял шляпу и поспешно вышел.

— Прощайте!

Сперва Ануш была рада, что Микаэл не показывался, и мысленно негодовала на себя, что позволила молодому человеку зайти так далеко. Но прошли первые дни, и она начала беспокоиться: не обидела ли его! Но чем? Неужели тем, что не хотела забыться и броситься в объятия чужого человека? Ну, а если бы и бросилась, — что тут такою?

Тревога Ануш утихла. Муж начинал казаться до того отвратительным, что она и видеть его не могла. Дети, положение, общественное мнение —

вот что сковывало ее. «Ах, почему так трудно согрешить?» А между тем страсть разгоралась в ней все сильней. Она ждала Микаэла, ждала с нетерпением, с сердечным трепетом. Но Микаэла все не видно. Каждый день Ануш садилась в обычные часы у окна и смотрела на улицу и на окна противоположного дома. Красавица соседка беспечно порхала по комнатам и, конечно, продолжала изменять мужу. А Микаэла все нет и нет.

Наконец, он появился. Но не веселый и бодрый, как прежде, а погруженный в задумчивость. Он кается в своем поступке и пришел просить прощенья. К раскаянью его вынуждает любовь, питаемая им к одному привлекательному созданию.

Ануш была взволнована. О ком идет речь? Как он смеет, любя одну, покушаться на честь другой?

— Кто же она? — не выдержав, спросила Ануш.

— Вы ее не знаете. Одна прекрасная немка.

От ревности Ануш кусала губы. Она не подозревала, что «прекрасная немка» — пробный шар, пущенный Микаэлом. Этой выдумкой он хотел вызвать в Ануш ревность и нанести решительный удар остаткам ее скромности.

Ануш старалась сдерживаться и заглушить свои чувства, но напрасно. Она говорила с Алимяном о посторонних вещах, но мысли ее были заняты прекрасной немкой. Чем равнодушнее казался Микаэл, тем больше воспламенялась Ануш. Она опять заговаривала о своем невыносимом семейном положении, теряя прежнюю сдержанность. Она то вздыхала, опуская голову на грудь, то, резко взмахивая рукой, говорила, как бы думая вслух: «Ну что поделаешь»... или: «Без горя не проживешь»...

А Микаэл все притворялся равнодушным. Он угадал слабую струнку собеседницы. Прощаясь с Ануш, он сказал, что его ждут, и, уходя, одарил ее иронической улыбкой.

Вечером, уединившись в спальне, Ануш думала о будущем. Жизнь с Петросом стала нестерпимой. Она горько ошиблась, всему виной ее неопытность. Мало ли обманувшихся женщин, — обманулась и она. Неужели Ануш должна всю жизнь страдать. Петрос виноват во всем, и он еще изменяет ей. Где же справедливость? Нет, больше Ануш не в силах жить с этим грубым, безобразным, отвратительным человеком. Она пойдет к епископу, бросится ему в ноги и вымолит себе развод. А не согласится епископ помочь, Ануш подкупит его. Ведь эти святые отцы за деньги готовы соединять несоединимое и расторгнуть нерасторжимое.

Это была последняя трезвая мысль Ануш. Она сменилась пламенной страстью, такою же, как девять лет назад. Притворное равнодушие Микаэла терзало ее бесконечно. Надо было как-нибудь покончить со всей этой путаницей. И она покончила...

Дни шли. Ануш и Микаэл всецело отдались порывам страсти, не думая о том, что их ждет впереди. Безотчетно твердили они друг другу «люблю», воображая, что на самом деле любят, что это и есть подлинная любовь, изображаемая романистами и воспеваемая поэтами.

Однако мало-помалу лучи действительности стали проникать в их затуманенное сознание. Прошла пора безумных порывов, и Ануш, немного очнувшись, начала намекать Микаэлу на то, что собиралась сказать перед тем как решиться на смелый шаг: она хочет развестись с Гуламяном и...

Ануш не в силах была продолжать. Для начала довольно и этого. Неужели Микаэл не понимает, как мучительно женщине жить под одним кровом с нелюбимым, принадлежа душой и сердцем другому, любимому?

Микаэл молча выслушал ее, обнял, поцеловал и вышел. И с этого дня им овладело необычайное беспокойство. Желание Ануш порвать с мужем поставило его в затруднительное положение. Какая глупость — ха-ха! Отнять у мужа законную жену и жить с ней! Что скажет общество? Вдобавок с дамой, у которой — ха-ха! — двое детей, которая за девять лет замужества успела утратить свежесть...

Нежные усики, отчего вы теряете свое очарование при одной этой мысли? Почему Ануш превращается в заурядное, ничем не выделяющееся существо и становится похожей на всех остальных женщин? Похожей? Нет, это далеко не так...

И вот что случилось однажды. Целуя Ануш, Микаэл вдруг почувствовал неприятное щекотанье и сейчас же выпустил ее голову, доверчиво склоненную ему на грудь. Они посмотрели друг на друга. Обычно Ануш по лицу и глазам Микаэла угадывала его душевное состояние. Но на этот раз не угадала. Ей показалось, что Микаэл собирается с новой силой прижать ее к груди и осыпать поцелуями, как бывало раньше, и первая потянулась и начала целовать его, как безумная.

Микаэл незаметно старался уклониться от поцелуев. Он боялся, что неприятно щекочущие усики на этот раз заставят его еще резче оттолкнуть Ануш. И, разумеется, он обидел бы этим ее. Удивительно, поистине удивительно, что эти же самые усики и свели его с ума. Как это неестественно! Нет, женщина должна быть женщиной, со всеми внешними признаками женственности. А эти усики? Фу!.. А грубый баритон? Фу!

Эти минуты появлялись черными хлопьями перегара — не больше; мелькнув, они мгновенно исчезали: А в горниле страсти продолжало пылать пламя. Иногда Микаэл готов был задушить Ануш в объятиях, если бы хватило сил. Порою, расставаясь с ней, он испытывал большое самодовольство, — вот он каков — неотразимый Лев, настоящий демон, чье очарованье способно самых добродетельных женщин заставить броситься в его объятия, как бросилась эта!.. Так почему же довольствоваться только этой победой и не идти дальше?..

11

Прошло две недели после оргии у Кязим-бека. За это время Смбату не удавалось увидеться дома с Микаэлом так, чтобы серьезно поговорить о контрзавещании. Правда, на другой день после кутежа Микаэл решительно заявил ему, что обратится в суд, но до сих пор об этом ничего не было слышно.

Вот уж десять лет как Микаэл превращал ночи в дни и дни — в ночи. Домой он возвращался не раньше трех-четырех часов утра и спал до вечера. Встав с постели, он наскоро пил чай и снова исчезал. Где он пропадал и какой образ жизни вел, — теперь уже не представляло секрета для Смбата: он уже хорошо знал ту растленную обстановку, где прожигал свою молодую жизнь брат.

Смбат хотел повидаться с Микаэлом и поговорить серьезно. На контрзавещании стояла подпись отца, ничем не отличавшаяся от подлинной. Он сказал Микаэлу, что это подлог. Если второе завещание действительно было подложным, то все же оно состряпано довольно искусно. Брата он не считал способным на такое опасное мошенничество и был уверен, что его сбил с толку зять, Марутханян, — человек, которого Смбат ненавидел всей душой. Марутханян восстановил против него не только Микаэла и Аршака, но и свою жену. Почти каждый день Марта приходила к матери и жаловалась ей, что Смбат «отнял» ее долю наследства.

Однажды она завела об этом речь с Смбатом и наговорила ему грубостей. Брат и сестра рассорились, и Марта вышла от матери вся в слезах.

В тот же день Смбат решил просидеть дома и дождаться, пока не встанет Микаэл. Наступил вечер, когда, наконец, слуга доложил, что Микаэл проснулся. Смбат поспешил к нему. Микаэл в шелковом халате пил чай. Он встретил брата легким кивком, словно это был случайный, незначительный гость. Лицо его, как всегда, было бледным. Под глазами — синие круги.

Смбат попросил его еще раз показать завещание. Микаэл сказал, что оно уже в суде, однако через минуту вытащил связку ключей и открыл один из многочисленных ящиков стола.

Смбат достал из кармана несколько договоров и счетов с подписью отца и принялся внимательно сличать эти подписи с подписью на завещании. Никакой разницы: те же буквы, и прописные и мелкие, тот же самый росчерк. Исчезло последнее сомнение. Но одно обстоятельство все же смущало Смбата: если завещание подлинное, почему же они медлят и не предъявляют бумагу в суд? Ведь Смбат не раз категорически заявлял, что добровольно ничего не уступит. Допустим, Микаэл колеблется, тогда чего же медлит Марутханян, для которого интересы кармана выше всяких родственных и нравственных соображений?

Микаэл снова предложил брату кончить дело миром, но и на этот раз получил решительный отказ. В городе уже начали ходить слухи, что он незаконно завладел отцовским наследством, и если Смбат пойдет теперь на уступки, могут подумать, что он и впрямь незаконный наследник. Смбат попытался убедить Микаэла, что суд установит подложность контрзавещания и что Микаэл со своим сообщником пропадет. Этот сообщник — человек опасный, хотя он и зять их. Все свое состояние Марутханян нажил нечистыми путями.

— Я прекрасно знаю его, — прервал Микаэл, — но в данном случае он не плутует. Наконец, какое мне дело до него. Я хочу быть богатым, самостоятельным, свободным, а не играть роль жалкого приказчика у тебя.

— Исполни волю отца и получишь наследство наравне со мною.

— Ты говоришь о женитьбе? Ха-ха-ха! А ты-то сам очень счастлив, что советуешь мне жениться? Гм... за живое задел, кажется, да? Эх, дружище, считай меня непутевым или каким там хочешь, но у меня тоже есть голова на плечах.

— Мое счастье в детях.

— В детях? Возможно, но не маловато ли для счастья? А может быть, и в их «родительнице»? Трудно тебе?

— Жена моя очень умная и безупречная женщина.

— В этом-то и состоит твое несчастье. Не будь она умной и безупречной, ты бы со спокойной совестью мог бросить ее, а так ты опасаешься общественного мнения.

— Никогда не опасался его, доказательством может служить хотя бы то, что я женился наперекор этому самому мнению.

— Значит, дети мешают тебе порвать с женой? Вот то-то и есть: куда ни посмотришь — натыкаешься на несуразность. Один любит детей, но ненавидит жену, у другого жена изменяет, третий не ладит с женой. Куда ни глянь — семейная драма. И ты еще хочешь, чтобы я тоже стал героем подобной драмы. Нет, дорогой мой, уж лучше оставаться бонвиваном. Наконец, на кой шут мне жена, если имеется много чужих жен? Вот через час я буду у чужой жены.

— Микаэл, твоему беспутству нет предела...

— Что, что ты сказал? Беспутство? Ха-ха-ха! Чудесное слово! Знаешь ли, дорогой мой, с первого же дня ты усвоил по отношению ко мне менторский тон. Конечно, ты на это имеешь все основания, раз в законном завещании — ха-ха-ха! — отец поручил тебе наставлять меня на путь истинный. Кроме того, ведь ты старший брат, и притом с высшим образованием. А я-то кто? Недоучка, невежда, распутник. Но намотай себе на ус: я в грош не ставлю твое мнение обо мне. В тот вечер у Адилбекова кровь всякий раз бросалась мне в голову, когда ты посматривал на меня с соболезнующим снисхождением. Я чувствовал, что в душе ты меня жалеешь. О-о, много встречал я героев вроде тебя, — взять хотя бы всех этих наших докторов, адвокатов, инженеров. Все они тоже распинаются в защиту нравственности, а как окунутся в жизнь и нагуляют брюшко, швыряют за борт моральные принципы и начинают набивать карманы. Им ничего не стоит сдружиться со вчерашними контрабандистами, с вышедшими в люди приказчиками, обворовавшими своих хозяев, со злостными банкротами, с идиотами и распутниками вроде меня. Барахтаясь в этом болоте и воображая, что уносятся ввысь на крылышках времени, они изо дня в день опускаются все ниже и ниже. И ты, дорогой мой, как вижу, не без идеалов. Будь же осторожен, — как бы не утопил их в нефтяной скважине. Мой совет — заботься только о себе... До свиданья. Я спешу к чужой жене. А что до завещания... оно подлинное. Если не хочешь, чтобы тебя затаскали по судам, приготовь мне назавтра пока тысяч пять... До свиданья... И он ушел в спальню переодеться. Смбат, пожав плечами, проводил его глазами. Вот красивая кукла, утыканная иголками, за которую надо браться осторожно. Что ни говори, а этот молодой человек не лишен ума, а пожалуй, и остроумия. Но все же и Смбат не даст себя обмануть подложной бумажкой, он сумеет отстоять свои права; не поддастся он и этому красноречию, постарается вывести родного брата на путь истинный.

На другой день Микаэл зашел в контору и повторил, Что ему нужно пять тысяч. Смбат отказал.

— Отлично, возьму у Марутханяна в счет будущего наследства.

С этого дня отношения между братьями еще более обострились. Марутханян неустанно подговаривал Микаэла не столько начинать дело против Смбата, сколько донимать его контрзавещанием. Ловкого дельца бесило хладнокровие Смбата, он день и ночь размышлял, как бы сломить противника. Неужели Смбат будет безнаказанно пользоваться этим огромным богатством? Тот, кто не трудился и не ждал ничего, — вдруг завладеет миллионами! Нет, этому не бывать. Марутханян никогда не позволит, чтобы какой-нибудь мальчишка владел таким состоянием. Он знал, что Смбат ненавидит его и считает мошенником. И это еще больше разжигало его вражду. Однако Марутханян не терял спокойствия и внешне держался вполне корректно. В сущности он и не надеялся на силу контрзавещания. Это был маневр, чтобы опорочить Смбата, — Марутханян думал, что таким путем удастся заставить шурина выделить сестре хоть некоторую долю наследства. С другой стороны, состряпав контрзавещание, он может прибрать к рукам Микаэла, и это ему почти удалось. Теперь они союзники, связанные всеми последствиями мошеннической сделки; Марутханян чувствовал, что отныне Микаэл без него шагу не может ступить. А это было ему необходимо для другой цели — цели более легкой и прибыльной, нежели получение некоторой части наследства.

Марутханян пользовался в городе уважением. Каково было его прошлое и какими средствами он разбогател — это уже все предали забвению. Достаточно того, что он был довольно известным заводовладельцем и умным коммерсантом. Он умел поддерживать свое положение и не упускал случая всеми способами поднять свой престиж.

Подходящим случаем он счел присутствие в городе епископа и пригласил его на обед у себя на квартире при черногородском заводе.

Черный город и на самом деле был черным, как заколдованный мир, отмеченный божьим проклятьем. Копоть, день и ночь валившая из труб, пачкала все — и дома и даже птиц. В вечно дымном воздухе еле мерцали солнечные лучи, бросая тусклые красно-бурые отблески. Улицы изобиловали рытвинами и лужами, вперемежку с грудами нечистот. Черные от сажи свиньи рылись в поисках пищи, хрюкая и тыча мордами в грязь, а из луж женщины набирали в ведра нефть. Множество нефтепроводных металлических труб на земле и под землей под напором клокотавшей в них нефти издавало звуки, напоминавшие то стрекотанье сверчков, то тяжкие удары молота в незримой кузнице. Это стучал пульс нефтяной промышленности — измеритель адского труда человеческих масс и несметного богатства немногих счастливцев.

Завод Марутханяна располагался несколькими корпусами в центре Черного города. Двор, обнесенный каменной стеной немного выше человеческого роста, был переполнен оборудованием. Бросались в глаза железные нефтехранилища, высокие, вместительные, с куполообразным верхом; сеть нефтепроводных труб, то проложенных в земле, то протянутых над головой; насосы, котлы, краны... Время от времени здесь мелькали человеческие фигуры, грязные, с ног до головы пропитанные черной жидкостью, полунагие и мрачные, как и подобало обитателям черного мира.

На просторном балконе двухэтажного дома расположилось общество армянских нефтепромышленников, купцов, рантье и инженеров. Его преосвященство еще не прибыл. Гости дожидались епископа, чтобы сесть за стол. Тут был и Микаэл со своей компанией. Марутханян ничего не пожалел, устроил роскошный обед. Он пригласил даже репортера

Марзпетуни в надежде прочесть в газете описание обеда. Среди приглашенных был также Петрос Гуламян. Микаэл, нисколько не смущаясь, подошел к нему и осведомился о его здоровье и о семейных делах. Внимание молодого миллионера сильно льстило простому торгашу. Но тут же над честолюбием Гуламяна взяли верх практические соображения, и он не постеснялся снова намекнуть Микаэлу насчет нефтяного участка. На. этот раз Микаэл твердо обещал уступить ему по сходной цене некоторую часть земли, незадолго до того купленной Смбатом. Глаза лавочника заблестели.

Прибыл его преосвященство. Гостей пригласили к столу, накрытому в просторном зале. Распорядителем обеда был избран Срафион Гаспарыч, в новом мундире и свежевыбритый, усы его были расчесаны особенно тщательно.

Микаэл со своей компанией разместился в конце стола. Тут молодые люди могли болтать без стеснения. Только Папаша не позволил себе присоединиться к компании. Как самый богатый и почетный г ость, он по предложению хозяина уселся рядом с владыкой. Сегодня он был настроен очень серьезно: собрание было не интимное, а носило до некоторой степени общественный характер, между тем во всем городе Папаша слыл за патриота, благотворителя и искреннего защитника общественных интересов... Когда тамада предложил тост за здоровье его преосвященства, Папаша выразил желание сказать «пару слов» и поднялся.

— Владыка, гм... господа... — начал он. — Мы, армяне, значит, всего, гм... одну церковь, значит, всего, гм... имеем...

— Имеем! — прошептал Гриша в своем кругу, передразнивая оратора.

— Я, значит, гм... как верный сын этой... гм... самой церкви, гм... говорю: мы обязаны почитать, гм... потому, гм... я пью...

— Змеиный яд! — вставил опять Гриша.

— За служителя, гм... церкви, значит, желаю, гм...чтобы...

Папаша на миг уставился на тщательно закрученные усы Срафиона Гаспарыча. Но, не найдя в них нужных слов, полез пальцем в полный бокал, где плавала муха.

— Одним словом, — продолжал Папаша, стряхнув муху с пальца, — чего там, гм... канителить, гм... Давайте выпьем за здоровье нашего епископа, гм... Потому прошу встать...

Все встали с возгласами:

— Да здравствует его преосвященство! Да здравствует владыка Аракелян!..

Епископ предложил здравицу «за местную общину» и тоже сказал «пару слов». Он воздал хвалу «общине», отметив патриотизм, добросердечие, щедрость, милосердие и безграничную мудрость ее «избранного слоя».

— Чет или нечет? — резались Мовсес с Мелконом.

Потом его преосвященство повел речь о новом поколении, заговорил о молодежи, высказал свое мнение об электричестве, сравнил его с умом местного «избранного слоя», подчеркнув, что местная армянская молодежь куда просвещенней, богобоязненней и развитей всей остальной армянской молодежи.

В это же самое время Гриша ругательски ругал опереточную актрису за измену. Мелкон жаловался, что вот уже месяц, как жена его хворает, и он вынужден вечерами, словно курица, с десяти часов усаживаться на насест. Мовсес убеждал их вечерком устроить «легкую вертушку».

Владыка опустился в кресло, вытирая пот.

После нескольких общих и официальных тостов настроение собравшихся значительно поднялось. Очередь дошла до либерального отца Ашота и консервативного отца Симона, в пику друг другу предлагавших тосты за своих богатых прихожан.

Марзпетуни был обозлен. Никто не поднял бокал за прессу. А у него в голове уже была готова ответная речь, которую он рассчитывал сказать в качестве представителя печати.

Стали шептаться о том, что Папаша, воспользовавшись приподнятым настроением гостей, собирается открыть подписку в пользу Эчмиадзина.

И точно — он снова поднялся и снова держал речь. Слова все трудней и трудней вылезали из горла — он смотрел то на свой бокал, то на камилавку епископа, то поправлял галстук. Смысл «речи» Папаши был ясен: подписной лист на круглом столе, желающие пусть подойдут и распишутся.

— Разводит патриотизм за чужой счет, — шептали некоторые.

Кое-кто незаметно улизнул. Охотно сделал бы то же и Марутханян, да некуда было бежать из собственного дома.

— Богачи не явились, так ты отыгрываешься на мне, укоризненно шепнул он Папаше, намекая на отсутствие Смбата Алимяна.

Марзпетуни был взбешен, когда выяснилось, что подписка дала несколько тысяч. Зачем все в пользу Эчмиадзина? Надо положить конец этому «церковному» попрошайничеству. И он вытащил блокнот. Но тут хитрый Папаша что-то шепнул ему, и он сунул книжку в карман.

Подписной лист передали епископу, который был в полном восторге «от безграничного патриотизма избранного слоя». Обед завершился молитвой. Гости разошлись.

В последнем экипаже ехали Марутханян и Микаэл.

— На сколько ты подписался? — спросил заводовладелец шурина.

— На сто.

— Ха-ха-ха! — язвительно засмеялся Марутханян. — Я триста, а ты сто.

Вот что значит не иметь своих денег! Брат твой мог бы дать тысячу. У него есть, а у тебя нет.

Самолюбие Микаэла было задето.

— Замолчи! — прикрикнул он на зятя.

— Кто этот с толстой шеей, что едет впереди нас? — спросил Марутханян, сразу меняя тон.

Язык у него развязался под действием вина.

— Петрос Гуламян.

— Браво, молодец! Ей-богу, молодец! — воскликнул Марутханян, и его зеленовато-желтые глаза прищурились.

Микаэл смутился от этого взгляда.

— Ничего, — успокоил его Марутханян, — все мы смертны, не красней, холостяком я тоже не сидел сложа руки.

— Но ты ошибаешься насчет мадам Гуламян, — проговорил Микаэл тоном, допускающим возможность каких угодно предположений.

— Я не ошибаюсь, ошибается, должно быть, мой приятель, которому ты попадаешься, выходя от мадам Гуламян. Он их сосед. Понял? Ну да ладно, не робей, все останется между нами. Продолжай...

Экипаж остановился — шлагбаум был спущен. Свистя и пыхтя, словно ожившее сказочное чудовище, прошел паровоз, таща длинную вереницу цистерн. Грохот поезда, рев заводских топок, шипящий пар, то тут, то там с пронзительным свистом вылетавший из бесчисленных труб, могли оглушить непривычного человека. Казалось, что тут происходит непостижимая битва и в этой оглушительной толчее участвуют целые сонмы злых духов.

— Погляди-ка, — опять заговорил Марутханян, — весь мир сожрал этот Нобель и все никак не насытится. Молодчина!

Он указал на огромный завод чуть не вполовину Черного города.

— Люблю таких людей, — продолжал Марутханян, старательно подкручивая и без того заостренные густые усы, — копят, копят, а все не насытятся. Только бездельники назовут их жадными... Имеешь — старайся удвоить, утроить, удесятерить. Мало — отними у соседа, у друга, у брата. Точи когти и бросайся на мир, души, а то закоснеешь хуже старой бабы. Лет десять назад я был помощником нотариуса и частным поверенным, а теперь у меня, слава богу, полмиллиона состояния. Да, не скрою, имею. Так почему же не обратить полмиллиона в миллион, в два, в три, в пять, в десять?

Марутханян продолжал в том же духе. В былые времена всякий лавочник считался купцом, обладатель крохотной мастерской — заводовладельцем, а хозяин пары лодочек — судовладельцем. Теперь их никто и в грош не ставит, безжалостно проглатывают их более сильные. Чтобы не стать устрицей для чьей-нибудь широкой глотки, нужно всячески распухнуть и раздуться...

— Деньги, деньги и деньги! — воскликнул Марутханян, впадая в какой-то плотоядный экстаз. — Весь свет стоит на! деньгах. Очнись, дружок, не позволяй брату грабить тебя ради его жены и детей. Наступи ему на горло, напугай ложным завещанием. Не бойся — смело судись с ним. Человек я осторожный, но не прочь от риска: кто не рискует, тот не растет. Но в нашем деле — осторожность и еще раз осторожность. Во что бы то ни стало, отбери у брата отцовские миллионы. Мы их разделим на три равные части, чтобы после опять объединиться, организуем большое товарищество, закупим новые нефтяные участки, заложим новые скважины, выстроим большой завод, заведем шхуны, пароходы. Во всех странах создадим агентства, начнем конкурировать с американцами, а там, чем черт не шутит, может, и в самом деле станем нефтяными королями. Наши имена будут известны во всех частях света, и все нам поклонятся в ноги. Тогда мы будем знаться не с какими-то там Татосами и Матосами, а с гигантами вроде Ротшильда и Вандербильда, перед которыми склоняются даже президенты и короли. Вот тогда только ты поймешь настоящую жизнь!

И чем сильнее воспламенялся Марутханян, чем пышнее раздувались его проекты, тем меньше казался он сам в своем экипаже. Съежившись подле Микаэла, Марутханян походил на огромную пиявку, готовую высосать кровь соседа. Наконец, он свернулся клубочком, припал головой к коленям Микаэла, ухватился обеими руками за его руку и, крепко стискивая ее, словно прирученная обезьяна, уставился на шурина, как бы стараясь проникнуть в глубину его сердца.

— Микаэл, Микаэл! — воскликнул он, меняя тон и почти умоляя. — Смбат — парень умный, он тебя проведет. Ты благороден, добродушен, доверчив. Он скажет: «Брат, давай покончим дело миром, Марутханяну ничего не дадим, сами будем хозяевами». Наобещает он тебе груды золота, а не даст и маковой росинки. Смбат вооружит тебя против меня и Марты, лишит куска хлеба твоих несчастных племянников, да еще скажет вдобавок: «Марутханян — мошенник». А ты возьмешь да поверишь, ты наивен. Но, видит бог, — надует он тебя... Осторожность, осторожность и осторожность!..

Они уже подъехали к городу. Марутханян выпрямился, поднял голову, поправил очки, закрутил усы и принял свой обычный надменный вид.

Микаэл, молча слушавший красноречивого зятя, наконец, отозвался:

— Я не позволю Смбату распоряжаться мной. Поступай, как найдешь нужным, — я последую твоим советам.

12

Мадам Ануш постоянно твердила Микаэлу, что ей надо во что бы то ни стало развестись с мужем. Она клялась, что больше не в силах скрывать свою измену, Что какой-то внутренний голос заставляет ее признаться Петросу и раз и навсегда сбросить эту тяжесть с сердца. Все равно, если она и не скажет, рано или поздно Петрос догадается. Прислуга уже начинает подозрительно коситься на частые визиты Микаэла. Так продолжаться не может. Обмануть легче, чем скрыть обман. Вина бесконечно тяготит ее, и ей кажется, что если она откроется мужу, ей станет легче.

Когда Ануш однажды опять заговорила об этом, Микаэл, потрепав ее по подбородку, сказал: — Ануш, ты настоящее дитя.

И слово «дитя» он произнес так ласково и нежно, что сердце Ануш наполнилось радостью. Женщина, несколькими годами старше своего любовника, позабыла о запутанном положении, услыхав лишь одно ласковое слово. С этого же дня она при Микаэле прикидывалась ребенком — мило шутила, плакала, дулась и отворачивалась к стене.

Но как-то Ануш снова заговорила о разводе. На этот раз она заявила, что готова даже оставить детей, только бы Микаэл принадлежал ей одной.

Дело с каждым днем принимало все более серьезный оборот. Надо было на что-то решиться. Микаэл объяснял, что без детей она и дня не проживет, что общество осудит ее, что следует быть дальновидной, взвесить все обстоятельства. А однажды пошел еще дальше: намекнул, что готов жить с ней открыто, только опасается, как бы Ануш не возненавидела вскоре и его, как ненавидит теперь супруга. Нет вечной любви на свете: возможно, что и Микаэл скоро наскучит ей. Это, с одной стороны, было намеком, что и сам Микаэл способен ее забыть, а с другой — оскорблением. Лицо Ануш исказилось от злобы. Ах, вот оно что! Значит, Микаэл охладел и хочет избавиться от нее.

— Ты прав, приличная женщина не должна забывать своих детей, да еще ради человека, подобного тебе!

И она разрыдалась, уронив голову на тахту. Микаэл подошел, обнял ее, но не поцеловал. Шелковистые усики теперь казались ему острыми иглами, коловшими лицо и губы. В другой раз Микаэл, которому наскучили, наконец, мольбы Ануш, поставил вопрос ребром: зачем ей терзать себя? И стоит ли? Она не первая и, конечно, не последняя. Пусть оглянется кругом — много ли на свете дурочек превращающих комедию в драму?

Смысл этих слов был понятен, в пояснениях не было необходимости. Ануш окончательно вышла из себя и потребовала, чтобы Микаэл не смел больше никогда говорить подобные оскорбительные вещи. Она не может быть любовницей, пусть Микаэл зарубит это у себя на носу. Она не развратная, не падшая...

После этого Микаэл исчез на целую неделю. Ануш стала забывать обиду и, обдумав спокойно слова Микаэла, нашла свое положение не таким уж нелепым, как ей сгоряча показалось. В самом деле, не она первая, не она последняя. Мало ли жен, изменяющих мужьям и притворяющихся верными? Пусть же одной станет больше. Наконец, она ведь и без того любовница, так неужели развод с мужем поможет ей смыть позорное пятно? Напротив, именно тогда и поднимут ее на смех.

Сознание вины мало-помалу перестало угнетать Ануш. Кому она изменяет? Человеку, уже семь-восемь лет изменяющему ей. Они квиты, с той лишь разницей, что Ануш знает о проделках Петроса, а Петросу еще ничего не известно о романе Ануш. Но так ли это? А вдруг Петрос узнал?

Ануш боялась мужа, боялась физически, и этот страх был сильнее нравственных переживаний.

Однажды ночью, измученная тревожными снами, она вдруг проснулась и в ужасе громко вскрикнула. Ей приснилось, будто Петрос замахнулся на нее ножом. Прибавив огонь в ночнике, она осмотрелась и встала.

От крика Петрос проснулся и из-под одеяла молча стал следить за женой. Его толстые щеки, казалось, еще больше вздулись, лысина блестела при свете ночника, красные губы что-то бормотали. Ануш показалось, что это голова какого-то безобразного чудовища. О господи, и как она могла броситься в объятия такому страшилищу! Ей подумалось, что Петрос всегда был таким красным, раздувшимся, безобразным. В нем уже не оставалось следов того бойкого, ловкого, шустрого приказчика, которым она так увлеклась десять лет тому назад.

Ануш с отвращением отвернулась и снова легла.

— Не спится? — вдруг услышала, она ненавистный голос, прозвучавший в тишине так отвратительно и страшно, что Ануш вздрогнула и приподнялась.

Вместо ответа она повернулась к стене и с головой закуталась в одеяло. Немного погодя Ануш услышала шлепанье босых ног. Отбросив одеяло, она вскочила, как разъяренная тигрица.

Грудь ее вздымалась и опускалась, волосы рассыпались по плечам, на шее напряглись жилы. Она казалась олицетворенным отвращением, в то время как Петрос являл собой воплощение грубой страсти. Несколько минут они смотрели друг на друга безмолвно и неподвижно, как две враждебные стихии. Ануш угадывала намерение мужа. О, зверь! Кто ведает, в чьих объятиях был он час тому назад...

Она изо всех сил оттолкнула его и выбежала в соседнюю комнату.

Петрос бросился было за ней, но дверь мгновенно захлопнулась, и муж остался один, охваченный вожделением...

— У тебя любовник! — закричал он и улегся в постель.

На следующий день Ануш встретила Микаэла со слезами на глазах. Бросившись ему на шею, она зарыдала:

— Избавь меня, избавь от этого человека, он мне противен, страшен!..

Микаэла между тем уже начинала тяготить эта связь. Утоленная страсть уступала место холодному размышлению. Ослепленный рассудок прозрел и предъявлял свои права. Этот человек, никогда не разбиравшийся в своих отношениях к женщине, теперь по-иному начал смотреть на свое поведение. Он уверял Ануш, что любит ее, и в то же время сознавал, что начинает испытывать к ней нечто вроде отвращения. Он выказывал Грише приятельские чувства, но вместе с тем понимал, что бросает тень на его имя. Он хотел покровительствовать Петросу Гуламяну, но в то же время чувствовал, что нагло топчет его честь. Пока у Микаэла была уверенность, что обществу ничего не известно о его близости с Ануш, он не особенно тревожился. Но Марутханян огорошил его. Теперь он злился на себя, что не сумел рассеять подозрения Марутханяна и даже как будто дал понять, что намеки справедливы. Это было непростительное легкомыслие, пустое мужское тщеславие. Оно, конечно, лестно казаться львом-сердцеедом, но последствия...

Микаэл перестал посещать Ануш... Три дня спустя он получил от нее письмо. Его принесли в присутствии матери. На вопрос Воскехат, от кого письмо, Микаэл ответил: от Петроса Гуламяна. Не назвать Гуламяна он не мог, потому что мать знала прислугу, доставившую письмо. Досадуя в душе на Ануш за то, что она доверила прислуге столь деликатное поручение, он прочел послание и нахмурился. Содержание его было отчаянное. Микаэл решил не отвечать и не бывать у Ануш, рассчитывая таким путем охладить ее чувства.

Но расчеты его оказались неверными. Страсть до такой степени завладела Ануш, что она совсем потеряла голову. Через два дня Микаэл получил от нее новое письмо. Ее отчаяние не знало границ. Положение становилось опасным. Надо было принять меры для прекращения этих беспокойных выходок обезумевшей женщины. Микаэл ответил, что он занят делами, времени у него нет, пусть Ануш потерпит. В конце письма он настоятельно просил ее прекратить бессмысленную переписку — слава богу, он не гимназист, и она не гимназистка, чтобы развлекаться любовными письмами.

Разве Ануш не понимала, что ведет себя по-детски? Но одно дело — рассудок, другое — сила страсти. Не в характере Ануш было терзаться и молчать. А если уж страдать, так заодно с Микаэлом. Уж не пресытился

91

ли он ею, не смеется ли над ее слабостью, не хвастается ли легкой победой в своем кругу? Почему он не отвечает на ее письма, почему?..

От бесконечных сомнений Ануш день ото дня становилась все мрачнее и нелюдимее. Она то и дело кричала на детей, даже била их, гоняла из одной комнаты в другую, до крови кусала губы. Безделье было ее привычным образом жизни. За девять лет Ануш дома палец о палец не ударила. Часами просиживала у окна, подперев голову рукой, и глядела на улицу, на окна противоположного дома, где жила изменявшая мужу красавица. Ануш и теперь завидовала ей: любовник почти каждый день навещал соседку. А ведь Ануш только начинала жить, и вот — едва коснулись ее губы заветной чаши, как эта чаша падает у нее из рук и разбивается...

Бессовестный, безбожный человек!.. Почему же ты охладел так скоро и так внезапно? Не увлекла ли тебя другая, и теперь, нежась в ее объятиях, ты издеваешься над Ануш? О, если только есть такая, Ануш вырвет ей глаза и швырнет тебе в лицо!

«Сделаю, сделаю, сделаю! — повторяла она про себя, прижимая стиснутые пальцы к глазам. — Бессовестный, ты не останешься ненаказанным! Не дам я тебе жить спокойно. Ты не смеешь лицемерить перед любящей женщиной, чтоб, добившись ее взаимности, тотчас отвернуться!»

Она подходила к зеркалу и подолгу смотрела на себя. «Ах, что это? Мешки под глазами, морщины в углах рта к глаз, седые волосы! И так рано? Неужели от страданий, пережитых за эти две недели? Боже мой, боже мой, отчего мужчины так жестоки? Почему они не хотят понять, как ужасна доля женщины, обманувшей мужа и обманутой любовником? Почему мужчине можно, как бабочке, порхать с цветка на цветок, а женщина этого сделать не может, не подвергаясь тысяче опасностей?» А Что, если она сейчас принарядится, выйдет и на глазах у изменника пройдется с другим, проучит его!

— Уведи детей, избавь меня от них, — приказала Ануш служанке, отправив седьмое письмо Микаэлу.

Теперь дети казались ей обузой, несокрушимой стеной, отделявшей ее от счастья. Уж не они ли напугали Микаэла, не из-за них ли он отвернулся от нее? Ведь говорят же, что мужчины сторонятся женщин, имеющих детей. И как на грех, дети рождаются у женщин, ненавидящих мужей. Семейная жизнь — это глупость, сковывающая женщину! На что похожа семейная жизнь Ануш? Это мрачная тюрьма, холодный склеп, лишенный проблеска радости. И беспощадная традиция, нелепый предрассудок, безжалостно подрезавший ей крылья, постоянно напоминают: «Ты — мать!» Гнусные, отвратительные оковы! Уж не разбить ли их?

Шаги за дверью прервали ее размышления. Сердце Ануш на минуту радостно забилось, на лице появилась улыбка. Неужели Микаэл? Не прошло и десяти минут, как она отправила последнее письмо, где молила его зайти хоть ненадолго.

Дверь быстро распахнулась, и на пороге показался Петрос — страшный, неумолимый, как сама месть. Глаза его, хотя и отталкивающие, но никогда не угрожавшие, теперь метали искры. Куда девался румянец откормленного и самодовольного торгаша? Где умильная улыбочка подобострастно расшаркивающегося перед покупателями лавочника? Что за конверт у него в руках? Отчего дрожит его широкий, будто отсеченный ударом меча, подбородок?

Ануш вздрогнула. Достаточно было взглянуть на эту безмолвную фигуру, чтобы все стало ясно.

— Распутница! — заревел Петрос, шагнув вперед и комкая конверт.

Ануш отвернулась, скрывая смущение. Надо было что-нибудь придумать.

— Распутница! — повторил Петрос голосом, еще более грозным.

Ануш инстинктивно прикрыла голову руками и отошла к стене. Петрос схватил ее за полные плечи и с силой повернул лицом к себе.

— Поджидаешь? Да? Терзаешься? Умираешь? Да?

Он что было мочи тряс жену, как бы стараясь сразу вытряхнуть из нее всю тайну.

— Говори, говори все сию же минуту, подлая тварь!

Петрос требовал объяснений, но в то же время не давал Ануш говорить. Он принялся душить объятую ужасом жену.

На пороге показалась горничная. Бледная и дрожащая от страха, она подбежала, схватила, что было силы, Петроса за локти и оттащила его. Петрос, обернувшись, толкнул — девушку и заорал:

— А-а, и ты заодно с ней?

Он выгнал горничную и запер за нею дверь.

— С каких пор?

Ануш молчала.

— С каких пор, спрашиваю?

Петрос так крепко сжал полные руки Ануш, что несчастная вскрикнула от боли. Она ему должна признаться во всем, он этого желает, требует; отрицать измену она не смеет, улика налицо — письмо, написанное ею несколько минут тому назад. Сам бог помог Петросу. Не напрасны были его подозрения, и неспроста он в неурочный час заглянул домой. Подумать только! Целый день он должен, как собака, мотаться в лавке, кланяться, унижаться, и для чего? Чтобы сбыть аршин-другой товара, сколотить состояние, приобрести имя, а жена в это время наставляет ему рога!

— Потаскуха ты этакая, таких записей в торговых книгах мы не делаем. Мы, купцы, честь свою бережем!

Ануш слушала все еще молча, отвернувшись и прикрывая лицо руками.

Петрос вновь повернул ее к себе и занес кулак.

Ануш попробовала отрицать вину, но роковое письмо — в руках Петроса. Она возразила было, что это не любовное письмо, однако содержание его говорило иное. Она пыталась уверить, что это просто шутка, что ничего серьезного нет и не было между нею и Микаэлом. Но Петрос был не ребенок, он отлично знал, что Алимян возиться с женщиной попусту не станет.

Петрос неумолимо требовал, чтобы Ануш сама созналась, иначе он клещами вырвет из нее правду.

Ануш упорно молчала. На ее голову обрушился первый удар. Она вскрикнула. Последовал второй, — раздался отчаянный вопль. Петрос одной рукой зажал жене рот, другой продолжал бить по голове, по плечам, в грудь. Наконец, повалив Ануш на пол, схватил ее за волосы и принялся таскать по полу.

— Опомнитесь, барин, опомнитесь!

Петрос забыл запереть вторую дверь, и на отчаянные крики хозяйки прибежал повар. Петрос, вне себя от ярости, душил жену и, конечно, задушил бы, если бы его не схватили за руки и не оттащили. И кто же?.. Повар! Какой позор для Петроса Гуламяна!

— Пусти меня, пусти! — кричала Ануш.

И она рванулась к двери. О нет, не так-то легко вырваться из рук Петроса. Ни шагу из комнаты, пока не признается в измене, хотя бы в присутствии слуг. Все равно они, должно быть, и без того знают.

— Делай, что хочешь, — задуши, убей... Ничего не скажу!..

— Скажешь, скажешь, собачье отродье!..

— Ты сам виноват. Девять лет терзал меня. Ни единого дня не дышала свободно...

— Кто тебя принуждал? Зачем навязалась?

— Обманулась. Ты обманул... — И, переведя дух, прибавила: — Я любила одного, а ты сотню. — Заткни глотку, мерзавка!

— Мерзавец ты сам! Сколько раз ты обманывал меня, я тебя — только раз. Убивай, если хочешь, все равно мерзавец, мерзавцем и останешься! Нет, нет, нет, забирай своих детей. Я больше не жена тебе — довольно, натерпелась!..

Она снова бросилась к дверям.

На этот раз Петрос накинулся на нее, как зверь, повалил на пол и стал беспощадно бить ногами и кулаками... Перестал он лишь после того, как, издав последний пронзительный вопль, Ануш потеряла сознание и осталась лежать неподвижно, с запрокинутой головой и разметавшимися по ковру волосами.

13

Городская контора Алимянов теперь представляла собою целое заведение. Соседний магазин был освобожден и присоединен к конторе. Все было заново отделано, вычищено, прибрано. На месте Заргаряна теперь сидел главный бухгалтер с двумя помощниками, три конторщика и секретарь. Мебель была подновлена. У железного сундука, за отдельным столом, восседал Срафион Гаспарыч, назначенный Смбатом на должность кассира. Теперь он казался еще более внушительным и торжественным. За высокой железной решеткой он напоминал страшного дракона, приставленного охранять железный сундук.

Счета велись по-новому. Все имущество торгового дома было оценено и занесено в инвентарь. Теперь в любую минуту можно было выяснить общее положение дел. Смбат был гарантирован, что не может возникнуть никаких недоразумений, если бы наследникам захотелось потребовать от него отчета.

До полудня он занимался в конторе, в своем кабинете. Перед письменным столом, на стене, висели фотографии нефтяных промыслов, домов и караван-сараев, между ними, в черной раме — большой портрет Маркоса-аги, писанный масляными красками. Художнику удалось по маленькой фотографии довольно живо воспроизвести облик именитого гражданина. Лицо человека, из ничего создавшего многомиллионное состояние, выражало глубокую озабоченность, энергию и сметливость. Казалось, проницательный взгляд отца все еще зорко следит за ходом дел, за каждым шагом сына. На хмуром лице старика Смбат читал твердую, непреклонную цель: наживать и наживать для детей. Но все же блестяще добившись этой цели, он унес в могилу глубокую скорбь о детях. И чудилось Смбату, что скорбь эта отразилась в портрете покойного, в его энергичных, выразительных глазах.

Смбат углубился в целый ворох бумаг, когда вошел один из конторщиков и подал телеграмму.

В ней стояло: «Петровск. Сегодня доехали на лошадях. Вечером выезжаем пароходом».

Наконец-то завтра утром сбудется его желание... И вместе с тем снова в его воображении рисовалась мучительная картина. С радостью он обнимет детей, тоска по которым изо дня в день становилась все невыносимей, но как встретит он жену, с которой уже три месяца в разлуке и нисколько этим не огорчен? Все указывало на то, что потухший в сердце Смбата огонь больше не вспыхнет. Да, никогда не вспыхнет.

Смбат сунул телеграмму в карман. Чтобы скрыть волнение от сновавших служащих, он снова погрузился в чтение деловой корреспонденции. Буря, клокотавшая в его груди, прорывалась то возгласом радости то вздохами печали. Какое двусмысленное положение! От противоречивых мыслей лицо его то прояснялось, то темнело, смотря по тому, о ком он думал — о жене или о детях.

Однако надо же подготовить домашних к завтрашней встрече. Смбат прошел наверх к матери и прочел ей телеграмму. Вдова побледнела. Она все еще надеялась, что сын забудет свой грех. А между тем он не только не забыл, но еще сообщает неожиданную и горькую новость. И что же? Значит, та ненавистная женщина, которую она возненавидела, еще не видя, и из-за которой ей пришлось вытерпеть столько душевных мук, завтра переступит порог ее дома как законная невестка?

— Так-то ты исполняешь отцовскую волю? — воскликнула вдова, зарыдав.

— Ведь не раз уже говорил я тебе, что не могу жить без детей. А она — их мать. Мама, войди же в мое положение, я связан с ней навеки. Приготовься встретить ее приветливо хотя бы с виду.

— Ничего другого не остается. Раз ты ее выписал, я должна принять. Но, сынок, ты преступаешь волю отца. Нехорошо! Нехорошо!

И она еще пуще разрыдалась.

Смбат вышел от матери, предоставив ей одной готовиться к завтрашней встрече, наспех пообедал и отправился на промысла.

На этот раз его встретил управляющий промыслами Сулян, только что оправившийся после болезни и принявший дела. Это был молодой человек в форме гражданского инженера, худощавый, подвижный, с коротко подстриженными каштановыми волосами и бородкой. У Алимянов он служил уже три года, сумел расположить к себе Маркоса-агу и теперь старался снискать доверие его наследников. Слегка согнувшись, с предупредительной улыбкой, он проводил Смбата в контору и доложил о делах. Все было в порядке. Новая скважина сулила чудеса: пробурили уже сто двадцать сажен и пока еще не встретили никакой помехи: каменных пластов не попадалось, в грунте заметны признаки нефти, скоро может забить фонтан.

Заргарян представил сведения о добыче нефти за последний месяц и доложил о ходе работ по постройке домов для рабочих. Сулян не сочувствовал этому начинанию. Он заметил, что рабочие — народ неблагодарный, они не стоят таких издержек и не поймут добрых намерений хозяина. Смбат возразил, что он не благотворительность разводит, а только исполняет свой долг.

96

Сулян прикусил язык. Уже третий раз он неудачно пытался польстить тщеславию Смбата и третий раз нарывался на резкий отпор. Он забывал, что хозяин хотя и сын Маркоса Алимяна, но человек иных взглядов, и то, что льстило отцу, могло не понравиться сыну. Вот почему, желая поправить допущенную ошибку, управляющий впал в новую:

— То, что вы считаете своим долгом, другие сочтут благодеянием. А что до рабочих, так те уже стали вас просто обожать!

Обратясь к Заргаряну, Смбат спросил: объявлено ли рабочим, что с первого числа им будет увеличено жалованье? Оказалось, что Сулян не согласен и с этим. По его мнению, рабочие у Алимяна и без того получают достаточно. И тут Суляну не удалось попасть в тон хозяину. Отстаивая интересы Алимяна, проявляя скупость при защите хозяйских интересов, Сулян наивно думал, что перед ним все тот же Маркос-ага. Потерпев неудачу и на этот раз, инженер решил изменить тактику. Он притворился либералом в рабочем вопросе и похвалил меры, предусмотренные Смбатом для улучшения жизни рабочих. Скачок был сделан так ловко, что даже Смбат не заметил его и стал советоваться с Суляном.

Выйдя из конторы, Смбат встретил во дворе группу рабочих, явившихся за расчетом. Они собирались на родину. Рабочие сняли косматые папахи и черные картузы. Тяжелый труд наложил на них свой отпечаток: впалые груди, косые плечи, кривые ноги, согнутые спины. Все они были до того пропитаны копотью, что трудно было определить цвет их кожи. Вокруг глаз желтые круги от сырости жилищ, и желтизна эта выделялась еще резче на черных лицах.

Смбат распорядился произвести с ними расчет и сверх того выписать каждому по двадцать рублей наградных. Распоряжение было сделано шепотом и по-русски, так что закоптелая команда, почтительно глядевшая на хозяина, ничего не поняла. С заложенными в карманы руками, в надвинутой на брови шляпе, широкоплечий, с умным мужественным лицом, Смбат вызывал у людей чувство невольного страха, смешанного с уважением.

На миг оглянувшись, Смбат увидел трогательную сцену: в углу двора, на высокой насыпи между двумя резервуарами, стояла Шушаник, с неизменной серой шалью на плечах. Перед нею стоял молодой рабочий, казавшийся почти черным. Девушка бережно перевязывала ему руку.

Вечерело. Осеннее солнце клонилось к закату, освещая небо последними лучами. Пышные волосы, падая на, уши, оттеняли бледные щеки девушки, обрисовывая нежный овал ее лица. Багряные лучи заката осыпали ее бронзовой пылью.

Рабочий отошел с поклоном. Скрестив руки, она глядела вдаль и не замечала Смбата. Неподвижная, со слегка склоненной головой, Шушаник напомнила Смбату картину старой школы, виденную им когда-то в петербургском Эрмитаже. Он глядел на Шушаник восторженно, не стесняясь Суляна, который, стараясь понравиться молодому миллионеру, непрерывно болтал. Да, это была одинокая фиалка, выросшая на бесплодной почве. Не яркой розой была она, сразу пленяющей своей красотой прохожего, и не гордой лилией, чьим именем[11] она зовется, а подлинной фиалкой, которая чарует своей скромностью и нежным ароматом.

Солнце в последний раз ярко озарило девушку, словно любуясь ею, и скрылось за далекими горами. Она все еще стояла, ничего не замечая вокруг. Казалось, ее ясные глаза, минуя теснившиеся напротив высокие черные вышки, искали чего-то в небе, — там, куда уходило солнце.

Вдруг она вздрогнула: до ее слуха донесся мягкий, бархатный голос Смбата. Она повернулась, следя за ним: он направлялся к промыслам. Взгляд девушки провожал Смбата, пока он не скрылся за вышками. Если бы в эту минуту кто-нибудь оказался поблизости, то услышал бы тяжелый вздох, а в глазах ее заметил бы глубокую тоску...

В тот вечер Шушаник с особым вниманием слушала рассказ дяди о женитьбе Смбата, о тех душевных муках, что перенес Маркос-ага из-за роковой ошибки сына. А вот теперь приезжает его жена с детьми. Смбат грустен. Почему?

Никто не заметил, как вдруг Шушаник изменилась в лице, как она покраснела, побледнела и, тяжело вздохнув, не дослушав рассказа дяди, прошла в другую комнату. Она подошла к окну, взяла карты и принялась гадать. В гадание Шушаник не верила, но все же, когда кто-нибудь в доме хворал, она гадала и огорчалась всякий раз, если карты сулили недоброе.

И на этот раз она опечалилась, опечалилась сильнее, чем когда-либо. Девушка бросила карты, присела на кровать, уставясь в пол.

— Шушаник! — раздался голос матери. — Отец хочет шашлыка!

Впервые за всю жизнь девушка неохотно пошла на кухню.

В то же самое время Смбат, уединившись в кабинете, погрузился в раздумья.

Не только предстоящая встреча с женою и детьми занимали его. Он вновь и вновь вспоминал недавно виденную им картину. Никогда ни одна армянка не производила на него такого сильного впечатления. Перед ним ежеминутно возникал образ скромной, незаметной девушки из бедной семьи. Бывая в промысловой конторе, Смбат не раз из соседней комнаты слышал бесконечные жалобы паралитика и плач детей. Среди детского

---

[11] Шушаник — лилия (арм.).

крика и ропота больного слышался нежный голосок девушки, умиротворявший взволнованную душу Смбата и рождавший в нем необыкновенные мысли, обратные его прежним представлениям об армянской женщине. Прежние мысли вызывали в нем теперь краску стыда, укоры совести...

В этот вечер под впечатлением виденной им сцены в его душе произошел странный переворот. Смбат ясно чувствовал, как колеблется в нем одно твердое убеждение, сложившееся еще в юности. Вправе ли он был пренебречь армянкой и связать судьбу с иноплеменницей? Вот завтра приезжает та, которую он предпочел всем. Оправдала ли она хоть на волосок его надежды? Дала ли она ему то счастье, которое он думал найти, попирая заветные чувства родителей? Не встретился ли ему теперь, наконец, тот идеал, что когда-то сиял в его мечтах? И если идеал найден, не вдвойне ли он от этого несчастен?

Было уже десять часов, когда Смбат проснулся. На сердце лежала свинцовая тяжесть, невыносимо угнетавшая его. Он наспех выпил стакан чаю. Через час должен прибыть почтовый пароход с женой и детьми. Он зашел к матери. Вдова грустно сидела у окна со сложенными на груди руками. Она посмотрела на сына, и сердце ее сжалось. Воскехат почувствовала, что в душе Смбата бушует буря и что он не столько рад, сколько огорчен.

— Поезжай, сынок, поезжай за ними, я ведь тоже не камень, — проговорила вдова, стараясь казаться веселой.

— Спасибо, — ответил Смбат и поцеловал увядшую руку матери.

Когда Смбат подъехал к пристани, там уже собралось много народа. Знакомые встретили его почтительными улыбками, а, узнав, что Алимян пришел встречать семью, стали поздравлять его. От него не могло ускользнуть лицемерие многих. Чего только эти люди не толковали о его женитьбе! Смбат поспешил покинуть их.

День был довольно холодный. Северный ветер гнал к югу пепельно-серые облака. Море волновалось, и соленые волны уносили за собой мысли Смбата к далекому горизонту, окутанному туманом. Сердце его забилось при мысли, что пароход может застигнуть буря. От бессонной ночи нервы его расшатались. Он готов был расплакаться, как ребенок.

На горизонте, в тумане, обозначилось еле заметное пятно. То был пароходный дым, полукругом расплывавшийся над поверхностью моря. Прошло еще полчаса. У Смбата нетерпеливое желание скорее увидать малышей сменялось чувством предстоящей неприятной встречи с женой. Он беспокойно шагал по пристани, стараясь избегать знакомых. Ему казалось, что они или смеются над ним, или жалеют его в душе.

Наконец, в зыбкой дали уже можно было различить пароход. Вот отдаленный гудок, чуть слышный в плеске волн. Портовые рабочие быстро готовили швартовы для приближающегося судна. Ветер гнал волны и, с силой ударяя о железные борта парохода, замедлял его движение. На палубе показались пассажиры. Смбат всматривался в них, стараясь узнать тех, кого ожидал. Острый нос парохода, словно гигантский меч, рассекал волны. Белые гребни то яростно взлетали до самой палубы, то, обессилев, падали вниз.

Среди пассажиров на палубе Смбат разглядел молодого человека, державшего за руки двух мальчиков, издали казавшихся близнецами. Он тотчас узнал детей и дядю их, брата жены. Над детскими головками заколыхал белый платок. Смбат в ответ махнул шляпой.

Едва матросы приставили трап к борту, как Смбат очутился на палубе и обнимал детей. Одному было семь, другому восемь лет. В них было заметно изящное сочетание южного и северного типов: светло-русые волосы, выразительные глаза, черные брови и белая кожа. От холода свежие личики детей раскраснелись. Смбат целовал то одного, то другого.

— Нацеловались? — воскликнул шурин. — Давайте теперь поцелуемся и мы.

Высвободив руки из-под широкой зимней шинели, он размашисто обнял и трижды расцеловал зятя. Тут же стояла мать детей. Это была невысокая блондинка с голубыми глазами, с выступавшими слегка скулами и маленьким носом. Годы уже сказывались в опустившихся углах губ и морщинах вокруг глаз. Раскрасневшиеся от свежего морского ветра щеки, крупные белые зубы. Но для Смбата жена давно уже потеряла женскую привлекательность, оставаясь только матерью его детей.

Супруги ограничились рукопожатием.

— Измучились за дорогу, — проговорила жена.

— Буря была?

— Страшная, — ответил шурин. — Чуть совсем не потонули. И что за паршивый пароходишко!..

Алексей Иванович Виноградов — так звали молодого человека — совсем не походил на сестру. Это был брюнет, полный, с более правильными, чем у сестры, чертами, с большими карими глазами, то и дело щурившимися из-под пенсне. Голос, манера говорить и все его повадки выражали откровенное самодовольство. На лице сестры читалась какая-то обиженная неудовлетворенность.

— Вы один приехали нас встречать? — спросила жена Смбата.

— Один, — ответил Смбат, не отрывая глаз от детей. По лицу жены скользнула пренебрежительная улыбка. — Ваши, как видно, не удостоили, — проговорила она, оправляя боа.

Смбат молча взял детей за руки и сошел с ними на пристань.

— А вещи? Как с ними-то быть? — забеспокоился шурин.

Смбат распорядился о вещах.

— Там у меня цилиндр, осторожно, чтобы не помяли, — предупредил Алексей Иванович.

Садясь в экипаж, он спросил:

— Это ваш собственный выезд?

— Нет, наемный.

Брат посмотрел на сестру. В этом взгляде можно было прочесть: «А как же ты говорила, что он очень богат?»

Вдова Воскехат не скоро вышла навстречу новой родне. Когда она показалась в гостиной, Смбат увидел на лице матери следы недавних слез. Старуха, обняв внуков, прижала их к груди, но заметно было, что сделала это она не без усилия над собой. Невестке Воскехат молча протянула руку. Всмотревшись пристальней в детей и залюбовавшись их прекрасными глазами, старуха снова обняла внучат и прижала к себе, на этот раз уже вполне искренне.

— Утомились, всю ночь не спали, — заметила невестка и тихонько высвободила внуков из объятий бабушки.

Смбат взглянул на мать и увидел, что ей очень не по себе. С этой минуты установились отношения между невесткой и свекровью — обе возненавидели друг друга.

14

Петрос Гуламян не мог даже допустить мысли, что его жена решится на поступки, подобные его собственным. Он был уверен, что Ануш никогда не посмеет отомстить ему, пожертвовать своей честью. «В наше время содержать любовниц — дело обычное для людей богатых, — думал торговец. — Теперь жены не отравляют жизнь мужьям из-за такого пустяка. Если забитый ремесленник — и тот изменяет, что же говорить о купце, бывающем в Москве, насмотревшемся, как живут просвещенные люди?»

Однако длительная холодность Ануш заронила, наконец, подозрение в сердце Гуламяна. Эта женщина, по целым месяцам не слыхавшая от мужа ласкового слова, за последнее время казалась довольной жизнью. Она наряжалась, прихорашивалась и... явно молодела. О, какой же дурак Петрос, что до сих пор не обращал внимания на это! Подозрительность его все более и более росла. После той ночи, когда Ануш так резко оттолкнула его, он решил во что бы то ни стало доискаться истины. Как-то раз он вернулся домой в неурочное время. Алимян за полчаса перед этим был у них. Петрос прикусил палец: тут дело нечисто.

Он попытался во второй раз вернуться домой пораньше. Неожиданный случай объяснил ему все. У дверей он встретил горничную. Простодушная женщина, чувствуя вину перед хозяином, до того растерялась, что не знала, куда девать письмо. Петрос небрежно выхватил его, тотчас вскрыл и прочитал страстные строки потерявшей голову женщины. Подозрение перешло в уверенность; обманутый муж кинулся к жене, чтобы с бесчеловечной жестокостью добиться ответа. Излив первую ярость в припадке грубого насилия, Гуламян заперся и. стал серьезно размышлять, как быть дальше. Ясно, что жена, изменившая мужу, сама вынесла себе приговор: она должна быть либо изгнана из-под крова мужа, либо уничтожена, — так поступают дорожащие своей честью мужья, — другого выхода у Петроса нет, и больше он знать ничего не хочет. Есть, конечно, люди, покорно примиряющиеся с позором, но Петрос таких всегда презирал. Никто не имеет права порочить его доброе имя, даже наследник миллионера. Щенок! Ты воображаешь, коли у тебя богатство, все тебе с рук сойдет? Кто знает, перед кем только из товарищей ты не хвастал своей победой и сколько народу издевается теперь над Петросом Гуламяном? Погоди у меня — грешно оставить тебя без наказания!

А пока что надо изводить Ануш, измучить и вышвырнуть вон. В то же время надо так повести дело, чтобы всем стало ясно, что он сам выгнал Ануш, не то дураки пустят слух, что она сама сбежала.

Петрос вызвал Гришу и в присутствии жены рассказал ему все. Горячий шурин, разумеется, вспылил и, обрушившись на зятя, обозвал его бесстыдным клеветником. Петрос показал письмо. Наконец и Ануш не стала отрицать свою вину. Гриша поклялся могилой отца проучить Микаэла Алимяна, разругал сестру, даже плюнул ей в лицо и удалился...

Днем Петрос оставался дома. В магазин ходил только по вечерам, с наступлением темноты, и лишь для подсчета выручки. Он избегал жены. А Ануш все время просиживала у себя взаперти. Она не знала, как быть, идти к матери не хотелось, стыд сковывал ее: ведь однажды Ануш уже опозорила родителей, бросившись на шею приказчику отца, — могла ли она нанести несчастной старухе матери второй удар? Наконец, еще вопрос — пустит ли ее Гриша в свой дом, если даже мать примет?

Ануш терзалась и силилась забыться в любви к детям. После рокового дня она была с ними неразлучна. С одной стороны, страх перед супругом, с другой — сознание тяжкой вины толкали ее искать защиты у этих невинных созданий. Оскверненная душа стремилась омыться в лучах детской чистоты. Если бы Петрос выгнал Ануш, но отдал ей детей, это было бы самым счастливым исходом. Но она предчувствовала, что наказание не будет столь легким. Все это пробудило уснувшее в ней материнское чувство. Она обнимала и целовала детей с такой страстностью, словно ей предстояло навеки расстаться с ними. И на детские головки падали горькие слезы запоздалого раскаяния.

Алимян стал теперь в глазах Ануш злым гением. Он проник в ее дремотную жизнь, перевернул все вверх дном и убил ее нравственно. Боже мой, боже мой, стоило ли так забыться и пасть ради подобного человека!..

Не меньше терзался и Микаэл. Ануш написала ему обо всем, не умолчав и о побоях. Этот грубый, неотесанный лавочник не оставит ее в покое. Он накажет, и накажет беспощадно. Он способен даже убить ее. Тогда общество заинтересуется причиной наказания, имя Алимяна будет переходить из уст в уста и, чего доброго, дело дойдет, пожалуй, и до суда.

— Что с тобой? — спрашивали Микаэла друзья.

— Ничего, — отзывался он.

Только Марутханяну поведал Микаэл свое горе и просил совета. Практичный делец был озадачен — что посоветовать? По его мнению, в молодости простительны всякие ошибки с женщинами. Время все исцеляет. Гуламян примирится со своей участью, Ануш забудет Микаэла, а Микаэл ее и подавно. Главное — избежать огласки.

Марутханян был озабочен контрзавещанием. Он еще не передал дела в суд и страстно, непрерывно убеждал Микаэла донимать брата, хотя уже не было никакой надежды на податливость Смбата. Микаэл давно уполномочил зятя действовать по своему усмотрению. Однако тот все еще колебался. По-видимому, намерения его изменились.

Растерянность Микаэла безмерно обрадовала его. Он навещал шурина каждый день, всякий раз заводил речь о Гуламяне, волновал и будоражил Микаэла, и в эти минуты вдруг, как бы случайно, заговаривал о завещании. Микаэл повторял, что предоставляет ему поступать, как он найдет нужным. Марутханян время от времени доставал из кармана какие-то бумаги и давал подписывать ему. Микаэл подписывал, часто не читая. По словам Марутханяна, бумаги эти были необходимы для дела. Микаэл не утруждал себя спросить, что это за бумаги. Он подписывал их, чтобы отвязаться.

Большей частью Микаэл сидел дома. Стыд не позволял ему показываться в обществе. Кто его знает, может быть, все уже осведомлены об этой скандальной истории и чешут языки.

Шли дни, он не получал вестей от Ануш. Микаэл струсил: уж не расправился ли с ней Петрос по-своему? Но ведь случись с ней что-нибудь, весть об этом дошла бы до него. А если Петрос бьет свою жену, так пусть его бьет, — у Ануш крепкое тело, выдержит. Возможно и то, что Петрос, опасаясь толков, молча проглотил оскорбление. Коли так, и подавно нечего бояться. Самое большее с месяц помучаются эти черные усики и успокоятся.

Ободренный этой мыслью, Микаэл стал забывать о неприятной истории. Постепенно он возвращался к своей обычной жизни, как неисправимый пьяница, который, едва очнувшись, снова тянется к вину. Разница лишь в том, что он теперь интересовался и делами или старался показать, что интересуется, но не городскими, а промысловыми. Время от времени он ездил на промысла, делая вид, что его сильно занимает закладка новой нефтяной скважины.

Разумеется, Смбат был доволен переменой, происшедшей в брате, однако частые поездки Микаэла на промысла вскоре возбудили в нем подозрение: нет ли тут какой-нибудь иной причины, кроме простого интереса к делам?

Подозрения Смбата усилились, когда однажды Микаэл в его присутствии стал восхвалять Шушаник: что за очаровательные у нее глазки, какой прелестный взгляд, нежные губки, изящный лоб!

— Я бы не прочь поближе познакомиться с нею, — заключил он, — но, как видно, она гордячка.

— Она только скромна, — заметил Смбат коротко и оборвал разговор.

В другой раз Микаэл высказался о девушке уже с вожделением. Смбат вышел из себя.

— Оставь эту девушку в покое!

— Ого, глазки вспыхнули, голосок задрожал, — уж не влюблен ли ты в нее случайно? Милый мой, тебе это не к лицу, пойми. Она — моя!

Шутка показалась Смбату омерзительной, он потребовал, чтобы Микаэл говорил о девушке с уважением.

— Что там ни говори, — заметил Микаэл, — а мне она нравится. Лакомый кусочек!

— Я прошу тебя оставить эту девушку в покое! — повторил Смбат взволнованно, и в его голосе прозвучала ненависть.

Разговор происходил в экипаже, при возвращении с промыслов. Микаэл смолк, и до самого города братья не проронили ни слова.

Смбат хоть и жил в том же доме, где мать и братья, но .устроился почти отдельно от них. В просторном особняке ему с семьёй было отведено пять больших комнат. Квартиры отделялись одна от другой узким длинным коридором. Невестка и свекровь встречались только за обедом. Чай, завтрак и ужин подавались им отдельно. Обоюдная холодность, начавшаяся с первого же дня, не уменьшилась ни с той, ни с другой стороны. Дети — и те не могли стать звеном примирения. Мать не спускала с них глаз. Бабушка, хотя и полюбила детей, но в глубине души не могла примириться с мыслью, что это ее родные внуки.

Как-то зайдя к матери, Смбат застал ее у окна в слезах. Он подумал было, что она вспомнила покойного, однако причина слез на этот раз оказалась другая. Недавно бабушка вызвала к себе внучат, но не прошло и минуты, как мать уже послала за ними горничную.

— Это твоя жена проделывает каждый день, — добавила вдова, с горькой иронией произнося слова «твоя жена». — Не слепая же я: вижу, что ей не хочется, чтобы твои дети полюбили меня.

Смбат пошел к жене. Антонина Ивановна с кислой миной писала подруге письмо.

— Где Вася и Алеша? — спросил Смбат..

— У себя в детской.

— Пошлите их к бабушке. — Они только что были у нее.

— Пусть пойдут опять и поиграют там.

— Они готовят уроки, я еще не занималась с ними.

— Антонина Ивановна! — произнес Смбат, слегка повышая тон. — Не обращайтесь так с моей матерью.

Антонина Ивановна положила перо и взглянула на мужа.

— Не обращайтесь так с ней, — повторил Смбат. — Вы можете ее не любить, и она вас. также, но насиловать чувства детей вы не имеете права.

— Я и не думала насиловать их чувства.

— Вы в них воспитываете ненависть к моей матери. Я это давно заметил.

— Ошибаетесь. Я только не хочу, чтобы они подпали под чужое влияние.

— Что вы хотите этим сказать?

— А то, что в этом доме совершенно отсутствует воспитание.

— Неужели? — воскликнул Смбат с иронией.

— Да, именно. Посмотрите на вашего младшего брата, Аршака... Я не хочу, чтобы мои дети воспитывались, как он.

— Не стану защищать воспитание брата, но моя мать не может дурно повлиять на детей.

— Почем знать?

— Антонина Ивановна, моя мать, правда, женщина неграмотная, но она добрая, порядочная, искренняя, разумная... Она ваша свекровь, и вы обязаны уважать ее.

— Да, я обязана уважать. А она? Она обязана меня ненавидеть, презирать... так, что ли?

— Она патриархальная женщина.

— Дело тут не в патриархальности, а во взаимной ненависти, вполне естественной и понятной. Око за око, зуб за зуб. Она меня ненавидит, я не могу ее ни любить, ни уважать.

В письме, лежащем перед нею, Антонина Ивановна высказывала почти те же самые мысли. Она совершенно откровенно писала подруге, что не рада своему приезду на Кавказ. В новой среде ничто не соответствует ее взглядам. Богатство ее не прельщает прельстить. Когда между супругами нет согласия, — золото не может, да и не может осчастливить их. Она не любит Алимяна и не любима им. Она исполняет лишь свой долг перед детьми и пробудет на Кавказе еще некоторое время, пока ей удастся как-нибудь договориться с мужем.

Смбат больше ничего не сказал и молча прошел к себе. В эту ночь он не сомкнул глаз до самого утра. Любить детей и не любить их мать — вот роковое противоречие, которое терзает его уже много лет. Оторвавшись от ствола, он цепко хватался за молодые побеги и без опоры качался в воздухе; не хотелось ему отрывать ветки от ствола, но и выпустить их из рук он был не в силах.

Как он мог полюбить эту женщину? Как он не понимал, что в браке огромную роль играют происхождение, среда, традиции, обычаи? Отец не успел еще износить азиатских лаптей, а сын уже метил перегнать его на много веков. По какому эволюционному закону? Образование создает равенство среди людей различных кругов, с этим он согласен. Но ведь то же образование бессильно стереть сложившиеся в течение веков национальные и бытовые предрассудки, как бессильно превратить брюнета в блондина...

Смбат ясно видел, что отныне взаимная холодность должна смениться взаимной ненавистью. Жизнь вообще и супружескую жизнь в частности он считал сплетением мелочей. Горький опыт убедил Смбата, что иногда незначительные явления порождают крупнейшие неприятности. Вот снова драмы. Если между Смбатом и женой несогласия вызваны противоположными желаниями, противоположными стремлениями и противоположными вкусами, то не трудно представить, какие столкновения должны произойти между его женою и матерью. Ему представлялось, что он стоит между двумя взаимно исключающими друг друга началами — положительным и отрицательным. Он предугадывал, что все поступки матери — вплоть до ее неумения пользоваться вилкой — вызовут насмешки и презрение жены. И, напротив, все, что бы ни делала жена, будет неприязненно воспринято матерью.

Вот всего две недели как встретились мать и жена, а взаимная ненависть уже дает себя знать.

15

С переездом на промысла жизнь Заргарянов значительно, улучшилась. Семья была довольна своей участью и весьма признательна Смбату Алимяну. Один только паралитик неустанно жаловался, что отовсюду пахнет нефтью, что у него испортился аппетит, что шипенье пара не дает ему спать. Безмерно довольна была и Щушаник, но совсем по иным причинам. В ее ясных глазах светилась какая-то непривычная печаль, не та, какую порождает бедность. На прекрасное лицо ее легла загадочная тень, отражавшая задушевные девичьи мечты. Ах, тяжелая жизнь не дала этим мечтам проснуться своевременно! Наблюдательный глаз мог бы подметить эту тень, особенно когда девушка, выйдя на веранду, всматривалась в даль, в безграничную ширь горизонта... Не беда, что в эти минуты сердце Щушаник переполнялось беспредельной горечью, а воображение уносило ее в грустное безнадежное будущее — девушка чувствовала, что теперь, и только теперь она начинает жить разумной жизнью. Как-то Щушаник попросила дядю разрешить ей поработать за него в конторе. Занятый весь день на промыслах, Заргарян едва справлялся с конторскими делами. Обратилась она с этой просьбой к дяде при отце. Паралитик вытаращил глаза, смерил дочь с ног до головы и разбранил ее. Слыханное ли дело, чтобы дочь второй гильдии купца Саркиса Заргаряна пошла служить! Это невозможно! Так-то бережет ее честь родной дядя?

Девушка попыталась убедить отца, что конторские занятия никак не могут опорочить его дочь — женщины нынче не хуже мужчин справляются со всяким делом вне дома. Паралитик рассвирепел, сбросил с колен одеяло и повернулся к жене:

— Анна, пойдем, пойдем, встанем на паперти, буду милостыню просить и избавлю тебя из рук этого бесстыдника.

«Бесстыдником» он называл Давида Заргаряна, который стоял, сгорбившись, у его постели и безмолвно глядел на Щушаник. Он только теперь начинал понимать, какая бесценная жемчужина скрыта в его бедной семье.

Щушаник с жаром говорила о значении труда для женщины и для мужчины, толковала о той радости, которую испытывает человек, когда может заработать себе на хлеб собственным трудом, в особенности если этот труд идет на пользу ближним.

Давид Заргарян восторженно слушал племянницу. Вот где сказалось его влияние! Ведь Щушаник все эти шесть лет была его ученицей. Он воспитал ум своей племянницы, дав ее мыслям направление самое правильное, по его мнению, для девушки, живущей в тяжелых условиях. Он давал ей книги, где труд представлялся как подлинная основа счастья, книги, которые ободряли бедняка и учили его любить жизнь-мачеху. И вот Щушаник не только не ропщет на свою долю, она проповедует любовь к труду. Однако можно ли согласиться с тем, что она говорит, можно ли разрешить ей работать вне дома? Нет, это было бы слишком. Разве она мало трудится дома?

Давид воспротивился, он решительно заявил, что у Заргарянов покуда нет необходимости, чтобы женщины из их семьи поступали на службу, и что, пока он жив, этого не будет. Тут он бросил на племянницу проницательный взгляд. Шушаник смутилась. Ей показалось, что дядя угадал ее мысль, которой она сама стыдилась.

Она быстро вышла, тяжело вздохнув, и прошла к себе. Взяв книгу, попыталась углубиться в чтение, как делала обычно в тяжелые минуты, но книга валилась из рук. Никогда еще сердце ее не билось так сильно, никогда ее вечер не был таким тревожным, а чувства такими смятенными. Наскоро покончив с домашней работой, Шушаник опять уединилась. Шли часы, но она все ходила взад и вперед, то прислушиваясь к шуму паровых машин, то глядя во двор, окутанный густым мраком.

Раздались гудки. Было двенадцать часов. Она трижды тушила свет, пытаясь уснуть, и трижды снова зажигала, берясь за книгу. Утомленные глаза ее закрывались, и сознание отказывалось служить.

Шушаник пыталась отогнать навязчивые мысли, но сила воли покинула ее. Она стыдилась неожиданно нахлынувшего смятенья и в то же время не умела разобраться в нем. Старалась закрыть глаза, но в глубокой тьме возникал светлый образ. Откроет глаза — все тот же образ неотступно перед ней: угрюмый, с пристальным взглядом, угнетенный тяжелой мыслью...

Шушаник сбросила с плеч серую шаль, почувствовала непривычный жар, подошла к столу, посмотрела на маленькие черные часики, недавно подаренные ей дядей. Было уже два часа. Она снова прошлась по комнате. Ее густые волосы распустились, живыми струями покрыли уши, щеки, рассыпались по полуобнаженной груди. Щеки зарделись, в глазах мелькнул необычный огонек. Всегдашнее спокойствие сменилось тревогой. Если бы близкие в эту минуту взглянули на нее, они вряд ли узнали бы свою Шушаник. Глаза девушки утратили привычную ясность, а губы — безмятежную улыбку. Ах, только бы Смбат Алимян не считал ее дурочкой и не осмеял бы, как девочку, готовую видеть в первом встречном мужчине романтического героя! Нет, Шушаник не хочет оказаться легкомысленной в его глазах. Смбат умен и образован, он закален в испытаниях жизни. Такого человека не привлечет первая встречная девушка. У него большие требования, вот почему он сделал свой выбор в чужой среде.

Дядя говорит, что он несчастлив в браке и потому постоянно грустит. Зачем, господи, зачем же? Неужели он ошибся и теперь жалеет? Но что за вопросы, кто дал ей право вмешиваться в чужую семейную жизнь? Довольно, пора забыть о нем. Утомленная, она снова опустила голову на подушку.

Утренний свет пробивался в комнату сквозь ставни, когда она, наконец, задремала.

— Анна, где твоя дочь? — в третий раз спрашивал паралитик свою жену.

— Спит еще.

— Уже десять часов, а она все еще спит? Ступай разбуди, мне скучно, пусть поиграет со мной в карты. И ногти бы мне надо подстричь.

Хотя часть работы Шушаник теперь выполняла недавно нанятая горничная, паралитик так привык к услугам дочери, что не мог обходиться без нее.

Анна осторожно постучалась к дочери. Дверь открылась. Шушаник уже встала и была одета. Щеки побледнели, веки заметно опухли.

— Уж не больна ли ты? — спросила мать.

— Нет.

Она быстро умылась, привела в порядок волосы, выпила стакан чаю и прошла к отцу.

— Не успели взять прислугу, как у тебя появились барские повадки, — попрекнул паралитик дочь. — Я тут мучаюсь, а ты валяешься до полудня. Давай в карты поиграем. Шушаник безропотно повиновалась, но играла так рассеянно, что опять рассердила больного.

— Играй толком! — крикнул он, здоровой рукой перебирая карты.

Вошел Давид с известием, что на соседнем участке забил фонтан и что если Шушаник хочет, он возьмет ее с собой. — Разрешаешь, папа? — спросила девушка. — Ты так глупо играешь, что можешь проваливать куда угодно! — совсем рассердился паралитик и швырнул карты. Дул северный ветер. Было холодно. Шушаник надела зимнее пальто и круглую соболью шапку — подарок дяди. Заргарян старался возможно лучше одевать племянницу. Он пришел в восторг, увидев Шушаник в новом наряде. Уж очень она была хороша в нем. От холода щеки ее заиграли здоровым румянцем, ясные глаза засветились по-прежнему, а легких складок на лбу как не бывало.

До фонтана дяде с племянницей пришлось пройти довольно долгий путь. Миновав ряд вышек, Заргарян приостановился и указал на темно-бурую дугу, отчетливо вырисовывавшуюся за вышками на сером горизонте. — Посмотри, как высоко бьет.

Перед Шушаник предстала величавая картина. Нефть, под напором газа вылетавшая из подземных недр, извергалась непрерывным потоком. Взлетев до предельной высоты, она изгибалась полукругом и падала мощной струей. Ветер разносил брызги нефти, дождем рассыпавшиеся далеко вокруг. Верх и стенки вышки обрушились от титанической силы фонтана, и лишь темный остов ее купался в черной жидкости, как огромный дуб в потоках ливня.

Время от времени из недр земли вылетали камни величиной с человеческую голову. В бешеном круговороте, словно пушечные ядра, сыпались они то на вышку, то в окрестные нефтяные лужи. Земля гудела. Порою фонтан как бы уставал, снижался, издавал глухие стоны, но через мгновенье опять раздавался все тот же оглушительный подземный рев. Тогда гигантская черная струя с особенной силой устремлялась ввысь.

Рабочие с лопатами и заступами окружили, словно муравьи, сиротливо торчащий скелет вышки, стараясь проложить временное русло для драгоценной влаги. Машины откачивали нефть по трубопроводам в Черный город. Мастеровые самодельными щитами старались предотвратить бесцельную утечку нефти. Время от времени рабочие с хохотом и криком разбегались, спасаясь от камней, вылетавших из-под земли: Полунагие рабочие, оступаясь на скользком песке, падали иногда в нефтяные лужи, вызывая дружный смех товарищей. Все они были веселы в ожидании награды.

А счастливый хозяин стоял в толпе зрителей, понаехавших из города. Это был богобоязненный хаджи с красной от хны бородой и гладко выбритой головой. Глядя на свое несметное богатство, он воссылал хвалу аллаху, внявшему его горячим мольбам. Еще недавно кредиторы собирались таскать его по судам как банкрота. Теперь он в уме высчитывал миллионы, ожидавшиеся от мощного прилива нефти. На его высохшем, морщинистом лице блуждала улыбка беспредельного восторга. Все окружили его, поздравляли, дружески жали руку, возобновляли полузабытое знакомство.

Инженер Сулян юлил перед ним, как охотничья собака. Он рассчитывал купить у него в кредит нефти, чтобы через день-два спустить ее по более высокой цене.

В нескольких шагах от Щушаник стояла группа молодых людей, нефтепромышленников, прибывших из города; они завидовали счастливому хаджи. Заргарян заметил, как они, подталкивая друг друга, с любопытством посматривали на Шушаник. Всем хотелось знать, откуда эта прелестная девушка. Один даже обратил на нее внимание владельца фонтана. Опьяненный счастьем, хаджи поклонился незнакомке, приложив руку к груди и к глазам. Он до того потерял голову, что принял девушку за поздравительницу.

Неожиданно глаза всех устремились в другую сторону.

Зрители расступились перед блондинкой, которую сопровождали Микаэл Алимян и какой-то господин в шубе.

— Жена Смбата, — шепнул Давид Заргарян племяннице. — А другой, должно быть, ее брат.

Девушка с любопытством посмотрела на Антонину Ивановну, Ее немного разочаровало, что дама не так уж элегантна, как ей представлялось. Да и как будто уже не первой свежести. Ей захотелось познакомиться с женою Смбата, и желание ее быстро исполнилось.

Микаэл со своими спутниками поднялся на холмик, где стояли девушка с дядей. Он подошел и поздоровался с ними.

— Антонина Ивановна, — обратился Микаэл к даме, — разрешите представить: мадемуазель Заргарян и помощник нашего управляющего, Заргарян.

Дама равнодушно протянула им руку, продолжая расспрашивать Микаэла о фонтане. А ее брат, щурясь из-под пенсне, шепнул что-то на ухо Микаэлу.

Антонина Ивановна не знала, как выразить свой восторг перед этим зрелищем могучего нефтяного фонтана, а хаджи. вызывал у нее смех.

Потом она заговорила с Шушаник, уже внимательно приглядываясь к ней.

— Хотелось бы вам иметь такой фонтан? — спросила она вдруг.

— Нет, — бесхитростно ответила девушка. Дама бросила на нее проницательный, испытующий взгляд и продолжала не без иронии:

— Говорят, здешние дамы даже сходят с ума от фонтанов.

— Не знаю, сударыня.

— Посмотрите, как бьет. И все это — золото. Неужели вам не хотелось бы обладать этим золотом?

Шушаник чувствовала, что дама испытывает ее. Чувствовала она также и ее иронический намек на корыстолюбие здешних женщин; она ответила:

— Неужели вы думаете, что счастье только в золоте?

— Думаю ли я? А почему бы и нет?

— Тогда вы можете считать себя счастливой. Ни у кого скважины не дают так много нефти, как у Алимянов.

Антонина Ивановна смутилась. Она почувствовала, что с этой на вид застенчивой девушкой не так-то просто вести разговор в насмешливом тоне. Нагнувшись, она шепнула брату: — А она неглупа. Charmante[12] — ответил Алексей Иванович, поправляя пенсне.

Шушаник попросила дядю вернуться домой.

— Папа будет сердиться, уже двенадцать часов.

— Пойдем, — ответил Заргарян.

— Пешком? — спросил Микаэл с притворным удивлением.

— Пешком.

— В такую даль? Сулян, это ваша вина, что на промыслах Алимянов до сих пор нет собственных экипажей.

— Приедете осмотреть свои промысла? — спросила Шушаник, протягивая руку Антонине Ивановне. — Свои промысла?.. Может быть, и заеду. — Заргарян, — обратился Микаэл к своему подчиненному, —

---

[12] Прелесть (франц.).

111

распорядитесь, пожалуйста, чтобы подали мой экипаж. Номер восемь. Крикните: «Гасан!» — подъедет. Мадемуазель, я все равно сейчас должен ехать в вашу сторону — у меня дело на промыслах Мурсагулова. Простите, Антонина Ивановна. Сулян за меня объяснит вам все... Вероятно, вы минут двадцать полюбуетесь этим восхитительным зрелищем. Я вернусь скоро, очень скоро и отвезу вас на наши промысла. А вот и экипаж. Мадемуазель, прошу вас, пожалуйста, без церемоний... Алимяны — люди простые, совсем простые...

Как ни благодарила Шушаник, как ни отказывалась, уверяя, что ей приятнее пройтись, — ничего не помогло. Микаэл так настоятельно просил, что Давид Заргарян счел упорный отказ Шушаник невежливостью. Девушка смутилась от настойчивых взглядов дяди, уступила и почти машинально села в экипаж.

Фонтан продолжал бить с неослабевающей силой, и под нарастающими порывами ветра все шире рассеивались в воздухе миллионы черных капель. Счастливый хаджи громко хохотал над угодившими под нефтяной дождь, хлопая себя по коленям и раскачиваясь всем телом.

Из города непрерывно прибывали экипажи, доставляя все новые группы любопытных. Приехали также Мовсес, Мелкон и Кязим-бек. Усаживаясь в экипаж, Микаэл многозначительно подмигнул им, и компания уставилась на Шушаник.

Черная жидкость, с силой вырываясь из подземных недр, задавала вышки, мастерские, дома и людей. Воздух был насыщен чем-то опьяняющим. Люди хохотали и, как в хмелю, толкали друг друга под черные брызги фонтана.

Пока Заргарян скромно ожидал, что Микаэл и ему предложит сесть в экипаж, серые кони рванули и понеслись. Через несколько мгновений экипаж исчез за черными вышками.

— Удивительный джентльмен Микаэл Маркович, — обратился Сулян к Антонине Ивановне, покосившись на Заргаряна.

— Н-да... это заметно, — ответила она, многозначительно посмотрев на Заргаряна.

И ее губы тронула полунасмешливая, полусочувственная улыбка.

— А я тебе доложу, — обратился Алексей Иванович к сестре, — что в этих краях гостеприимство не в таком уж почете...

16

Шушаник в смущении не знала, о чем говорить. Ей казалось, что невидимая рука обдала ее кипятком в ту самую минуту, когда она почувствовала Микаэла рядом. Да, именно почувствовала, потому что не смотрела в его сторону.

Экипаж быстро катил между двумя рядами вышек. Песчаная дорога была пропитана нефтью — чуть слышался дробный стук копыт. Шушаник высчитала мысленно, что самое позднее — через четверть часа она доберется до дому и тогда лишь сумеет дать себе отчет о происшедшем. Господи, что она наделала? Она, дочь бедных родителей, едет с наследником миллионера, — что могут подумать люди? Что скажут родители?

Микаэл концом трости коснулся плеча кучера и что-то сказал ему.

Экипаж свернул с дороги, промчался мимо промысловых строений под гору.

— Кажется, кучер сбился с дороги, — заметила Шушаник, оглядываясь по сторонам.

— Нет, мадемуазель, он у меня опытный, не собьется.

Вежливые манеры Микаэла, мягкий голос, осторожные движения несколько успокоили Шушаник. Она подумала, что пугаться или смущаться нечего. Всем известно, что Алимяны — хозяева Заргаряна, а Заргарян — дядя Шушаник. Кто посмеет сплетничать? Наконец, неужели непростительно бедной девушке сесть в экипаж к своему знакомому, будь он даже архимиллионер?

— Как вам понравилась наша невестка? — спросил

Микаэл.

— Что я могу сказать? Ведь мы только что познакомились. Нет, кучер положительно сбился с дороги.

Микаэл опять тронул тростью возницу и что-то сказал ему.

Вдруг экипаж остановился, и кучер спрыгнул с козел.

— Что случилось? — спросила девушка.

— Накрапывает дождь, я велел поднять верх.

— Нет, нет, дождя не будет, я даже люблю дождь!

— Отлично, он поднимет наполовину. Гасан это знает. Возница наполовину поднял верх и вскочил на козлы.

— Вы никогда не бываете в городе?

— Была раза два.

— Почему же так редко?

— Занята.

— Знаю, слышал. Ухаживаете за больным отцом. Бедняжка! Говорят, когда-то он был очень богат и здоров. От души жалею...

Эти слова тронули Шушаник. Должно быть, она заблуждается. Вероятно, этот с виду себялюбивый молодой человек так же добр и чуток, как и его брат.

— Живя на промыслах, можно совсем одичать. Напрасно вы избегаете общества. Разве у вас в городе нет знакомых?

— Нет.

На минуту наступило молчание. Кучер обернулся.

— Вы любите театр? — спросил Микаэл, бросая на кучера сердитый взгляд.

— Я люблю только драму.

— Драму? — обрадованно переспросил Микаэл. — Теперь в городе драматическая труппа. Сегодня бенефис очень хорошей артистки... Идет какая-то новая драма, да, «Нора», «Нора»...

— «Нору» я читала, хотелось бы посмотреть.

— Прекрасно. Могу я пригласить вас на спектакль?

— Благодарю, но я не могу оставить отца.

— А что может случиться, если вы оставите его на один вечер?

— Нет, нет, нельзя...

— Вы так молоды, прекрасны и сидите взаперти. Это непростительно.

Шушаник почувствовала, что молодой человек смелеет, и предпочла промолчать.

— Из театра я вас сейчас же доставлю домой, так что ваш отец всего каких-нибудь три-четыре часа побудет без вас.

— Нет, нет, это невозможно. Я без дяди никуда не выхожу.

— Как будто трудно и его пригласить; я возьму ложу.

— Погодите, что это такое? Мы как будто миновали поселок. Куда же мы едем, господин Алимян?

— Мы просто катаемся.

— Катаемся? — повторила Шушаник, прикусив губу. — А отец? Извините, господин Алимян, уже время кормить отца, я не имею права кататься.

— Вы, сударыня, считаете меня каким-то чудовищем.

— С чего вы взяли? Я не считаю вас чудовищем, но...

— Но не считаете и человеком, хотите сказать, не так ли? — договорил Микаэл смеясь.

— Я и этого не говорю.

— Так почему же вы боитесь меня?

Самолюбие Шушаник было задето.

— Я — вас? — воскликнула скромная девушка таким серьезным тоном, какого Микаэл не ожидал от нее. — Вы ошибаетесь!..

Странно. Пока Микаэл издали наблюдал за Шушаник, ему казалось, что достаточно остаться с ней вдвоем, и он сумеет овладеть ее сердцем. Дешевые победы развили в нем самонадеянность, а легко доставшаяся любовь Ануш убедила в собственной неотразимости. А теперь перед этой бедной, скромной, обремененной семейными заботами девушкой Микаэл ощутил незнакомую ему робость. Это серьезное, умное, красивое лицо, эти чистые, ясные глаза обезоруживали его, — так иной раз человеческий взгляд укрощает ярость зверя. И, несмотря на непреодолимое искушение обнять и прижать к себе это беззащитное, невинное, чистое существо, подобного которому еще не было в списке его побед, — Микаэл чувствовал себя скованным.

Однако смелость Шушаник задела его за живое. Как? Чтобы эта простая девушка не боялась Микаэла Алимяна, человека, которому все доступно, если не в силу личного обаяния, то благодаря миллионам!

Глаза его заискрились страстью, губы задрожали. Раскрасневшиеся щеки Шушаник волновали его. Он попытался придвинуться к девушке, но она слегка отстранилась, не глядя на него. Микаэл, откинувшись назад, хотел было поймать руку Шушаник, казалось праздно лежавшую на коленях. В эту минуту на него устремился негодующий взгляд прекрасных глаз; руки его ослабели. Однако страсть заклокотала в нем. Он схватил руку Шушаник и крепко сжал. — Господин Алимян, сидите спокойно! — раздался возмущенный голос девушки.

Она вырвала руку и отодвинулась. Микаэл терял самообладание. Холодность девушки все сильнее распаляла его. На мгновение мелькнула мысль прибегнуть к насилию, но лишь на мгновение. Взглянув на ясный профиль девушки, он даже в очертаниях его постиг всю чистоту этой девственной души. Но вожделение уже овладевало им, вытесняя чувство оскорбленного самолюбия, и, не в силах сдержаться, почти бессознательно, обезумев от страсти, он опустился на колени: — Ударьте меня, но я... я... люблю вас!.. Да, люблю.. Я горю, поймите, я весь в огне... При первом взгляде на вас я потерял рассудок... никогда, никогда, ни одна женщина не увлекала меня так... Для вас я сделаю все, все, сложу к вашим ногам мое богатство, понимаете, все мое богатство... Только... только...один поцелуй...

Шушаник с негодованием посмотрела на его искаженное страстью лицо, смутно испытывая ощущение чего-то грязного. Слово «любовь» в устах Микаэла звучало, как удар хлыста.

Ступив одной ногой на подножку, она уже хотела выпрыгнуть из экипажа, который несся вихрем по безлюдному полю неведомо куда.

— Остановитесь, сумасшедшая, — воскликнул Микаэл, хватая ее за руку и силой усаживая на место, — вы разобьете свою глупую головку!

— Прикажите повернуть на промысла!

Никогда ни один голос не казался Микаэлу грознее голоса этой беззащитной, слабой девушки. Он, каясь в своем поступке, покраснел от стыда, и покраснел, быть может, впервые с тех пор, как познал женщину. Опять он коснулся тростью плеча возницы. Экипаж, повернув обратно, через несколько минут уже катился по большой дороге.

Оба молчали. Микаэл был во власти смешанных чувств. Он и стыдился и сердился; ему в одно и то же время хотелось и просить прощенья и отомстить. Одно лишь было несомненно: никогда ни в какой другой женщине не чувствовал он такой духовной мощи. И сколько презренья прочел он на лице этой бедной девушки, сколько ненависти к красивому, богатому и молодому спутнику!

Экипаж быстро приближался к промыслам Алимянов. Микаэл пытался казаться хладнокровным и показать дочери жалкого паралитика, что в его глазах она не выше горничной.

— Жаль мне вас, — пожал он плечами. — Теперь дома все начнут вас укорять, — и сколько, народ у! Мать, отец, дядюшка, тетя, дети, а может быть, и прислуга...

— За что?

— За то, что вы удостоили на полчаса своим обществом такого омерзительного, гадкого, негодного человека, как Микаэл Алимян. Какая честь для подобного ничтожества!

Ирония не подействовала.

— Совесть моя чиста, — ответила Шушаник.

Экипаж уже подъезжал к конторе. Микаэлу хотелось добиться хотя бы снисходительной улыбки спутницы.

— А хотел бы я знать, — спросил он, меняя тон, — что вы думаете обо мне?

— О вас... ровно ничего.

—Ничего? — повторил Микаэл. — И я должен вынести это оскорбление? Можете бранить, ненавидеть меня, но не говорите, что ничего не думаете обо мне.

— Я думаю о том, какая разница между вами и вашим братом, — сказала Шушаник, быстро выскакивая из экипажа, как бы не желая слышать ответа.

— Вот как! Эта бедная девушка до того горда, что даже не удостоила Микаэла Алимяна рукопожатия. Это уж слишком!

Быть предметом издевательства со стороны племянницы какого-то приказчика, унизиться, не добившись цели, — этого Микаэл снести не в силах.

От бешенства он ерзал в экипаже, хлопая себя по коленям, яростно грыз ногти и негодовал на себя за свое унижение.

«Какая разница между вами и вашим братом!» — звучали в его ушах последние слова девушки. Что это значит? А это значит, что Смбат ей нравится, а Микаэлом она пренебрегает. Ну и прекрасно, пусть! Микаэл Алимян не останется в долгу, он еще себя покажет.

Микаэл приказал ехать к фонтану. Антонины Ивановны там не оказалось — она уже уехала с братом. Мовсес, Мелкон и Кязим-бек перекидывались шутками с владельцем фонтана, а фонтан продолжал выбрасывать миллионы для бывшего аробщика.

Микаэл в компании друзей вернулся в город. Дорогою Кязим-бек, ехавший с ним в одном экипаже, завел разговор о Шушаник.

— Плут ты этакий, у тебя во всех уголках жемчужины понапрятаны, а нам, ни слова?

— Кязим, не шути над ней, она не из таких, — строго оборвал его Микаэл.

— Вот еще новости какие! — воскликнул Кязим-бек, но все же перестал говорить о девушке.

Микаэл время от времени вздыхал, вспоминая презрительную улыбку Шушаник и в особенности ее последние слова.

— Что случилось, дружище, чего ты насупился? — не вытерпел, наконец, Кязим-бек.

— И сам не знаю. У меня такое предчувствие, что со мною должно случиться несчастье.

— Не болтай глупостей. Приходи вечером в клуб, оттуда кой-куда заедем...

Однако предчувствию Микаэла суждено было сбыться как раз в клубе. Беда нагрянула оттуда, откуда он не ждал ее или, вернее, перестал ждать.

К восьми часам все друзья были уже в клубе, когда явился Микаэл. Недоставало только Гриши. Ждали его, чтобы вместе отправиться к общему приятелю-офицеру, пригласившему в тот вечер всю компанию «на штосе».

Микаэл в душе боялся встречи с Гришей. Но самолюбие вынуждало не показывать этого. Он подбадривал себя мыслью, что Гриша, должно быть, ничего не знает о позоре сестры, а если бы узнал, вряд ли молчал бы до сих пор. «Эх, что прошло, то быльем поросло! Теперь, пожалуй, нет нужды опасаться и Петроса Гуламяна. А вот идет и он сам вместе с каким-то похожим на него лавочником. Ишь как бойко тараторит, — должно быть, о торговых делах. Ах ты жалкий трусишка, не сумел даже постоять за свою поруганную честь! Должно быть, ты вымещаешь злобу на жене. Бог весть сколько раз на дню ты колотишь ее. Колоти, колоти, но обиду проглоти, благо нынче все так поступают...»

Размышляя таким образом, Микаэл вместе с друзьями прошел в буфет. Сонливый Мовсес «в ожидании сражения» подкреплял себя коньяком. Папаша был утомлен, кутить ему не хотелось. Кязим-бек говорил, что его тянет «к новой дичи». Мелкон все жаловался на жену: сущим наказанием она стала для него. Видите ли, родители жены винят его в ее болезни.

— Шурин мой, тупоголовый доктор, вбил в голову, что это я заразил жену. Вот не было печали! Ребята, не приведи вам бог жениться. Папаша да послужит вам примером.

117

Наконец явился Гриша. Уже издали можно было заметить, что он в боевом настроении. Гриша шел, выпятив живот и закинув голову — он поигрывал цепочкой от часов.

— Больно, гм... горяч он... — проговорил Папаша, побаивавшийся Гриши.

Завидя Микаэла, Гриша на миг остановился, точно колебался — подойти к компании или нет. Это не ускользнуло от Микаэла. Друзья подошли, обступили Гришу, и начались обычные шутки. Папаша попытался незаметно улизнуть.

— Куда, куда? — кинулся за ним адвокат Пейкарян, обняв почтенного холостяка.

— Пусть себе уходит, новую вышку ставит, — засмеялся Мелкон .

— А сколько их у тебя, Папаша, а? — спросил Кязим-бек. — На Шемахинке, в Старом городе, на Баилове, на Набережной...

— Ни дать, ни взять — султан марокканский, — заметил Мовсес, жуя соленый огурец после рюмки коньяку.

Папаша улыбнулся. Ему льстили безобидные шутки молодых друзей.

— Господа, — воскликнул Гриша, меняясь в лице, — здесь присутствует негодяй, которого надо вышвырнуть из нашего общества!

Он подошел к Микаэл у и, выпятив живот, встал против него.

— Бесчестный вор, разбойник, низкая тварь! — громко крикнул Гриша и, не дав противнику прийти в себя, закатил ему звонкую пощечину.

Поднялась суматоха. Кое-кто схватил Гришу за руки. От удара Микаэл качнулся, склонился и едва устоял на ногах. Удар был до того силен, что Микаэл, очнувшись, увидел себя уже крепко стиснутым друзьями. Официанты и посетители, привлеченные скандалом, тесно обступили всю компанию. Гриша, заложив руки в карманы, глядел на противника с холодным презрением. Микаэл кричал, стараясь вырваться из рук окружающих. Лицо его побагровело, мочки ушей пожелтели, пена клубилась на губах, грудь ходуном ходила, жилы на шее вздулись и посинели. Он изо всех сил колотил ногами о пол и кричал:

— Пустите, пустите, не то...

Он задыхался. Пощечина жгла ему щеку раскаленным железом. Какой стыд, какой позор! И где! Только Гриша мог так эффектно нанести оскорбление. А-а, все издеваются над Микаэлом, у всех соболезнующие взгляды! Да мыслимо ли, чтобы он, Микаэл Алимян, подвергся такому бесчестию на глазах у друзей и недругов? Дайте хоть раз выстрелить... Гришу увели. Кое-как увели и Микаэла.

Буфет все наполнялся народом. Начались пересуды. Одни защищали Гришу: стоило разок проучить этого Алймяна — уж больно зазнался. Большинство заступалось за Микаэла. Многие осуждали и того, и другого. Несколько преподавателей гимназии и членов суда требовали составить протокол и завтра же отобрать у обоих членские билеты. Микаэла силой усадили в экипаж и отвезли домой. Смбат побледнел, узнав об оскорблении, нанесенном брату. Вдова Воскехат громко вскрикнула. Антонина Ивановна бросила презрительный взгляд на Микаэла, удостоившегося публичной оплеухи.

— Дикая Азия! — произнес Алексей Иванович.

— Я этого Абетяна убью! Я постою за честь Алимянов! — кричал Аршак.

Кязим-бек, схватив юношу за руки, не дал ему выбежать из дому.

Микаэл настаивал, чтобы друзья сию же минуту отвезли Грише вызов на дуэль.

— Ты на дуэли драться не будешь! — решительно заявил Смбат и, обратившись к гостям, попросил их оставить Микаэла.

Весь вечер семья Алимянов провела в тревоге. Вдова безутешно рыдала.

17

Рано утром Смбат зашел к брату. Против обыкновения Микаэл был уже на ногах. Всю ночь он почти не смыкал глаз.

— Что тебе надо? — встретил он брата.

Смбат посмотрел в его воспаленные глаза и спокойно уселся.

— Я пришел к тебе не как брат, а как друг и товарищ. Умоляю, скажи мне толком, что у тебя вышло с Григором Абетяном? Нельзя допустить, чтобы не было серьезной причины.

— Помочь ты мне не можешь, чего же рассказывать?

— Значит, дело сложное?

— Оставь меня в покое, бога ради.

Смбат, закурив, раздумывал о чем-то..

Микаэл ходил взад и вперед, заложив руки в карманы.

— Видишь ли, Микаэл, у тебя могут быть тайны от . меня — это вполне естественно. Но пощади мать. Ты молчишь, а она, бедная, воображает, что несчастье слишком велико. Она теряется в догадках.

Молчание становилось невыносимым даже для Микаэла. Он сам чувствовал потребность поделиться с кем-нибудь своей тайной. Мужественный голос и приветливое лицо Смбата побороли робость Микаэла и невольно расположили его быть искренним.

Начал он с туманных намеков, колеблясь и поминутно сбиваясь, но это продолжалось недолго. Заметив, что Смбата не слишком возмутила связь с замужней женщиной, Микаэл стал говорить откровеннее. Однако он все еще скрывал имя женщины, ставшей жертвой его страсти. Микаэл старался выгородить себя, животную страсть выдавал за идеальную любовь, преступную связь окружал сиянием таинственной чистоты.

Смбат слушал молча. В пышных фразах брата он пытался угадать, была ли тут настоящая любовь, и, при всем своем искреннем желании, не мог ее найти. Как ни старался Микаэл затемнить подлинную суть происшествия, он нет-нет да и сбивался, обнажая истинную подкладку мнироромантической истории.

— Но кто же эта женщина, так очаровавшая тебя? Вероятно, какое-нибудь исключительное созданье?

Вопрос этот смутил Микаэла. Он понял, что возвеличивая свою любовь, невольно возносит до небес и предмет своей страсти.

— Армянка, и довольно известная, — вот все, что он мог осветить.

— Но что же общего между нею и Абетяном?

— Она — сестра Гриши.

— Мадам Гуламян? — воскликнул Смбат вздрогнув.

Микаэл продолжал рассказывать, все больше увлекаясь. Он врал, сам того не замечая. Действительность он прикрывал небылицами, вычитанными в романах. А молчание брата принимал за одобрение. Вот почему он изумился, услышав вдруг:

— Микаэл, ты поступил бесчестно.

В голосе Смбата звучало глубокое волнение.

Микаэл, тот самый Микаэл, чья упрямая натура не терпела не только упрека, но даже простого противоречия, со злости закусил губы, но стерпел. Публичное оскорбление сильно смирило его.

— Во имя любви, — продолжал Смбат, — я оправдываю все. Можно полюбить и замужнюю, но в том, что ты рассказал, на любовь нет и намека. Вы оба обманывали друг друга и позорили чужую честь, — вот почему поступок твой не имеет оправдания.

С чувством глубокого недовольства Микаэл отошел к окну. Он почувствовал правоту в тяжелых и горьких словах брата.

Полчаса назад Смбат считал брата жертвой дикой выходки, теперь перед ним стоял человек, понесший заслуженную кару. Это уже не распущенность, а нечто худшее — болезнь, порок, порождение грязной среды. Обмануть близкого друга и ценою его чести купить наслаждение — какая низость!

Он встал и молча вышел. Смбат чувствовал, что любовь к брату сменяется в нем гадливостью. И такому человеку он еще советовал жениться! Кто бы стал его жертвой?

С десяти часов утра друзья Микаэла один за другим приходили выразить ему сочувствие и узнать, что он намерен предпринять. Адилбеков и Ниасамидзе уже повидались с Гришей и потребовали объяснений. Обидчик не объяснил, чем вызвана пощечина, а раздраженно отрезал: «Сам знает, за что я дал ему оплеуху!

Микаэл тоже отказывался от объяснений, но этим лишь подогревал любопытство друзей. Качая головами, они с недоумением переглядывались. Значит, причина слишком серьезная и таинственная, если никто из противников не хочет ее открыть.

Князь Ниасамидзе намекнул на возможность дуэли, молодцевато ухватясь за рукоятку кинжала. Микаэл заявил, что не отказывается от своих слов, и снова предложил товарищам отправиться к Грише и как можно скорее договориться об условиях поединка.

Адилбеков направился к дверям. Он рассчитывал быть свидетелем рыцарской сцены, о которой знал лишь по романам и театральным представлениям.

— Погоди, — остановил Адилбекова офицер, — дело надо вести с умом.

Офицер был зол на Гришу: нужно же было ему выбрать для пощечины тот самый день, когда у него была назначена вечеринка, и тем самым лишить его богатых «партнеров». Он прочитал короткую лекцию о дуэли и предложил себя в секунданты.

Мелкон и Мовсес были того мнения, что Гриша может извиниться перед Микаэлом в присутствии друзей, и вопрос, таким образом, разрешится. Нет надобности осложнять дело.

Адвокат Пейкарян утверждал, что дуэль — обычай несколько устарелый. Есть суд, существуют законы, ergo — поступок Абетяна можно подвести под соответствующую статью.

Папаша же твердил:

— Гм... дело пустое...

По его мнению, из-за одной пощечины не стоит будоражить весь свет.

— Молод, погорячился, замахнулся... Подумаешь, одна оплеуха! В твои годы, гм... я столько их наполучал, — кожа на лице стала, что твоя воловья шкура.

Присутствовал тут и Алексей Иванович. Он был возмущен «грубой выходкой азиата». Надо попросить губернатора выслать Абетяна в административном порядке в Архангельскую губернию или еще .подальше. Порядочное общество не должно терпеть подобных дикарей.

Однако Ниасамидзе, Адилбеков и офицер продолжали настаивать:

— Дуэль — единственно допустимый способ мести.

— Нет! — раздался голос в дверях. — Дуэль — не честный способ!

Это был Смбат. С горькой улыбкой он подошел, слегка кивнул и присел в углу.

Офицер потребовал объяснений, и Смбат не замедлил их дать:

— Господа, не вводите в заблуждение моего брата. Так называемая дуэль, правда, когда-то имела смысл, но теперь смысл этот исчез, и осталась лишь одна форма. Маскарады тоже имели некогда смысл, даже глубокий, а что они представляют теперь? Иметь твердую и искусную руку — еще не значит глубже чувствовать то, что именуется честью. Человеческая честь покоится не на кончике шпаги, а в глубине души. Допустим, я оскорбил вас, — прервал он офицера, пытавшегося ему возразить, — вы убиты. Где же логика и справедливость? Чем вы восстановили свою честь? Нет, господа, не к лицу человеку брать пример с петуха.

— Ergo, в суд, другого не остается, — вмешался адвокат.

— Нет, обратился к нему Смбат, — суд учрежден для людей, которые сами судить не могут.

— А что бы вы сказали о товарищеском суде? — вмешался Мелкон. — По-моему, только мы, Гришины товарищи, и можем достойным образом наказать обидчика.

По лицу Смбата пробежала ироническая улыбка. Товарищеский суд! О, как много видел он этих судов и теперь не может без смеха вспоминать их комическую важность. Они всегда напоминали ему опереточных нотариусов и подест. Нет, это придумано не для серьезных людей. К товарищескому суду обращаются рохли, да, именно рохли, рабы предвзятых мнений, не умеющие сами оценить свой поступок. Человек с самолюбием и зрелым умом никогда не спросит товарища: «Что скажешь, друг, умен я или глуп, подл или честен?» Он сам знает себе цену.

— Мы ссоримся друг с другом и, как маленькие дети, бежим к старшим: «Бога ради, объясните, почему мы повздорили?», или же: «Кто из нас умнее?» Более смешного положения нельзя и представить.

— Правильно говорит, гм... молодчина... Очень правильно говорит, гм... — одобрил Папаша. — Какой там еще товарищеский суд? Забудь, гм... Микаэл дорогой, забудь...

— Вы все отрицаете, — вставил адвокат, — а как выяснить суть дела, к кому обратиться?

— К кому? К нашему внутреннему судье. Как выяснить суть дела? Путем самоанализа.

Все переглянулись, не поняв мысли Смбата.

— Да, — продолжал Смбат, — в нем наш суд, и в нем же наш приговор. Господа, всякий из нас — сочетание двух начал: одно действует, другое — контролирует. Первое очень редко руководствуется указаниями второго — вот где источник наших ошибок. Наши ошибки — на девять десятых порождение инстинктов. И, к несчастью, мы очень часто даже самые сложные вопросы жизни решаем, повинуясь инстинкту, и потом... потом горько каемся.

Смбат на минуту остановился, закусил губу, чтобы заглушить в себе внутреннюю горечь.

— Допускайте какую угодно ошибку, — продолжал он, — но потом, наедине с собой, спросите вашего внутреннего судью, и он даст самую строгую, и самую справедливую оценку вашему поступку. Только будьте искренни с собой. Не допускайте, чтобы голос совести заглушали посторонние голоса. А это очень легко, когда дремлет разум.

Некоторые совсем не поняли Смбата, другие же продолжали настаивать на своем.

Микаэл молчал.

— Значит, вы не разрешаете вашему брату драться на дуэли?

— Спросите его самого. Я высказал лишь свое мнение.

— Друг мой, — вмешался адвокат Пейкарян, — ваши слова прекрасны, но и только. То же самое подсказывает мне и мой рассудок, но ведь рассудок — одно, а чувство — совсем другое. Философией чести не восстановишь.

— Против этого мне нечего возразить. Но я исходил из требования здравого смысла, — ответил Смбат и замолчал.

— Значит, нам остается пасовать, перед философией, раз чувство чести в нашем друге безмолвствует, — заметил офицер и поднялся.

— Что скажешь? — спросил Адилбеков Микаэла.

— Колеблешься? — проговорил Ниасамидзе полуиронически.

— Оставьте меня в покое, я после вам сообщу мое решение, — заговорил, наконец, Микаэл.

Все вышли, недовольные нерешительностью приятеля. Чувствовалось, что слова Смбата сильно подействовали ни Микаэла. По уходе друзей он обратился к Смбату:

— Чем же мне смыть позор?

Воспользовавшись настроением Микаэла, Смбат не дал остыть впечатлению и заговорил о создавшейся ситуации.

Он согласен с тем, что Гриша нанес тяжелое оскорбление. Но почему Микаэл хочет вызвать обидчика на дуэль или же наказать как-нибудь иначе? Потому, что Гриша счел себя вправе осознать нанесенное ему Микаэлом бесчестие и поддался влечению грубого инстинкта. Но если он обошелся с Микаэлом дико, то ведь и Микаэл поступил по отношению к Грише еще более, чем дико — по-скотски. И он еще требует отчета от Абетяна, — он, первый нанесший такое оскорбление и так воровски?

— Пожалуйста, — продолжал Смбат возмущенно, заметив, что брат собирается протестовать, — не надо горячиться! Пора понять, что никакой вопрос не разрешишь криком или кулаком. На минуту поставь себя на место Абетяна. Ведь ты бы подумал: «Как, чтобы мой близкий друг, которому я так доверял, вдруг обесчестил меня, а мне и пощечины ему не закатить?» И закатил бы, только не знаю, так-ли эффектно. Нет, милый мой, надо быть логичным и не запутываться еще больше.

— Значит, проглотить оплеуху и стать посмешищем всего общества — такова твоя логика?

Наступило минутное молчание. Смбат нервно теребил цепочку от часов. Микаэл, опустив голову на грудь, грыз ногти и ходил по комнате. Он все еще был бледен и время от времени вздрагивал, как осенний лист, с трепетом вспоминая полученное оскорбление.

— Наивные люди! — воскликнул Смбат, как бы говоря с собою. — Вы всякое заблуждение принимаете за общественное мнение. Чье мнение вы выдаете за общественное — этих Кязимов, Мовсесов, Ниасамидзе, Мелконов и Папаш? Друг мой, нет большего нравственного удовольствия для этих людей, как судить и осуждать других. Судить тебя должны не они, а ты сам. Постарайся отныне очиститься, измени свою жизнь коренным образом — и тогда вместо того, чтобы стать посмешищем, сам будешь насмехаться над другими.

Он сделал паузу, посмотрел на брата, постепенно менявшегося в лице, и продолжал с еще большим чувством:

— Микаэл, даже для злодея есть путь к исправлению. Возьмись за себя, пусть другие злословят сколько угодно. Тогда поймешь, сколько блаженства в чувстве презрения. Слушай, Микаэл! Неужели в твоем сердце не осталось ни одной цельной струны, а в душе — ни одного светлого уголка? Неужели ты в жизни не находишь иной услады, кроме рабского подчинения животной страсти?.. Пойми, ты видел лишь одну сторону жизни, но есть и другая. Ты вкушал до сих пор сладкий яд, но есть и горькое противоядие. Сладкое . убивает, горькое исцеляет...

Смбат остановился и перевел дыхание. Внимание Микаэла воодушевило его. Час назад, при гостях, Смбат говорил, повинуясь рассудку, а сейчас он говорил, следуя чувству. Ему казалось, что слова его — благодатный дождь для загрязненной души брата, и они заставят его, наконец, оглянуться на себя и серьезнее отнестись к жизни.

— Рассказывая о своей страсти, — продолжал Смбат с горечью, — ты клеветал на любовь. Если бы ты действительно любил, дело не приняло бы такого оборота. Ты бы пожертвовал ради любимой женщины всем, и это было бы твоим наказанием. Не гляди на меня с таким удивлением, — у меня есть основание говорить так. Человеческий эгоизм безграничен, и, поучая тебя, я не могу забыть о собственном горе. Микаэл, я не завидую твоему положению, но мне еще хуже. Да не только теперь, а вот уже целых семь лет... Перед тобою есть будущее, а моя жизнь испорчена навеки. Тебя обманула слепая страсть, а меня — светлая любовь. Впрочем, что я говорю: не любовь, а только жажда любви. Ты — жертва черного демона, я — доброго ангела.

Смбат умолк и тяжело вздохнул, потирая лоб. Чувство личного горя в нем мешалось с состраданием к брату, и он не знал, на чем остановиться.

Вдруг он заметил нечто неожиданное и непостижимое: на глазах Микаэла блеснули слезы и покатились по щекам. Что это могло значить? Слезы уязвленного самолюбия? Злоба? Или раскаяние? Что бы ни было — плакал человек, вконец испорченный, а это неплохое предзнаменование. Значит, есть еще у него в душе незараженный уголок.

Смбат подошел к брату, положил ему руку на плечо и сказал взволнованно:

— Микаэл, ты плохо начал, но можешь хорошо кончить. А я?.. Я, может быть, наоборот...

И, отвернувшись, медленно вышел.

Часть вторая

1

Вдова Воскехат считала себя самой несчастной матерью на свете. Ее первенец загубил свою молодую жизнь женитьбой на иноплеменнице. И теперь ни глубокая почтительность, ни искренняя сыновняя любовь его не могут вырвать из ее сердца гнездящуюся там печаль. Пусть Смбат умен, трудолюбив, бережлив, добр, — в глазах матери его ошибка равна множеству преступлений. Сын сам расплачивается за последствия своей ошибки: он вечно угрюм и мрачен, — может ли быть счастлива его мать?

Микаэл уже неисправим. Его образ жизни приводит в отчаяние Воскехат: проматывает, не зарабатывая, все дни проводит за карточным столом, в беспутстве, с недостойными товарищами. С каждым днем здоровье его расшатывается. Что осталось от пышущего здоровьем прежнего красавца Микаэла? Глубоко запавшие глаза, кожа да кости — и больше ничего. Может ли Воскехат не печалиться о нем?

А дочь Марта, счастлива ли она? Нет, и ее жизнь далеко не радует Воскехат. Одному из сыновей Марты, бледному заморышу, уже пять лет, а он еще не умеет ходить; другой тоже хворый, недолго протянет. Говорят, отец их был заражен какой-то дурной болезнью: Ах, этот человек! И богат, и смышлен, и ловок, а все хнычет, жалуется на бедность, да и жену заставляет роптать. Каждый божий день-Марта в слезах приходит и умоляет выделить ей долю из отцовского наследства. Она ссорится с матерью, отравляет ей и без того тяжелую жизнь, грозит начать какое-то судебное дело против братьев. Хороша дочь!..

Воскехат надеялась найти утешение хотя бы в младшем сыне, Аршаке. Но и эта надежда не оправдалась. Аршак, едва выйдя из отрочества, стал разговаривать с матерью тоном, какого не позволял себе даже Микаэл. На упреки отвечает упреками, на угрозу — угрозой, наставления и мольбы встречает насмешкой и пренебрежением. Едва придет, из школы, требует завтрака. И упаси боже хоть на минуту запоздать: выходит из себя, бесится, поносит всех и чуть не швыряет тарелками в лицо матери; потом исчезает на целый день и раньше двух не возвращается, а бывает, что и вовсе не придет до утра. Сколько, сколько раз Срафион Гаспарыч и Микаэл встречали его в обществе распутной молодежи то на лодке, то в садах с подозрительными дамами, порою пьяного, а иногда и побитого!

Что за кара господня и за какие грехи? Еще есть такие неразумные женщины, что завидуют ей. Ах, не нужно ей богатства — отнимите у нее все эти дома, караван-сараи, промысла, заводы, дайте взамен только материнское счастье!..

Срафион Гаспарыч твердил, что не надо давать денег Аршаку, что деньги-то как раз и портят его.

— Деньги для парня его лет — сущий яд. Не балуй, а лучше посади на хлеб и на воду, — вот и будет из него прок. Вдова не слушала его советов: как же — сыну, да вдруг не давать денег? Для кого же отец копил такое богатство?

Наконец, мальчику неловко не иметь карманных денег, когда все товарищи их имеют.

Впрочем, она попыталась однажды исполнить совет брата. И горькое же это было испытание! Накануне Аршак проигрался и остался должен. Он пришел утром к матери, когда вдова еще одевалась.

— Есть у тебя деньги? — спросил Аршак, заложив руки в карманы.

— На что тебе? Я тебе еще вчера дала.

— Говори, есть или нет?

— Нет.

Аршак без шапки сбежал вниз, влетел в контору, остановился перед железной решеткой, за которой сидел Срафион Гаспарыч с орденом в петлице, с закрученными усами и с таким грозным лицом, словно готовился наброситься на первого встречного.

— Дядя, открой кассу!

Старик иронически улыбнулся. Он давно ждал дня, когда откажет юноше в деньгах.

— Не слышишь? Говорят тебе — открой сундук! — повторил Аршак, задетый улыбкой дяди.

— Не могу.

— Тогда дай ключ, я сам открою. — В сундуке нет денег. — Выпиши из банка.

— Поди сперва скажи Смбату. Без его приказания я денег расходовать не могу.

— При чем тут Смбат?

— Он глава фирмы и твой опекун.

— Вот еще новости! — крикнул Аршак, горячась. — Мне идти к Смбату за разрешением на мои же деньги? Микаэл может тратить сколько хочет, а я должен из-за ста рублей идти молить Смбата? Открой сундук, говорят!

Старик заупрямился. Тогда Аршак закричал, затопал, выругал и Смбата, и Микаэла, и старика, и опять побежал наверх. Чтобы сию же минуту, немедля дали ему сто рублей... Нет, ста мало, двести, триста рублей!..

— Нет денег, сынок, нет, — повторяла вдова, с горечью отставляя стакан чаю.

Но сильно раскаялась. Юноша расстегнул пуговицы мундира, достал из кармана револьвер и приставил к сердцу. Деньги или смерть! — вот каков Аршак Алимян.

— Честь моя на волоске. Карточный долг нужно платить в двадцать четыре часа, я не хочу позорить имя Алимянов, понимаешь?

Вдова ничего не понимала, но, увидя блестящее оружие в руках сына, громко вскрикнула и без чувств опустилась на тахту.

Позвали Смбата, ему удалось вырвать револьвер из рук Аршака.

Когда вдова пришла в себя, ее первыми словами были:

— Дайте ему денег, ради бога, дайте, сколько хочет!

Но Аршак уже исчез. Три дня искали его, не могли найти. Вдова рвала на себе волосы, била себя в грудь, проклинала и брата и старшего сына. Из-за каких-то двухсот рублей погубили ее сына! Аршак бросился в море и утонул. Ищите его труп!..

На четвертый день юношу нашли у одного из школьных товарищей. Аршак спал ничком, в одежде. Он явился туда в полночь пьяный и избитый, прося ночлега.

Беспорядочная жизнь и бессонные ночи уже наложили отпечаток на лицо шестнадцатилетнего юноши.. Напрасно было бы искать в его глазах отражение чистой отроческой души. Он казался лет на десять старше. С каждым днем лицо его бледнело и худело, синие круги под глазами ширились, и все резче проступали жилы на лбу.

Смбату сообщили неприятные новости: утром Антонина Ивановна в конце длинного коридора наткнулась на омерзительное зрелище —

Аршак, обняв молоденькую горничную, пылко целовал ее, совсем забыв, что страстные слова его могут быть услышаны.

Рассказав об этом Смбату, Антонина Ивановна обратила его внимание и на другие подобные выходки Аршака, очевидицей которых ей случайно пришлось быть. Она осуждала всю семью Алимянов, как нравственно падшую, где все разлагается и гниет и где невозможно жить здравому человеку.

Смбата оскорбило такое резкое суждение жены. В глубине души он отчасти был согласен с нею, но почему она не скорбит, а только бичует?

— Чего же мне скорбеть? — воскликнула Антонина Ивановна. — Разве в этом доме кто-нибудь печалится обо мне? Я здесь чужая, незваная гостья. Между мной и вашей семьей нет никакой связи. Каждый здесь может меня оскорбить.

— Это вам все кажется. В отношении этой семьи вы страдаете нравственным дальтонизмом.

Супруги, все более и более горячась, наговорили друг другу массу колкостей.

Некогда семейная ссора так не действовала на Смбата. От волнения у него даже слезы выступили на глазах.

Полчаса спустя, с сердцем, полным яда, он стоял у входа в контору и задумчиво глядел на прохожих. Неподалеку все время вертелся какой-то юноша, то и дело поглядывая на него. Иногда он останавливался, как бы собираясь подойти, но, видимо, не решался. Наконец он обратил на себя внимание Смбата.

— У вас ко мне дело? — спросил он.

— Я хотел бы вам сказать несколько слов.

— Пожалуйста,

Незнакомец не был похож на просителя или сомнительного субъекта. Он попросил у Смбата минутного разговора без свидетелей.

— Господин Алимян, — начал он почти шепотом, — я считаю своим нравственным долгом обратить ваше внимание на младшего брата...

— На Аршака?

— Да.

— А что случилось?

— Он болен.

— Болен? — повторил Смбат, по таинственной манере незнакомца догадываясь, о какой болезни идет речь.

— Да, Аршак болен и не хочет лечиться, конечно, от стыда. Надеюсь, вы меня поняли, больше мне нечего сказать. Простите, я исполнил свой долг...

Сказал, поклонился и вышел.

На свете много людей, считающих необходимым «исполнять

нравственный долг» ради нарушения душевного покоя ближних. Сами неудачники в личной жизни, они с особенным удовольствием сообщают другим дурные вести.

Смбат терялся в догадках: чего собственно хотелось незнакомцу? Уж не помешанный ли он, или мистификатор? Так или иначе — надо проверить.

Смбат поднялся наверх. Аршак только что вернулся из школы и завтракал так быстро, точно над ним стоял, подгоняя, полицейский.

— Пойдем ко мне, дело есть, — сказал Смбат.

Аршак, решив, что брат собирается говорить с ним об утреннем случае, отказался: ему пора на пятый урок.

— Э-э, дружище, какие тут уроки! — горько усмехнулся Смбат. — Тебе надо думать о том, чтобы сохранить жизнь, а не об учении. Встань, закрой двери, не зашла бы мать.

Аршак молча исполнил приказание.

— Когда ты заболел? — спросил старший брат таким тоном, словно болезнь Аршака была ему давно известна.

Юноша побледнел. Этого было достаточно. Смбат понял, что незнакомец неспроста исполнил «свой нравственный долг».

— Почему ты не лечишься?

— Незачем, я не болен, — ответил Аршак, крутя пуговицу мундира.

— Да это видно хотя бы по твоим бровям и ресницам. Удивительно, что я только сейчас обратил на это внимание. Сию же минуту идем к врачу!

Как ни старался Аршак уклониться, это ему не удалось. Смбат почти насильно вытащил его из дому и усадил в экипаж.

Подробный осмотр врача подтвердил присутствие опасного недуга. Болезнь хоть и перешла во вторую стадию, но оставалась надежда на излечение. Ужасное зрелище! Еще не успев расцвесть, уже увядал юноша, как придорожный цветок, преждевременно поблекший от разъедающей пыли, подымаемой прохожими...

— Не подумайте, что это единственный случай, — заметил врач, — сейчас у меня еще два пациента в возрасте вашего брата.

Только этого не хватало, чтобы переполнить чашу горечи в сердце Смбата. Он весь был погружен в заботы о Микаэле, а тут и другой брат погряз в еще большей мерзости, да в таком юном возрасте.

О болезни Аршака Смбат сообщил только Серафиону Гаспарычу. Они решили приставить к Аршаку особого надзирателя, чтобы тот удерживал его от распутства. Отныне Аршак не должен один отлучаться из дому. Решили взять его из школы: пусть уж лучше остается недоучкой — жизнь дороже ученья. Аршак противился, возражал против назначенной ему опеки, но в конце концов покорился. В его комнате поставили вторую кровать для надзирателя, и юноша превратился как бы в арестанта. Вдове не сказали о страшной болезни сына, но убедили ее, что надзор над ним необходим: это убережет его от дурного влияния товарищей.

— Ох, уж эти товарищи! Они и сбили с пути моих сыновей, — простонала Воскехат и, глядя в глаза Смбату, добавила: — И тебя тоже они с ума свели, иначе ты не решился бы на такое дело.

Жизнь Смбата была вконец отравлена. Отношения с женой все более и более обострялись. Супруги почти не сдерживали себя, не скрывали взаимной ненависти.

Антонина Ивановна буквально проклинала тот день, когда встретила Смбата. Это была горькая ирония судьбы, а не взаимная любовь. Она считала Смбата человеком благородным и умным, но между ним и собою чувствовала глубокую пропасть; видела бездну и сознавала, что бессильна перешагнуть ее. Давнишняя глухая неприязнь к родне мужа становилась все непереносимее для нее, особенно ввиду острой ненависти вдовы Воскехат и жены Марутханяна.

Смбату было двадцать три года, когда он встретился с двадцатишестилетней Антониной Ивановной. Невозвратимое время! Мимолетные порывы юности, так дорого стоившие ему! Пылкое воображение под влиянием романов Тургенева и Толстого идеализировало заурядную курсистку. Он увлекся ее смелыми чувствами и свободными взглядами на жизнь. Однако вскоре Антонина Ивановна потеряла обаяние и как спутница жизни и как женщина. Между ними разверзлась пропасть, как только супруги поняли, что во многих отношениях, при всей их уступчивости и снисходительности друг к другу, их взгляды на жизнь противоположны. Были вопросы, захватывавшие Смбата, но казавшиеся непонятными, а подчас даже смешными Антонине Ивановне. Она не сознавала, что отталкивает мужа, оставаясь безучастной к этим вопросам.

Холодность Смбата сменилась ненавистью, особенно, когда настало время подумать об обучении детей. Единства у супругов и тут не было. Между ними возникали такие схватки, что они подчас не щадили самых заветных чувств друг друга.

Так текла их совместная жизнь в течение шести-семи лет. Полученная от отца телеграмма: «Умираю, приезжай. Хочу видеть тебя в последний раз» — усилила ненависть Смбата к жене. Ему казалось, что отец умирает преждевременно и причина этой смерти — несчастный брак сына.

— Я уезжаю на родину, — сказал он Антонине Ивановне. — Не знаю, вернусь ли...

Это была неосторожная фраза, вырвавшаяся в минуту раздражения. Разве мог он разлучиться с детьми, которых так любил?

Антонина Ивановна отнеслась безразлично к печальной вести. Зловещая телеграмма не произвела на нее ровно никакого впечатления. Там, на далеком Кавказе, умирает какой-то купец, которого она никогда не видела, стоит ли печалиться о нем, хотя он и свекор ей?

— Я чувствую, что с сегодняшнего дня пути наши расходятся, но не забудьте детей, — сказала она мужу на прощанье.

И вот не прошло и трех месяцев, неразрывная цепь опять сковала их, но для того чтобы окончательно разделить. Вдали от родных Смбату еще удавалось кое-как мириться с семейными невзгодами. Теперь он понял, как велика и неисправима его ошибка. Родной кров пробудил в нем задремавшие было чувства. Смбат увидел, что, как ни далеко он отстоял духовно от своей родни, все же кровью и сердцем связан с ней навеки.

— Позвольте мне вернуться туда, откуда я приехала, — сказала однажды Антонина Ивановна. — Теперь вы богаты и можете обеспечить наших детей. Вы меня не любите, и я вас тоже не люблю. Вы ошиблись, ошиблась и я... Отдайте мне детей, и я вам возвращу свободу.

— Вот как? — воскликнул Смбат возмущенно. — Я пренебрегаю дарованной вами свободой, мне дороги только мои дети.

Разговор оборвался: вошел Алексей Иванович. Он был одет по последней моде: широкие брюки, короткий пиджак с закругленными краями, жилет с открытой грудью и вышитая рубашка с высоким отложным воротником.

— Смбат Маркович, — обратился он к зятю, поправляя пенсне, — когда вы нас отвезете поглядеть на «вечные огни»? Говорят, чрезвычайно любопытно. Не мешало бы побывать в храме огнепоклонников, а?

Смбат, не отвечая, вышел.

Алексей Иванович, приподняв брови, проводил его удивленным взглядом и, повернувшись к сестре, сказал:

— Удивительно бестактный народ эти азиаты, совсем не умеют обращаться с гостями.

— А гостю следовало бы держаться тактичнее, — укоризненно заметила сестра.

— Глупости говоришь, Антонина.

— Я серьезно говорю. Скажи, пожалуйста, когда ты думаешь вернуться в Москву?

— В Москву? — переспросил Алексей Иванович. — Погоди, ведь я только приехал, что же ты, так сказать, выгоняешь меня?

— Ты можешь запоздать и потерять место.

— Беда не велика. Уж не думаешь ли ты, что я очень дорожу должностью делопроизводителя? Знаешь ли, голубушка моя, я хочу попросить Смбата Марковича устроить меня здесь, так сказать, на какое-нибудь приличное место, а?..

— Приказчика?

— Почему приказчика, а не управляющего, кассира, или же, так сказать, личного секретаря? Я бы мог здесь жить, ей богу, мог бы, несмотря на то, что тут, так сказать, глухая Азия. Попроси, милая, об этом своего благоверного, а?

— Я ничего у него просить не буду, да еще для тебя.

— Почему же, а?

— Всякая просьба до известной степени обязывает, а я не хочу быть обязанной Алимяну.

— Вот еще новости! Чтобы жена, да была обязана мужу?

— Я ему не жена, а только мать его детей.

Алексей Иванович поднял брови до корней волос — это значило, что он чрезвычайно изумлен.

— А он? Он тоже всего лишь отец твоих детей, а? Оригинально, очень оригинально. Только, знаешь ли, что, милая моя, надо признаться — ты совсем не вовремя перестала быть женой своего мужа. Пока он был, так сказать, гол, ты была ему женой, теперь же, когда он получил миллионы, ты становишься лишь матерью детей. Это уж совсем невыгодно, а?

— Алексей!

— Знаю, милая моя, знаю, что вы, так сказать, грызетесь. Но ты, сестричка, не должна показывать зубы, ведь между вами железный сундук, а его прогрызть трудновато, а?.. По правде говоря, я тоже недолюбливаю этого азиата, но, черт побери, у него — деньги, а деньги, так сказать, ключ ко всему, а?

— Что нам до того, что у него деньги? Мы — чужие.

— Чужие? Но, но, но... брось чепуху пороть, ради бога. Допустим, ты развитее, умнее меня и, так сказать, женщина современная, с собственными убеждениями и твердой волей. Но, дорогая, в житейских вопросах ты меня не переспоришь, тут я тебе, так сказать, пятьдесят очков вперед дам... В людях-то я очень хорошо разбираюсь... Видишь ли, душечка, идеалы, взгляды, национальность — все это сущий вздор. Не в этом причина вашей, так сказать, обоюдной антипатии. Причина житейская и, так сказать, психофизическая. Дело в том, что ты малость, так сказать, слиняла, понимаешь? Ну, разумеется, слиняла как женщина, а-а? Черт побери, посмотрела бы ты в зеркало, что у тебя под глазами...

— Алексей!

— Заладила — Алексей, да Алексей. Алексей говорит правду, и нечего ее скрывать. Но вот что меня больше всего удивляет — почему ты его разлюбила? Это для меня, так сказать, загадка. Парень молодой, здоровый, кровь так и кипит, а?

— А все же я его ненавижу.

— Не понимаю, ей-ей, не понимаю.

— И никогда не сможешь понять. Ненавистны мне его >-лицо и цвет волос, его нос, его интонации, его привычки; ненавистна мне его любовь к родне; ненавистны мне его язык, его традиции — все, все, что имеет связь с его происхождением. Эту ненависть невозможно понять, ее можно лишь чувствовать, только чувствовать...

— Все это, пожалуй, и можно ненавидеть, да я тоже, так сказать, не испытываю особого расположения к этим азиатам. Но, извини, ты должна любить цвет его волос: как-никак он брюнет, а брюнеты у нас в фаворе, особенно эти грубые кавказцы, а?

— Ладно, довольно, — прервала Антонина Ивановна болтовню брата. — Дай кончить письмо.

Она, взволнованная, села к столу и принялась дописывать.

— Все же ты должна помириться с Смбатом Марковичем. Миллионы, голубушка, ты понимаешь, что такое миллионы, особенно в наш железный век, а?

И, видимо, уверенный, что его последние слова повлияют на упрямую сестру, Алексей Иванович поправил пенсне и вышел.

2

Для Микаэла наступили суровые и тяжелые дни — дни горьких мук и непривычных размышлений. Его угнетали, с одной стороны, чувство оскорбленной чести, общественное презрение, с другой — укоры совести. Мысль, что он все еще не отомстил Грише, приводила его в отчаяние; он рвал на себе волосы, кусал пальцы, неустанно шагая но комнате, как тигр в клетке. Размышляя о своем бессилии, он проклинал собственную слабость, поносил самого себя.

Микаэл не был трусом и мог отстоять свою честь хотя бы ценою жизни. Но слова брата произвели на него очень сильное впечатление. Под влиянием этих слов зародилось иное чувство, более тяжелое, чем виновность перед мадам Гуламян. Это была вина перед Шушаник. Пощечину он считал достойным возмездием за свои грехи, но обида, нанесенная чистой, невинной девушке, все еще оставалась неотомщенной. В другое время подобную выходку он счел бы за юношескую шалость, за мимолетную шутку. Эка важность — хотел соблазнить невинную девушку, да не вышло. Разве другие не позволяют себе подобные проделки, и кто из них потом кается в детских забавах? Наконец, ведь честь Шушаник не пострадала. Но нет! Образ взволнованной и возмущенной девушки преследовал еще сильнее и беспощаднее, чем дебелая фигура скомпрометированной Ануш. В ушах все время звучали презрительные слова девушки: «Какая разница между вами и вашим братом!»

В чем же разница? Уж не в том ли, что Смбат образованнее, развитее и, быть может, умнее Микаэла? Нет. Несомненно, девушка намекает на различие в поведении того и другого. И на самом деле, разве Смбат позволил бы себе так оскорбить беззащитную девушку?

Ах, как он сглупил, и зачем? Неужели низменная животная похоть так осквернила его душу, что для него не остается ничего святого? После стольких беззастенчивых, чувственных женщин чистый голос скромной девушки, ее ясные глаза увлекли его неизведанной им свежестью. После изысканных блюд иной раз тянет к простой растительной пище. Каприз, мимолетный порыв пресыщенного сердца понудили его унизиться перед бедной, незаметной девушкой. Но почему же голос Шушаник так прозвучал в его ушах? Почему этот голос преследует его и в те минуты, когда, казалось бы, он обязан думать только о восстановлении чести?

«Как бы я хотел, чтобы когда-нибудь пробудилось в тебе чувство подлинной любви!» — вспоминались Микаэлу слова Смбата. Под влиянием этих слов он разбирал свое отношение к женщинам, сидя одиноко у себя в спальне в вечернем полумраке. Развращенность — и ничего больше. Мало того, что не любил, — он еще осквернял любовь, выдавая животную страсть за чистое влечение. Жажду страсти он утолял всегда из грязных источников. Никогда он не уважал существа, именуемого женщиной, — и ту же самую Ануш. Естественно, эта девушка, Шушаник, вправе презирать его.

Как ни старался Микаэл забыть невинный образ, он все неотступнее преследовал его. Слух о пощечине разнесся по городу: не сегодня-завтра, конечно, выяснится и ее позорная причина, но ничье мнение его так не пугало, как мнение Шушаник. В полутьме возникал образ строгого судьи, не сводившего с Микаэла упорного взгляда, полного отвращения. И слышался ему ужасный шепот: «Не говорила ли я, какая разница между вами и вашим братом...» Казалось, в этой девушке воплотилось все общественное мнение, как будто человечество сосредоточилось в ней, и чудилось ему: прощение одной Шушаник искупило бы невыносимое оскорбление. Но Микаэл в то же время чувствовал, что, даже если все простят, одна лишь эта девушка постоянно будет презирать его и гадливо отворачиваться.

Он зажег свет, приподнял голову и посмотрелся в зеркало: веки воспалены, на щеках нездоровый румянец; ему даже показалось, будто пощечина оставила на щеке синий след четырех пальцев. Микаэл вздрогнул. Ах, если бы можно было хоть одну эту страницу вырвать из книги жизни и сжечь! Нет, это невозможно. Именно эта единственная страница должна громко кричать о его нравственном падении.

Он взглянул на мягкую пышную постель, потом на туалетный столик, уставленный косметическими принадлежностями. И внезапно почувствовал отвращение ко всей этой кокоточной обстановке.

«Неужели в твоем сердце не осталось здорового уголка?» — вспомнил Микаэл слова Смбата. Вот до чего он пал, что на такой вопрос отвечает молчанием!

Нет, Микаэл не хочет быть падшим существом. Он может исправиться. Долой развратную компанию, бессонные ночи, гнусные развлечения с распущенными друзьями! Туалетный стол вызвал в нем дикую злобу. Еще минута, и все флаконы с баночками полетели в окно, разбиваясь вдребезги. Эх, если бы можно было и прошлое так разбить и начать новую жизнь! Тогда он сказал бы этой нищей, но гордой девушке: «Смотрите, я ни во что не ставлю ваше мнение, будто брат выше меня!»

Микаэл посмотрел на часы. Еще не было семи. Никогда в этот час он не оставался дома. Куда теперь пойти? Как показаться товарищам? Микаэл подумал, что Гриша сейчас дома, раньше девяти он в клуб не приходит. Один ли он? О чем он думает? Доволен ли своим поступком? Хвастается ли перед товарищами, или раскаивается? Микаэл почувствовал непривычную жалость к Грише, и в нем вдруг появилось желание повидаться с ним.

— Ага, тут человек один хочет видеть тебя, — раздался голос Багдасара, Микаэлова слуги, уроженца Зангезура.

Это был дубоватый крестьянин, по распоряжению Микаэла носивший черный сюртук с белым галстуком.

— Ты сказал, что я дома? — кисло спросил Микаэл, глядя на визитную карточку, поданную слугой.

— Сказал.

— Глупо сделал. Проси.

Вошел журналист Марзпетуни. Он высказал сожаление, что запоздал выразить Микаэлу сочувствие «по поводу имевшего место в клубе акта дикого произвола». Он был возмущен и пустился ругать упадок «современных общественных нравов». Намекнул, что описание происшествия уже приготовлено для печати. Абетян выведен в нем, как монстр, как безнравственное чудовище. Пускай же прочтет и узнает цену своему поступку!

— Недостает лишь кое-каких дополнительных сведений, — прибавил журналист, вытаскивая записную книжку. — Правда ли, что вы вызывали Абетяна на дуэль, а он трусливо уклонился?

— Нет, неправда.

— Правда ли, что... — хотел продолжить Марзпетуни и вдруг удивленно остановился.

Микаэл молча дал ему понять о полном нежелании отвечать на вопросы. Он взялся за перо и сделал вид, что углубился в работу.

— Простите, я, кажется, помешал вам, — спохватился журналист, осторожно пряча в карман книжку.

— Да, я занят, — ответил Микаэл, не скрывая раздражения.

— Извините, я хотел защитить вас в печати.

— Разве необходимо о каждом частном случае писать в газете?

— Нет, это не частный случай, а общественное явление. Я, как журналист, как изучающий нравы общества, обязан откликнуться...

— Тогда пишите, что хотите, у меня нет времени подвергаться допросам.

— Отлично, прекрасно, господин Алимян. Значит, мне остается обратиться за содействием к господину Абетяну. Он мне и расскажет все, как было. А я... обязан написать... Это — общественное явление...

— Так отправляйтесь к нему, и чем скорее, тем лучше! — воскликнул Микаэл, поняв подлый намек журналиста.

Марзпетуни, считая, что в его лице задета честь всей печати, вышел, готовя в уме зубодробительную статью против буржуазии. Ах, эти буржуа! Никогда не следует им угождать... Не понимают, не ценят...

В ту же минуту, съежившись, точно пришибленный, к Микаэлу проскользнул ювелир Барсег. Какая наглость, какая подлость! Ежели задевают честь таких господ, как Алимян, что же остается делать «людишкам», подобным Барсегу? Весь мир перевернулся, не разбирают ни больших, ни малых. Слыханное ли дело, чтобы сын Маркоса-аги получил в клубе оплеуху и город не провалился сквозь землю? Вот уже три дня Барсег ссорится со всеми. Злые языки говорят, будто Микаэл-ага отступился от дуэли. Оно, конечно, — разрази меня бог, ради Микаэла-аги, — Барсег воюет за него. Кто такой Абетян, чтобы Алимян подставил ему лоб? Фи-и, как будто не стало людей, готовых постоять за Микаэла-агу! Их у него, у Барсега, так много, что стоит только мигнуть, — и голова Абетяна слетит, как «головка чеснока».

— Я сам, милый ты мой, из его мяса настряпаю битков да брошу собакам! У меня под рукой такие сорванцы, что довольно тебе шевельнуть пальцем, — ночью жену у мужа вытащат.

Глядя на заплывшие глазки и медно-бурые щеки ювелира, Микаэл почувствовал невыразимое отвращение.

— Я не нуждаюсь ни в чьей помощи, — сказал Микаэл, давая понять, что не намерен больше тратить времени.

— Конечно, конечно...

— Ну, ступай! — строго приказал Микаэл.

Ювелир вышел раздосадованный, скрежеща зубами.

Микаэл позвал Багдасара и велел никого больше не пускать, но как раз в эту минуту вошел Сулян, у которого, казалось, глаза готовы были выскочить от чрезмерного возмущения. Что за дикость, что за дерзость и кто на кого поднимает руку?! Мало убить — нет, надо вздернуть нечестивца на виселицу, бросить в нефтяную скважину!

— Человек я миролюбивый, ведь что ни говорите, а наука убивает в нас дикие инстинкты. Но, если вы позволите, я готов дать пять оплеух этому дикарю. Надо же по крайней мере внушить всем, что есть люди, на которых не должна быть занесена ничья рука. Алимяны — это не какие-нибудь Абетяны...

Патетическое излияние Суляна было прервано появлением супругов Марутханянов. Три дня подряд они пытались навестить Микаэла в этот именно час, но им не удавалось. Запершись у себя, он никого не принимал.

Мадам Марта стала бранить мать, сестер и всю женскую родню Абетяна, почему-то совсем не касаясь мужчин. Красные пятна на ее щеках посинели, ноздри продолговатого носа дрожали, тонкие губы пожелтели. Эта дама, только что снявшая траур, была разодета, как первоклассная кокотка, огромная шляпа, разукрашенная перьями и цветами всех оттенков, шелковые розовые рукава «кираси», неестественно широкие в плечах и узкие в локтях, придавали ей сходство с китайской вазой.

Марутханян был одного мнения с адвокатом Пейкаряном: нужно обратиться в суд.

— Все через суд, все, — повторил он многозначительно. — Уж такие времена, ничего не поделаешь.

— Нет, Исаак, нет, этого слишком мало! — воскликнула Марта, беспокойно ерзая в кресле и, как заводная кукла, поворачиваясь то к брату, то к мужу, то к Суляну. — Этого хама следует хорошенько вздуть. И знаешь, как? Повалить при всех в клубе и бить, бить, бить! Не так ли, господин Сулян?

Сулян сделал неопределенное движение головой. Почем знать, что за человек этот Исаак Марутханян, — вдруг проговорится где-нибудь, дойдет до Абетяна, а тот Суляна сочтет своим врагом. Он был занят Мартой, время от времени украдкой бросая на нее многозначительные взгляды. Ему не нравилось, когда Марта сердилась, — это портило ее. Но вот Марта успокоилась и стала мило улыбаться инженеру, стараясь делать это незаметно для мужа и брата. А хитроумный супруг, от проницательного ока которого в торговом мире ничего не могло ускользнуть, по отношению к собственной жене был довольно близорук...

Как человек осторожный и догадливый, Сулян понял, что теперь его присутствие в семейном кругу излишне. Прощаясь, он на мгновение впился глазами в глаза Марты; ее сухие пальцы дрогнули в его руке.

— Теперь мы можем говорить по душам о наших семейных язвах, — проговорила Марта после ухода Суляна. — Согласись, Микаэл, что наш брат — человек никудышный. Будь он настоящим человеком, нынче же разбил бы голову твоему врагу. Ах, Микаэл, есть братья и братья... Мало того, что он нас обездолил, он не хочет защитить наше доброе имя! Ну да бог с ним, пусть защищает свою собственную честь, если сумеет, — продолжала она, меняя разговор, — только бы оставил нас в покое. Но в том-то и дело, что он нас в покое не оставляет: выписал на нашу голову эту женщину с ее щенками, точно нам мало своего горя. Для того ли наш бедный отец горбом сколачивал капитал, чтобы деньгами завладела иноплеменница? Микаэл, мыслимо ли это?

Исаак Марутханян молча слушал, предоставляя жене продолжать в том же духе. Он знал свойства им же заведенной машины: знал, что Марта не замолчит, пока снова не восстановит Микаэла против Смбата.

— Спрашивается, почему она до сих пор не сделала нам визита? — продолжала, все более и более распаляясь, Марта. — Кто она такая? Чья дочь? С ее приездом жизнь нашей матери омрачилась. Каждый божий день бедная мама проливает горькие слезы. Микаэл, милый, пора образумить Смбата, он позорит наше имя среди армян. Для чего посадил он себе на шею эту бабу?

Марта была удивлена: Микаэл на этот раз никак не отозвался на ее слова. В бешенстве, она еще сильнее накинулась на Антонину Ивановну. Дошло до того, что золовка не пощадила даже репутации невестки и усомнилась в ее прошлом.

— Марта, — крикнул, наконец, Микаэл, — осторожней в выражениях. Эта женщина — жена нашего брата, мать его детей!

— О-го-го-го, вот какие новости! — воскликнула она, подпрыгнув в кресле. — Ты перешел на их сторону? Эта женщина и тебя приворожила...

Исаак только тут начал медленно снимать перчатку с левой руки. Это означало, что собирается прийти на помощь жене.

— Сегодня, — начал он спокойно, подмигнув Марте, чтобы та замолчала, — сегодня я поручил адвокату подать в суд.

— Что? — спросил Микаэл, угадывая, о чем говорит зять.

— Наше дело. Думаю, что пора.

— Нельзя ли еще немного отсрочить?

— Отчего же нельзя, — ответил Марутханян, бережно обмахивая колени, хотя они вовсе не были запылены. — Значит, он намерен добровольно выделить нашу долю — так, что ли?

Микаэл, ходивший по комнате, смерил зятя глазами, уселся против него и, заложив ногу на ногу, спросил:

— Не мешало бы знать, о какой доле ты говоришь? Супруги переглянулись: несомненно, что-то случилось с Микаэлом.

— О нашей законной наследственной доле, — ответил Исаак, пожав плечами.

— Знаешь ли, я не хочу судиться с Смбатом, не пытайтесь сбить меня с толку!

— Что-о?! — вскричала Марта. — Ты не хочешь, так я хочу! Мои дети хотят!

— Ты не наследница и не имеешь права на долю. — Эге, этого еще недоставало! Нет, Исаак, моего братца, должно быть, вовсе сбили с панталыку.

— Может, ты вообще не желаешь начинать дело? — спросил Марутханян.

— Если хочешь знать правду, да, вообще не желаю, — ответил Микаэл.

— Интересно знать — почему?

— Так просто, не хочется.

Марутханян бросил на Микаэла долгий испытующий взгляд.

— Чего ты глаза таращишь! — возмутился Микаэл, ощущая взгляд его зелено-желтых глаз. — Неужели ты думаешь, что я так низко пал, что прибегну к мошенничеству против родного брата, чтобы набить тебе карман. Ошибаешься — я не подлец!

Марутханян беспокойно заерзал: он уверил жену, что контрзавещание подлинно.

— Не хочешь начать дело, к чему лишние разговоры? Вставай, Марта пойдем... Микаэл Маркович сегодня не в духе.

Микаэл в глазах зятя прочел какой-то злой умысел. Ему показалось, что пара отвратительных змей, гнездящихся в этих зрачках, строит ему какие-то козни.

— А знаешь ли, — произнес он, с трудом подавляя отвращение, — ты... ты дурной человек, прости меня...

Марутханян неестественно громко захохотал, и его сухой голос прозвучал, как свист холодного ветра. Свет от лампы падал прямо на его лицо и освещал продолговатую голову, похожую на тыкву.

— Это я дурной человек? Ха-ха-ха! — снова засмеялся он и поднялся. — Марта, пошли... Обязанности свои я знаю; я дурной человек, но знаю, как мне поступить...

— Микаэл! — вскричала Марта, удивленно глядя то на мужа, то на брата и не понимая подлинного смысла, их спора. — Ты оскорбляешь моего мужа, в уме ли ты?

— Прежде не был, а теперь, слава богу, в уме. Боюсь, как бы этот человек не съел твоего ума. Знаешь, он слишком жаден, о-о, чересчур жаден, он «се готов сожрать!..

— Посмотрим! — сказал Исаак, взяв шляпу с кресла. — Не пришлось бы тебе, Микаэл Маркович, раскаяться в своих словах.

139

— Ну ладно, оставь меня в покое, ступай...

— Что? Ты выгоняешь Марутханяна из дому? — произнес гость, ударяя шляпой по левой ладони. — Ну что ж, я дурной человек, так и не жди хорошего от меня. Марта, пойдем, я не скандалист...

Микаэл с молчаливым негодованием проводил сестру и зятя.

— Змея! — невольно вырвалось у Микаэла.

Он сразу почувствовал облегчение. Подложное завещание сильно мучило его, и в глубине души Микаэл давно уже хотел избавиться от этой обузы. Теперь он был рад — разом сбросил ее с плеч. Это был смелый шаг, — шаг, давший ему силу совершить другой, еще более смелый. Он посмотрел на часы — было восемь. В раздумье Микаэл приложил палец к губам и потупился.

Он подошел к столу и решительно нажал кнопку.

— Дома Смбат? — спросил он вошедшего Багдасара.

— Только что вышел.

— Подай пальто.

Микаэл наскоро оделся и твердыми шагами вышел из дому. Целых три дня он размышлял и колебался. Теперь он решил одним ударом разрубить узел. Будь что будет. Микаэл ставил на карту свою честь, и было бы ребячеством остановиться. Пусть думают о нем, что хотят, — он сделает то, чего требует совесть. Им овладела необычайная смелость. То, что он собирался сделать, перестало казаться тяжелым, неприятным, как третьего дня, вчера и даже час назад. Когда он выгнал Марутханяна, ему показалось, что сердце его теперь свободно от всякой робости.

Погода была холодная, вечер темный. В густом тумане уличные фонари казались серыми пятнами. От мелкого дождя тротуары стали скользкими. Он иногда спотыкался, но взять извозчика не хотел. Ему было приятно мокнуть под дождем, дышать сырым воздухом и дрожать от холода.

Через четверть часа Микаэл остановился перед новым домом и, на мгновенье задумавшись, нажал кнопку звонка. Дверь открылась как раз в ту минуту, когда он, повинуясь внезапно мелькнувшей мысли, уже собирался уходить.

— Барин дома? — спросил он у русской горничной, показавшейся на пороге.

— Дома.

Микаэл вошел, поднялся по маленькой лестнице, прошел в переднюю, освещенную электрической лампочкой. Его бросило в жар, кровь стучала в висках, сердце учащенно колотилось.

Однако он не отступил, постучался в дверь; в ответ раздался знакомый голос:

— Войдите!

3

Два приятеля, пятнадцать лет делившие хлеб-соль, любившие и защищавшие друг друга, встретились теперь как враги. Мысль эта с быстротой молнии мелькнула в голове Григора Абетяна, когда он в дверях увидел Микаэла. Гриша растерялся, не зная, разрешить войти былому другу или приказать прислуге вывести его. Но он подумал: должно быть, оскорбленный явился потребовать объяснений. Давно пора: ведь он нарочно дал ему пощечину в общественном месте, чтобы сильней оскорбить Микаэла и заставить непременно потребовать объяснений.

Гриша, сидя на небольшой восточной тахте в халате и турецкой феске, курил «наргиле». Обмотав длинной кишкой шейку высокого сосуда, он спокойно встал и подошел к письменному столу. Микаэл молча сделал несколько шагов. Положив шляпу на стул, он потер лоб. Сознавая, к кому явился и зачем, Микаэл, однако, не знал, с чего начать. Он все еще боролся с собой, стараясь подавить чувство оскорбленного достоинства и выполнить долг, который подсказывала ему совесть и который томил его целых трое суток.

— Будешь говорить или нет? — обратился к Микаэлу Гриша, не глядя на него.

Он грузно опустился в кресло и, облокотясь на стол, устремил на гостя взгляд, полный отвращения. Микаэл весь дергался от внутреннего волнения. Он сознавал, что унижается перед врагом, но какой-то голос шептал ему: «Иначе поступить невозможно».

— Гриша, — начал он, кладя руку на спинку стула, — я явился дать объяснения.

— То есть — потребовать объяснений?

— Нет, дать, — повторил он тверже. — Считай меня дураком или трусом, как хочешь, но я пришел... Я вынужден был прийти. Ты всего не знаешь, ты меня оскорбил, но всего не знаешь. Мы — враги, врагами и останемся, только выслушай меня.

И он рассказал обо всем, начиная с того дня, когда увлекся Ануш, и до последней встречи с нею. Его рассказ уже не имел романтического оттенка. Он сознавался в своей тяжелой вине, но вместе с тем объяснял, что виновен не он один. В сущности, он ничего не позволил бы себе, если бы Ануш оттолкнула его. Между тем она не только не оттолкнула, напротив — ещё поощряла его, а он опрометчиво увлекся, потерял голову, забыл стыд, честь и уважение к другу. Рассказывает же он все это не для оправдания, а для облегчения сердца и успокоения совести. Да, дорого заплатил бы Микаэл, чтобы исправить ошибку, но что можно сейчас сделать? Он готов дать Грише удовлетворение в любой форме, лишь бы

141

оправдаться перед собственной совестью. Вот смысл его многоречивой и бессвязной исповеди. Гриша слушал молча и удивлялся. Что все это значит? Издевается, что ли, над ним Алимян, уж не струсил ли он, а может, сошел с ума? Так или иначе, этого шага он никак не ждал от Алимяна и сам никогда не поступил бы так.

— Ты удивляешься, видя меня таким жалким? — продолжал Микаэл дрожащим голосом. — Я бы рассвирепел, если бы мне еще вчера сказали, что я приду просить у тебя прощенья. Гриша, ты не можешь представить, что происходит во мне. За эти три дня я пережил больше, чем за всю свою жизнь. Совесть терзает меня, что я так оскорбил тебя. Покаявшись в грехе, думаю, что сумею хоть немного облегчить сердце...

— И переварить пощечину? — прибавил Гриша с глубоким презрением.

Кровь ударила Микаэлу в голову. На миг он потерял душевное равновесие.

— Пощечину?! — повторил он, отступая на шаг. Минута была критическая. Гриша уже думал, что противник вот-вот бросится на него, и приготовился к защите. Но Микаэл вздрогнул и взял себя в руки: ведь поклялся же он быть сдержанным. Снова предстал перед ним светлый образ. И в эту минуту в его сердце пробудилась такая любовь к жизни, какой не испытывал он никогда. Руки его ослабели. Опустив голову, он произнес:

— Ты имел право даже убить меня... Гриша не сводил с Микаэла глаз, зорко следя за каждым его движением. Он почувствовал к бывшему другу что-то похожее на сострадание и подумал: «Не слишком ли я суров?.. А его поступок? Неужели он не достоин суровой кары? И стрит ли продолжать разговор с этим низким, бессовестным человеком, да еще у себя в доме?»

— Ты самым бесстыдным образом осквернил хлеб-соль, которую мы делили пятнадцать лет. Чего же ты хочешь теперь от меня, наглец, говори!..

— Ничего. Я пришел просить прощенья. А там поступай, как тебе угодно.

— Вон, вон из моего дома, голоса твоего слышать не могу! — закричал Гриша, яростно ударяя кулаком по столу.

Микаэл не шелохнулся: выгонят его или изобьют — теперь ему все равно. Он выполнил свой долг: этого властно требовало сердце.

Гриша, облокотившись на стол, закрыл руками лицо. Было совестно за сестру. Уж не так он легкомыслен, чтоб не разобраться. Обвиняя Микаэла, Гриша вдвойне осуждал сестру. Микаэл по-прежнему стоял неподвижно. Он смотрел на толстую шею бывшего друга: жилы на ней вздулись и дрожали. Когда-то этот жизнерадостный здоровяк неизменно заражал его

142

своим неистощимым весельем. Он любил Гришу больше всех своих друзей, считал его добрым и даже великодушным. Да, они дружили целых пятнадцать лет, вместе провели очень много веселых дней и ночей, ни разу не сказали друг другу обидного слова. И вдруг один отнял честь у другого. И верно: такой бесчестный, бессовестный человек не должен осквернять своим присутствием его дом. Пусть пощечина отныне жжет ему лицо — это ничтожная кара за такое тяжкое преступление.

— Если бы в тебе было хоть немного порядочности, — заговорил Гриша, поднимая голову,— ты бы иначе искупил свою вину. Но я знаю — от тебя нечего ожидать мужества... Ты понимаешь, к чему я веду речь: моя сестра больше не может оставаться со своим мужем, она должна развестись... Микаэл вздрогнул. Он понял смысл этих слов, их глубокую правду. Мысль о том, что жизнь его может быть связана с женщиной, ставшей ему ненавистной, привела его в ужас. Тем не менее Микаэл заявил без колебания:

— У меня хватит на это мужества, если тебе угодно. Микаэл самоотверженно решил пойти и на эту жертву. Но Гриша хотел лишь испытать его. Признания сестры и Микаэла привели его к заключению, что они никогда не любили друг друга, а были только ослеплены безудержной страстью. Гриша знал, что, если бы даже Микаэл принес эту жертву, все равно честь Ануш будет запятнана: Микаэл долго с ней не уживется и бросит ее.

— Уходи, бога ради, уходи отсюда, не могу я спокойно тебя видеть в моем доме, — задыхался Гриша... — Я бы своими руками задушил вас обоих, да что толку... Убирайтесь, делайте что хотите... Вы стоите друг друга!..

И, багровый от стыда, уронив голову на руку, Гриша другой рукой вцепился себе в волосы. В эту минуту он больше ненавидел сестру, чем Микаэла.

Микаэл безмолвно, приложив руку ко лбу и придерживаясь за стулья, направился к выходу. Он не знал, что еще сказать, оставаться было бесполезно.

Микаэл взял извозчика и целый час разъезжал по набережной. Он все еще не мог дать себе ясного отчета в своем поведении. То ему казалось, что он хорошо поступил, то думал, что унизился, и унизился самым ребяческим образом. Слыханное ли дело: человек, получивший оплеуху, вместо того чтобы потребовать удовлетворения, вдруг является давать объяснения обидчику. И как это он отважился, забыв стыд и самолюбие, предстать перед человеком, чью честь попрал? Уж не вернуться ли к Грише, но на этот раз уже в качестве врага, жаждущего мести? Нет, нет, он сделал то, что обязан был сделать всякий, в ком теплится хоть искра порядочности. Он исполнил веление собственного сердца.

Терзаемый укорами оскорбленного самолюбия, Микаэл в то же время испытывал какое-то душевное облегчение, которого не было у него еще часа два назад. Браня себя, он в то же время сознавал, что поступить иначе было нельзя, что он обязан был так поступить с товарищем, безжалостно им оскорбленным.

— Домой! — сказал он извозчику.

Горькое чувство значительно ослабело, оставалось сознание виновности. Вместе с горечью он ощущал какое-то непостижимое душевное удовлетворение. Микаэл был даже рад, что Гриша вторично оскорбил его, выгнав из дому. На месте Гриши разве он поступил бы иначе? Теперь Микаэл испытывал странное чувство: ему казалось, что легче перенести обиду, чем оказаться в положении обидчика. Пока Микаэл считал себя безусловно виновным, он переживал невыносимые душевные муки, теперь же, когда Гриша выместил на нем злобу, а он вместо мщения смирился и не последовал совету друзей, Микаэл поборол ложное самолюбие и поступил так, как подсказывала совесть: подчинился решению того внутреннего судьи, о котором говорил Смбат. Теперь пускай смеются над ним — ему безразлично.

— Не спит? — спросил он горничную о Смбате.

— Только что вернулся.

Микаэл прошел к брату и рассказал ему все. На обычно хмуром лице Смбата появилась радостная улыбка, — улыбка, выражавшая не только любовь к брату, но и надежду, что еще не все потеряно, что Микаэл может стать на правильный путь.

— В твоем сердце еще есть светлый уголок, — сказал Смбат. — А вот скажи, не чувствуешь ли ты, что укоры совести в тебе хоть немного стихли? — Да, немного...

— Это лишь первый шаг. Приготовься идти дальше. Понятно, прося прощения, ты еще не загладил своего проступка, но лучше покаяться, чем усугублять свои прегрешения.

— За мною больше грехов, чем ты думаешь... — Тем лучше, покаешься сразу.

— Мне хочется признаться тебе сейчас же в одном из них, потому что это касается тебя. — Меня?

— Да.

И Микаэл рассказал о столкновении с Марутханяном, признавшись, что контрзавещание — подложно. Ему казалось, что теперь уже совсем не трудно открыть брату все тайники души. Он походил на обвиняемого, который, обмолвившись, уже не может скрыть остальные преступления и летит в пропасть. Все равно, Микаэл должен нести наказание, так уж лучше совсем облегчить сердце.

— Я прекрасно знал, что контрзавещание — подлог, — заметил Смбат, снисходительно улыбаясь, — и очень рад, что дело приняло такой оборот. Ты сам избавил себя от беды.

На другой день рано утром Микаэл опить зашел к Смбату и попросил поручить ему какое-нибудь дело. Праздность угнетала его и казалась постыдной. Смбат ответил, что все предприятия в равной мере принадлежат трем братьям и что Микаэл волен выбрать себе любое дело. Микаэл пожелал заменить Смбата на промыслах.

— Прекрасно, — ответил Смбат, пристально глядя брату в глаза, — как тебе угодно. Я отныне перестану ездить на промысла, ты же будешь держать меня в курсе дела.

Микаэлу показалось, что слова брата: «ты будешь держать меня в курсе дела» — были произнесены загадочно, двусмысленно.

С этого дня на промысла стал ездить Микаэл. Пока он старался забыться в труде, общественное мнение продолжало трепать его имя. Оскорбительный прием пробудил в сердце Исаака Марутханяна свойственную ему злобу. Он хотел помочь Микаэлу избавиться от невыносимой опеки брата, сделать его зависимым, — и вдруг вместо благодарности его выгоняют из дома, да еще с сестрой. Значит, раз и навсегда расстаться с надеждой на миллионы? Нет, это не так-то легко, он не допустит, чтобы богатством Маркоса-аги завладели только Алимяны!..

На другой день Исаак позвал Барсега и сказал, что труды его пропали даром. Показав контрзавещание, он на глазах ювелира порвал его и бросил в печь. Барсег насупился. Он Решил, что Марутханян кончил дело миром, получил свою долю и больше не нуждается в его услугах. Барсег потребовал вознаграждения за труды.

— Что? — воскликнул Марутханян насмешливо. — Труды? Какие труды — подлог? А тюрьмы отведать не хочешь, а?.. Ты вообразил, что Исаак Марутханян до того глуп, то подставит свою шкуру под судейские розги? Не тут-то было! Я тебя испытывал, — ведь все равно подложным завещанием я ничего не добился бы... Слушай, если ты кому-нибудь пикнешь об этом, я покажу тебе когти. Ты знаешь меня!..

— Знаю, — произнес Барсег загадочно, — милый мой, не сердись. Слову твоему мы верим, ты наш благородный господин... Но только надобно заткнуть рот проклятому Мухану...

— Ты прав.

Марутханян достал несколько сотенных и передал Барсегу.

— Смотри, не зажуль, ты получишь особо. Ты хоть и подлец, но все же наш Барсег...

Глаза ювелира засверкали от радости. Он замолк. Марутханян велел подать чаю и повел с гостем дружескую беседу. Сначала расспросил о городских новостях, а потом, скорчив грустную мину, намекнул на

145

пощечину, полученную Микаэлом, и тут же, коснувшись причины ссоры, рассказал обо всем.

— Ну, конечно, это останется между нами, — добавил Марутханян, помешивая ложечкой чай и глядя на дно стакана.

Он отлично знал Барсега. И Барсег прекрасно понял его. В тот же день ювелир поведал тайну Мелкону Аврумяну.

Его забытая лавка стала теперь для всех привлекательным уголком, а сам он — интереснейшей персоной. Он рассказывал все, что знал, а чего не знал, дополнял, разумеется, собственной фантазией. Самолюбию его льстило уже одно то, что такой почтенный человек, как Папаша, в беседе с ним прохаживался насчет усиков мадам Гуламян. У Барсега тоже был зуб против Микаэла, прогнавшего его.

Вскоре сплетня стала достоянием обывателей. А так как Микаэл не совсем любезно принял и Марзпетуни, то журналист в своей статье допустил несколько колкостей в его адрес,

Петрос Гуламян стал мишенью явных насмешек и недвусмысленных намеков. Только теперь почувствовал он всю тяжесть своих рогов. Ему было стыдно смотреть на улице в глаза Папаше. А тот, знавший психологию обманутых мужей не хуже, чем национальные дела, из жалости к Гуламяну старался не разговаривать с ним.

Порою насмешка становилась до того явной, что Петрос Гуламян, как раненый кабан, готов был броситься на первого встречного. Как-то вечером, принимая кассу, он заметил у входа в магазин две знакомые фигуры — Мовсеса и Кязим-бека. Первый, подняв над головой два пальца, изображал рога, а второй, покручивая усы, хохотал во все горло. Оба были навеселе — возвращались с обеда, данного Папашей в честь недавно прибывшего английского журналиста.

Петрос, поняв оскорбительный намек, выскочил из-за кассы и стал в дверях магазина.

— Мы ищем Микаэла Алимяна, не здесь ли он случайно? — спросил Мовсес ехидно.

— Честь имею кланяться, — добавил Кязим-бек, приподымая тюбетейку.

— Шарлатаны! — заревел Петрос, готовый задушить Мовсеса:

Но тот успел вовремя улизнуть, схватив под руку Кязим-бека.

Невозможно было жить под одной кровлей с изменницей-женой. Петрос выгнал Ануш из дому, предварительно отшлепав ее по пышным плечам. Но этого мало. Он знал, что общество требует наказания и для соблазнителя; если Гуламян не накажет его, то все сочтут его трусом и человеком без чести. Оплеуху Петрос считал пустяком. Что такое пощечина для мужчины? Если карать, то беспощадно. Но как? С детства он привык склоняться, льстить, пресмыкаться перед людьми побогаче и посильнее. В нем укоренился органический страх перед Алимяном. Как же поднять руку на Микаэла, которого он считал настолько выше себя, насколько рубль больше копейки?

Однако Петрос не был лишен изобретательности. Как-то в сумерках, возвращаясь из магазина, он встретил знакомого бандита. Заложив под мышку правую полу чухи[13] , бандит подкрался к нему, поздоровался и расспросил о «здоровье аги». Петрос сообразил, куда он клонит, и, достав из кармана трешку, — обычную дань, — протянул бандиту. Но в ту же минуту его озарила блестящая мысль.

— Хочешь подзаработать? — спросил он шепотом.

— Я твой слуга.

— Пойдем!..

— Прикажи!..

Петрос пошел впереди. Бандит задержался, чтобы «ага» немного отошел, и пустился за ним, опасливо озираясь...

Опозоренная Ануш в слезах кинулась к матери. Куда еще она могла пойти? Сплетни и пересуды, проникая, как воздух, везде и всюду, дошли, наконец, и до старухи. Мать прокляла дочь, но у нее не хватило жестокости выгнать ее. Хотя она и была женщина патриархальная, но на склоне своих лет достаточно наслышалась про измены нынешних жен. Проступок родной дочери оскорбил в ней лишь материнское чувство, не отразившись на ее женской стыдливости. Какая женщина нынче не изменяет? Но почему именно ее дочь сбилась с пути?

В пылу гнева Гриша наговорил сестре много грубых слов. Ануш до того присмирела, что со слезами стала молить брата о пощаде.

— Как пощадить тебя, когда лишь самоубийство может избавить тебя от моего презрения?

«Самоубийство»? Нет, Ануш не может уйти из жизни и не имеет права — она мать. И, наконец, почему ей решиться на самоубийство? Потому что она изменила мужу? Господи, да какая женщина по нынешним временам не оскверняла супружеского ложа?

Тайком она послала Микаэлу пространное письмо. Описав свое безвыходное положение, она то порицала его, то молила о помощи. Заговорить о сожительстве она не решилась, твердо уверенная в том, что Микаэл не согласится на такой шаг после пережитого позора.

Письмо тронуло Микаэла, но осталось без ответа. Да и что мог он сделать и чем помочь, когда, кроме угрызений совести, он ничего не чувствовал?

Микаэл избегал друзей и искал уединения. Городской обстановки он

---

[13] Чуха — вид верхней одежды.

больше не выносил. Он проклинал свое распутное прошлое, чувствуя себя погрязшим по горло в болоте безнравственности.

Время постепенно ослабляло едкость сплетен и пересудов, и фамилии Алимян — Гуламян уже не так часто переходили из уст в уста. В деловом городе слишком дорожили временем, чтобы подолгу заниматься семейными драмами. Кроме того, произошли более интересные события: шли толки о самоубийстве видного коммерсанта. Упоминались имена жены самоубийцы и его молодого приказчика...

4

Смбат чувствовал потребность как-нибудь облегчить сердце. Ему недоставало общества, а среда, в которой он вращался, не удовлетворяла его.

До сих пор Смбат жил, замкнувшись в своем внутреннем мире. Никто не тревожил его, не бередил тайных сердечных ран. Вернувшись из России, он попал в среду, где его не щадили и не прощали непоправимой ошибки. Мать и сестра беспрерывным ропотом надрывали ему сердце, пробуждая чувства, которые он искусственно заглушал шесть-семь лет подряд.

У него не было Друга, с которым мог бы поделиться переживаниями и облегчить душу. Он ясно видел, что внимание окружающих привлекает не он, а главным образом его капитал. Уж таков мир, он видел, что даже те, которые громко кричат о морали, раболепно склоняются перед безнравственностью, если только под ней скрывается материальная выгода. Все это побуждало его избегать окружающих и искать близкого человека.

Он было попытался хоть временно забыться в делах, но работа не давала ему успокоения. Лишь в одном деле он испытывал душевное удовлетворенней лишь в одном тесном кругу находил отраду. Это — постройка новых жилищ для рабочих и семья Заргарянов, где он бывал неизменно всякий раз, когда ездил на промысла. Смбат радовался своему начинанию и теперь ему казалось, что, не позаботься он о рабочих, на совесть его легла бы новая тяжесть. Хотя управление промыслами он и передал Микаэлу, все же два-три раза в неделю ему приходилось туда наезжать.

Смбат не решался признаться, какая именно магическая сила влекла его так часто на промысла. Он обманывал себя, делая вид, будто его занимают только бытовые условия рабочих. Пробыв час-другой на стройке казарм, он спешил к Заргарянам и просиживал у них целыми часами.

Скромная семья принимала его не как хозяина или богатого нефтепромышленника, а как доброго друга. Здесь никого не стесняло его присутствие, он никого не утомлял своими приездами, даже паралитика. А сам он?.. Ему нравилось беседовать с Давидом Заргаряном не только о своих делах, но и об общественных проблемах. Во время этих бесед его взгляд невольно останавливался на Шушаник. Девушка, с неизменной шалью на плечах, слегка склонив голову, внимательно вслушивалась в оживленную беседу дяди с гостем. Порою гость, увлеченный разговором, просиживал дольше, чем допускал простой такт. Случалось, что и Шушаник вступала с Смбатом в спор, особенно, если разговор касался вопросов, доступных ее пониманию. В такие минуты морщины на лбу Смбата разглаживались, лицо светлело, и в глазах проступала радостная искорка.

Покидая скромную квартиру, дорогою в город Смбат часто погружался в вечно тревожный океан мыслей — то грустил, то радовался, вспоминая Шушаник, которая день ото дня делалась все молчаливее и печальнее. Грустил Смбат, вспоминая свою непоправимую ошибку, вспоминая милых детей; радовался» сознавая, какое впечатление производит он на девушку. Но в то же время Смбат понимал, что у него нет прав на сочувствие, сквозившее в поступках и словах этого хрупкого создания. Он знал, что его частые посещения с каждым днем усиливают это сочувствие; он читал все душевные движения Шушаник и в чертах ее ясного лица и в глазах, казавшихся все грустнее и грустнее. Вот почему Смбат счел, наконец, долгом прекратить визиты к Заргарянам. Но напрасно! В каждый приезд на промысла точно какая-то непреодолимая сила влекла его в неприхотливую квартиру конторщика.

Как-то он отправился на промысла вместе с Микаэлом. По дороге они говорили о делах. Смбат жаловался на управляющего Суляна, чрезмерно занятого личными делами в ущерб своим прямым обязанностям.

— Таз ты недоволен, отчего же не уволишь? — спросил Микаэл.

— Легче терпеть убытки, которые причиняет служащий, чем лишить его места.

Заговорили о Давиде Заргаряне. Смбат с похвалой отозвался о его преданности, любви к делу, бескорыстии и познаниях.

— А что ты скажешь о его племяннице? — вдруг спросил Микаэл.

Смбат растерялся: какая связь между деловым разговором и Шушаник, и почему Микаэл так пристально смотрит на него?

— Я интересуюсь твоим мнением, потому что она... неравнодушна к

149

тебе, — проговорил Микаэл, и какая-то тоскливая нотка прозвучала в его голосе.

Сконфуженный Смбат отвернулся от брата и устремил взгляд вдаль.

— Ты смутился... Должно быть, и сам чувствуешь, что она неравнодушна к тебе. Да и как знать, может, и сам небезразличен к ней?

— Микаэл, ты знаешь, я не люблю глупых шуток...

— Но ведь ты любишь правду, не так ли? Думаешь, я буду против, если ты полюбишь эту девушку? Нисколько. Впрочем, я не могу одобрить твой вкус, вот и все...

— Неужели? — произнес Смбат неопределенно.

— Она самодовольна и с гонором.

— Может быть, — произнес Смбат тем же тоном. — Она некрасива и несимпатична.

— Кажется, я никогда не расхваливал ее красоту.

Микаэл принялся насвистывать веселый мотив, совсем не отвечавший его взволнованному настроению. В Смбате зародилось нехорошее чувство: он позавидовал брату, его холостой свободной жизни. Однако, вспомнив детей, он поспешил заглушить чувство неприязни.

— Смбат, — прервал молчание Микаэл, опираясь на трость, — я сознаю, что ты нравственно выше меня, что я в твоих глазах опустившийся, испорченный человек, но скажи, пожалуйста, когда же я удостоюсь твоего доверия хотя бы в хозяйственных делах?

Вопрос был неожиданный для Смбата. Он не догадывался, что бессвязные на первый взгляд слова Микаэла — это отклик его душевных мук.

— Что ты хочешь сказать?

— А то, что у тебя ко мне нет доверия. Ты передал мне промысловые дела, а сам все-таки ездишь сюда два-три раза в неделю. Выходит, что я не справляюсь со своей задачей или не умею проверять работу Суляна. Зачем ты делаешь меня смешным в его глазах?

— Хочешь, я совсем перестану ездить на промысла? — Одно из двух: либо я, либо ты, — проговорил Микаэл, странно посмотрев на брата.

Через час, после осмотра промыслов, Смбат обратился к Заргаряну:

— Давид, попотчуйте меня сегодня в последний раз чаем...

На столе, покрытом белой скатертью, кипел блестящий самовар, когда вошли братья Алимяны.

Приглашая Смбата, Давид, разумеется, не мог не пригласить и Микаэла, хотя всей душой был против того, чтобы этот человек переступил его порог. После события в клубе Давид не мог побороть непреодолимого отвращения к Микаэлу. Пригласил он и Суляна, также вопреки своему желанию: отношения его с управляющим были натянутые. Для Суляна пребывание Заргаряна на промыслах было в высшей степени нежелательным. До этого Сулян действовал самостоятельно, расходовал сколько угодно, составлял счета, как хотел. Теперь же он чувствовал над собою неподкупного контролера, грубая правдивость которого нередко его смущала.

Шушаник, стоя у стола, перетирала чайные стаканы. Увидев Микаэла, она вздрогнула и чуть не выронила стакан. Стиснув зубы, девушка сделала усилие, чтобы скрыть недовольство.

Сегодня Микаэл впервые видел ее в новеньком платьице. Густые волосы были тщательно зачесаны и уложены на затылке; шпильки с трудом сдерживали их пышные волны. Сегодня она показалась Микаэлу и выше, и стройней. Обаятельная женственность исходила от нее, словно ласковый майский ветерок. Даже движения ее изменились, став более гибкими и мягкими. Казалось, в этой скромной, стыдливой девушке проснулась новая душа, окружавшая ее светлым ореолом.

Никогда бы Микаэлу и в голову не пришло, что когда-нибудь он мог так смутиться, как смутился сегодня в присутствии этой бедной девушки. И было отчего: во-первых, он провинился перед нею; во-вторых, опозорился на весь город. А главное, Микаэл боялся презрения Шушаник. Он испытал даже какой-то страх, когда на мгновение его глаза встретились с умными, прекрасными глазами, в которых уже не замечалось прежней безмятежности.

Разговор носил чисто деловой характер. В новых постройках Смбат усмотрел недостатки — результат неуместной экономии Суляна.

Он мягко упрекал управляющего, но, видимо, был взволнован — временами в голосе его звучали гневные нотки. Ясно, что не Сулян был причиной его волнения. Инженер оправдывался, говоря, что привык экономно обращаться со средствами Алимянов, избегать ненужных расходов, за что и пользовался доверием покойного Маркоса-аги.

Эта ложь вывела из терпения Микаэла, прекрасно знавшего, как на самом деле печется Сулян об интересах фирмы. — Ради бога, не экономьте наших средств, когда этого не требует дело. Я знаю, например, что вы часто в погоне за копейками теряете рубли.

Замечание Микаэла сильно задело Суляна, не отличавшегося особенной щепетильностью. Ему показалось, что тут не обошлось без Давида Заргаряна.

— Никто не может сказать, что когда-нибудь я растрачивал алимяновские рубли, — произнес Сулян в сердцах, бросая злобный взгляд на Заргаряна.

— Неужели? — вставил неопределенно Микаэл. — Оставим это. Лучше скажите, господин Сулян, сколько вы нажили на последней спекуляции?

Сулян опомнился и попытался улыбнуться.

— Я спекуляциями не занимаюсь.

— Напрасно вы скрываете, — подчеркнул Микаэл ехидно, — никто не посягает на вашу наживу, не бойтесь. Купили вы за шесть с четвертью, а продали за семь. с четвертью. Посчитайте-ка, Заргарян, сколько это выйдет на сто тысяч пудов?

— Ровно пять тысяч рублей, — ответил Заргарян тотчас и не без злорадства.

— Рад, очень рад, — обратился Микаэл к инженеру, — по крайней мере, отныне меньше будете ругать буржуа при друзьях-идеалистах.

— Я не ругаю буржуа, а друзей-идеалистов у меня нет.

— Странно, очень странно, — продолжал Микаэл возбужденно, — выходит, что все мы идеалисты, покуда голодны. А стоит нам отведать вкус денег, любого буржуа заткнем за пояс.

— Не понимаю, Микаэл Маркович, к чему вы все это говорите? — спросил Сулян, по-прежнему с улыбкой.

— К чему? Да так... А разве не правда, что вы, человек с высшим образованием, втихомолку делаете то же самое, что мы, неучи, делаем открыто?

Все с удивлением смотрели на Микаэла. Никто не мог понять причины его неожиданных и неуместных нападок на инженера. Между тем причина была, хотя и очень деликатная: нападая на него, он в присутствии девушки косвенно выражал свое пренебрежение к людям с высшим образованием. Таилась в этих нападках и шпилька против родного брата, в эту. минуту, как казалось Микаэлу, овладевшего вниманием Шушаник.

Микаэл был настроен не против Суляна, но решительно против всех присутствующих. Его раздражал даже ропот паралитика, время от времени доносившийся из соседней комнаты. Однако молчание Смбата начинало его смущать, он решил взять себя в руки. Заргарян поспешил переменить разговор. Ходили слухи, что один из местных крупных нефтепромышленников собирается продать свои промысла английскому акционерному обществу.

Сулян, предав забвению язвительные выпады Микаэла, стал доказывать, что с практической точки зрения, при нынешней выгодной конъюнктуре, было бы большой ошибкой продавать богатства страны иностранцам, хотя бы и за большие деньги. Тут Сулян был на высоте своего призвания; обнаруживая весь свой хозяйственный нюх, он с воодушевлением обрисовал блестящую будущность нефтяной промышленности. Никто не мог опровергнуть его доводы, даже Смбат, который возражал ему.

Воспользовавшись горячим спором, Микаэл, уже значительно успокоившись, обратился к Шушаник:

— Вы сердитесь на меня?

Девушка неопределенно кивнула.

— Я готов просить извинения, — прошептал он. — Налить вам еще чаю? — громко спросила Шушаник, давая понять, что разговор вполголоса неуместен.

Это явное пренебрежение взбесило Микаэла. Он встал, подошел к окну и устремил взгляд на далекие вышки, нервно теребя цепочку от часов.

Несколько минут он смотрел в раздумье. А когда обернулся, Суляна уже не было, а Заргарян разговаривал на балконе с рабочими, держа какие-то перепачканные нефтью тетрадки.

Какая перемена! Лицо Шушаник уже не выражало прежней холодности. Девушка была поглощена беседой. Глаза ее восторженно сверкали; время от времени она нежно склоняла голову и, слегка краснея, перебирала бахрому скатерти. В невзрачной прозаической обстановке она и Смбат беседовали о вещах, чуждых этому воздуху, насыщенному неприятным запахом нефти. Смбат говорил о любви к природе там, где у природы не было ни единой привлекательной черточки.

Микаэл, настроенный против брата, попытался было вмешаться в разговор, но заметил, что лицо Шушаник сразу изменилось. Она не могла скрыть, что ее занимает беседа только с одним Смбатом.

Вошел Заргарян и положил перед хозяином кусок известняка, пропитанного нефтью. Его только что добыли из новой скважины, и Сулян поспешил показать Смбату находку. Микаэл небрежно взял известняк и, понюхав, вскользь заметил:

— Мне кажется, что забьет фонтан.

— Видно, на твое счастье, — добавил Смбат, — пообещай что-нибудь Давиду, если забьет.

— Обещай ты сколько хочешь, мне все равно, — ответил Микаэл не без иронии.

Он подошел к Шушаник проститься.

— Погоди, нам вместе ехать, — обратился к нему Смбат.

— Я не в город, — бросил ему Микаэл и быстро вышел, не объясняя куда.

Было время, когда какая-нибудь женщина относилась к нему холодно или невнимательно, Микаэл с пренебрежением отворачивался от нее, как от дешевой игрушки. К женщинам он относился, как к одежде: не понравится или не подойдет, — бросает и заводит новую. Сегодня впервые он почувствовал себя униженным пренебрежительным отношением женщины. Микаэл злился на Шушаник и проклинал себя — зачем он чувствителен к ее холодности.

Выйдя от Заргарянов и миновав черные ряды вышек, Микаэл очутился на большой дороге. Полчаса спустя он остановился перед длинным придорожным строением. Оно принадлежало одному из дальних родственников Алимянов, незначительному нефтепромышленнику, лично управлявшему своими промыслами. Из-за густого пара вышел тощий человек с седеющей бородой, с закоптелым лицом, в кожаной куртке и широкополой шляпе.

— О-о, здорово, Микаэл, — встретил он гостя, — как это бог помог тебе вспомнить о нас?

— Дядя Осеп, сегодня я твой гость.

— Милости просим, честь и место!

Осеп проводил гостя к себе, в сырые комнатушки с низким потолком.

— Не обессудь, дружок, дворец мой не из роскошных, — сказал он шутливо. — Ничего не поделаешь, утробы моих проклятых колодцев оскудели, нефть приходится выжимать по капельке. Полчаса назад опять искривилась труба в новой скважине — беда да и только. Не взыщи, я отлучусь минут на десять. Позови слугу, вели подать, что тебе угодно. Ах, свернуть бы шею этим бурильщикам!..

Дядя Осеп оставил гостя и исчез.

Микаэл, не раздеваясь, лег на кровать и, заложив руки за голову, уставился в почерневший от копоти потолок. Только теперь ему открылись неприглядные стороны его поведения, только теперь начали донимать его невыносимые укоры совести. С одной стороны — жертва его прихоти, Ануш, с другой — образ строгой Немезиды, исполненный беспредельного презрения. С одной стороны — безграничное отвращение, с другой — невольная робость перед незаметной девушкой. Там — недалекое прошлое в его сумрачных тонах, здесь — неопределенное настоящее, мрачное, беспросветное. Испытывая отвращение к Ануш, он тянулся к Шушаник. Ненавидя одну, был отвергнут другой — какой-то заколдованный круг. Подобно скорпиону, оказавшемуся в огненном кольце, ему оставалось вонзить в грудь собственное ядовитое жало — покончить самоубийством. Но его удерживала незримая рука, и внутренний голос неустанно шептал: «Ты испорчен, очистись. Очистись, заслужи уважение чистого существа». Ах, это существо! В чем его нравственная сила, так властно царящая над ним и заставляющая его постоянно думать о ней? Вот она в светлом уюте вечернего стола разливает чай гостям и не сводит глаз с Смбата, слушая неизменно его одного, беседуя только с ним одним. Неужели она любит его? Разве ей не ясен несчастный исход такой любви? А Смбат? Отвечает ли он тем же чувством? Если да, то почему же он скрывает? Как знать, может, и отвечает, а Микаэл, сам того не зная, играет смешную роль.

В Микаэле вновь заговорило оскорбленное самолюбие. Он восстал не столько против Смбата, сколько против Шушаник. Поведение ее было бы понятно, будь она дочерью знатных, богатых родителей или красавицей.

154

Но она ни то, ни другое. Какая же сила таится в ней и увлекает обоих братьев, рождая в них глухую вражду? Нет, не стоит думать об этом «ничтожестве», надо выкинуть ее из головы. Город полон такими, как она, и первая встречная может заменить ее. Микаэл искусственно идеализирует это ничтожное существо и ставит его на недосягаемый пьедестал.

— Проклятье таким нефтепромышленникам, как я! — раздался голос дяди Осепа. — Как ни бьюсь — ничего не выходит.

Он швырнул шляпу и подошел к умывальнику.

— Ну, что же ты заказал на ужин? — спросил старик, намыливая лицо.

— Ничего. Да и не надо. Не беспокойся, пожалуйста. Зашел к тебе немного отдохнуть.

Вскоре комната показалась Микаэлу душной, несносной. Ему пришло в голову, что как раз теперь, в эту самую минуту, когда он лежит в тоскливой комнате старика, там, за чистым столом, Шушаник в душе смеется над ним. Микаэл поднялся, тотчас же за окном мелькнула чья-то тень и исчезла. Осеп подошел к окну, но никого не заметил.

— Ты уходишь? — спросил он.

— Да, извини, у меня голова болит.

— Что с тобой, на тебе лица нет? Ты не в себе и дрожишь. Уж не захворал ли? Нет, я тебя не отпущу.

— Хотел у тебя переночевать, да вспомнил, что сегодня у меня в городе важное дело. До свидания.

Микаэл поспешно вышел. Он был убежден, что Смбат все еще сидит за столом, накрытым белоснежной скатертью, и беседует с Шушаник. Мысль эта не давала ему покоя. Ему захотелось непременно вернуться к Заргарянам, и, если не войти к ним, то хоть посмотреть в окошко.

Во тьме нельзя было разглядеть черные вышки. Густой пар насыщал воздух сыростью, распространяя удушливый запах. Микаэл вышел на тропинку, пропитанную черной влагой. Он спотыкался, едва сохраняя равновесие. Микаэл невольно сравнивал свое прошлое с этой тропинкой: Вся его жизнь тянулась такой же черной, грязной и скользкой тропой, и грязь эта въелась ему в кости. Перед ним в темноте вереницей проходили друзья, бессонные ночи, бесшабашная жизнь. В нем вновь пробудилось невыразимое отвращение к прошлому.

Впереди открывался пустырь. Микаэл инстинктивно осмотрелся кругом. Промысла освещались электричеством, но от густого машинного пара свет тускнел, как в тумане. Ночью проходить по этим местам было небезопасно: в темных закоулках рыскали бандиты, всегда готовые обобрать, а подчас и прикончить запоздалого прохожего.

Издали сверкнули красно-желтые окна Заргарянов. Опять Микаэл вознегодовал на самого себя: боже мой, мыслимо ли дойти до такой глупости, чтобы рабски подчиняться какой-то неизъяснимой силе! Он бежит сюда от грязного прошлого, чтобы омыться и очиститься в лучах сияющего света. Не вернуться ли ему и, положив конец ребяческим колебаниям и мукам, снова отдаться, прежней жизни? В самом деле, смешно. Даже оскорбительно поддаваться обаянию какой-то бедной, незаметной девушки — ему, человеку, для которого жизнь давным-давно потеряла все свое поэтическое очарование. Решено: завтра же он рассчитает Заргаряна и выгонит вон с промыслов со всеми его домочадцами. Пусть проваливает она со своими чарами и презрением!..

Микаэл продолжал шагать, не отрывая глаз от окон скромной квартиры. Он уже приблизился к каким-то развалинам шагах в двухстах от квартиры Заргарянов. Ему почудилось, будто две тени перебежали дорогу и скрылись в развалинах. В душу закрался страх. Ощупав карманы, он убедился, что револьвер при нем, и слегка ускорил шаги, беспокойно озираясь.

В круговороте путаных мыслей мелькнула одна: «Неужели Петрос Гуламян лишен чувства чести? И впрямь, семейная честь его поругана, а он до сих пор и не думает о мести». Микаэл пренебрежительно пожал плечами. Он снова заметил две тени, скрывшиеся в камнях. На всякий случай достал револьвер и держал наготове. Но через минуту опять спрятал, смеясь в душе над своей трусостью. Снова вспомнился ему Петрос Гуламян.

— Презренный, — процедил он сквозь зубы.

В тот же миг Микаэл почувствовал какой-то холодок на затылке и содрогнулся, словно от прикосновения отвратительного пресмыкающегося. Микаэл хотел обернуться, выхватив револьвер, но не тут-то было: четыре сильные руки крепко держали его за локти.

Удар по правой руке ослабил ее. Он спустил курок, и на мгновенье тьму прорезал блеск от выстрела, — пуля прожужжала, как ядовитая муха. Микаэл попытался выстрелить еще раз, но второй удар окончательно обессилил руку. Оружие выпало. Один из нападавших быстро поднял револьвер со словами:

— Он тебе не к лицу!

— Не шевелись, а то уложим на месте! — раздался второй голос.

Ему зажали рот, не дав крикнуть о помощи. Лица бандитов были прикрыты башлыками. Говорили они с деланной хрипотой.

Микаэл попытался освободить шею из крепких пальцев, вцепившихся ему в горло. На минуту это ему удалось, и он успел спросить:

— Ограбить хотите или убить?

— Ни то, ни другое... — послышалось в ответ.

— Бей полегче, чтоб не сдох! — раздался другой голос.

— Бандитов было трое.

Удары сыпались по голове, по плечам, по груди, по спине. Завязалась неравная борьба: обезоруженный Микаэл и трое верзил.

Микаэл защищался зубами, головой, ногами... Один из бандитов заорал и скорчился, схватившись за живот. Остальные пришли в исступление.

— Ах, вот ты как! — вскричал другой и сбил с ног Микаэла.

Принялись топтать его.

Схватив одного за ногу, Микаэл опрокинул его навзничь, навалился и стал душить. Отчаяние удесятерило его силы. Бандит мычал под ним, как раненый бык, и Микаэл, конечно, задушил бы его, если б вслед за острым холодком не почувствовал теплоты собственной крови. Рука его ослабела, и он выпустил бандита.

— Наложили метку, и будет, отпустите его! — приказал главарь бандитов.

Микаэл задыхался. Он застонал от боли. В темноте вся жизнь представилась ему непроницаемым мраком, хаосом беспутства. Неужели Микаэлу суждено так позорно умереть?.. Почему?.. Кто мстит ему?

— Петроса-агу знаешь? Мы его слуги, — услышал он вдруг.

«Ах, вот как! Вот откуда удар! Человек, казалось, совсем чуждый чести, — и тот нашел средство отомстить. Эти бандиты наняты Гуламяном — бесчестная, но страшная месть!..»

— Хватит! — послышался голос главаря. — Не то помрет... по дешевке... Петрос скуп...

Они исчезли в темноте, как исчадие той же темноты.

Беспомощное тело Микаэла распласталось на песке.

А там, вдали, все еще сияли красно-желтые окна Заргарянов.

5

Пока совершалась эта дикая расправа, над семьей Алимянов стряслась еще одна беда.

Вернувшись в город, Смбат узнал, что Аршак с утра исчез неизвестно куда. Приставленный к нему надзиратель или, как его называл Срафион Гаспарыч, «ляля», весь день провел в тщетных поисках. Дело было так: утром Аршак попросил у Срафиона Гаспарыча денег. Старик вместо того чтобы дать ему деньги на руки, передал их надзирателю. Аршак взбунтовался, стал браниться площадными словами и, убежав, заперся в кабинете Смбата. Надзиратель не осмелился последовать за ним. Вскоре юноша незаметно выбрался оттуда. Никто не видел его, кроме горничной Антонины Ивановны. Бледный и взволнованный, Аршак крикнул ей:

— Скажешь, что они меня больше не увидят!

Горничная кинулась к вдове Воскехат и передала слова Аршака. Вдова немедленно послала надзирателя вдогонку за сыном, но все поиски оказались тщетными.

Выслушав неприятную весть, Смбат хлопнул себя по лбу и поспешил в кабинет. Подойдя к письменному столу, он выдвинул ящик, оказавшийся незапертым. Ошеломленный, он отступил: средний ящик был взломан, бумаги перерыты. Осмотрев в ящике все углы, перебрав бумаги, открыв другие ящики, пошарив под столом, на столе, в папках и не найдя того, что искал, Смбат бессильно рухнул в кресло.

Утром он получил из банка довольно крупную сумму, которую должен был вечером же, по возвращении с промыслов, выплатить подрядчикам и мастеровым, занятым на стройке нового дома.

Деньги исчезли. Не было сомнения, что их похитил Аршак. Теперь ясна и причина побега. Только воровства недоставало — он пошел и на это.

Смбат убрал бумаги, спустился в контору и попросил явившихся за получкой прийти завтра. Затем, вызвав служащих, он поручил им искать Аршака повсюду, искать даже в домах терпимости. Зная брата, он легко допускал мысль, что украденные деньги Аршак растратит в разных притонах. Но о краже Смбат никому ничего не сказал, скрыл даже от Срафиона Гаспарыча.

Когда он поднялся наверх, мать обрушила на него град упреков. Вдова твердила, что Аршак ни в чем не виноват. За последнее время его вконец измучили, отдав его под надзор какой-то «ляли». Не давали «бедному детке» даже на карманные расходы. Ведь Аршак рвал на себе волосы, плакал, грозился покончить с собой. И, конечно, он исполнил свою угрозу: либо бросился в море, либо повесился, либо пустил пулю в лоб... Мальчик он горячий, с него станет...

— Ничего подобного Аршак не сделает! — вскричал Смбат, возмущенный упреками матери. — Он не из тех, что способны наложить на себя руки. Могу поклясться, что он сейчас где-нибудь кутит с кокотками.

— Нет, сынок мой хоть и не больно умен, но и не глуп, — проговорила старуха, утирая слезы. — Один сбился с пути, другой идет по его следам. А ты-то, ты похуже их обоих, ты еще больше уязвил мое сердце!..

Избавившись от матери, Смбат попал в руки сестры. Едва успела Марта войти, как набросилась на брата:

— Ты не даешь житья сыну моего отца. Попал к жене под башмак и делаешь все, что она велит. Эта женщина развалила наш отчий дом.

— Марта, оставь ее в покое. Говори мне, если есть что сказать.

— Мне нечего тебе сказать, а ее пора бы проучить — это она разоряет наш дом. Чтобы у любимого сына Маркоса-аги не было денег на карманные расходы, чтобы он бросился в море, — простит ли это господь?

— Да, у него нет денег, — горько усмехнулся Смбат. — А вот любовниц он содержит на деньги, что тайком берет у матери.

— Во-первых, это ложь: у Аршака нет любовниц. Во-вторых, если даже он их содержит, то отлично делает, — пусть недруги перелопаются от зависти. У кого в наше время нет любовниц? Если мой муж, имея такую жену, как я, — и тот содержит любовниц, то отчего бы не иметь их такому парню, как Аршак? Теперь это принято...

Смбат посмотрел на сестру изумленно и возмущенно. Ее дерзкая откровенность оскорбила его до глубины души, задев чувство кровного родства. Ему стало стыдно. — Замолчи, замолчи, Марта! Но Марта уже потеряла чувство меры. — Подумаешь, святоша нашелся тоже, — «замолчи!» И не подумаю! Кого мне стыдиться — уж не тебя ли? Сам хорош. Ты б почаще ездил на промысла.

Намек был до того бесстыден, что Смбат не сдержался: — Замолчишь ли ты, глупая тварь? — Что, за живое задела? Не бойся, я тебя вовсе не корю. Имея такую жену, можно делать все, что угодно.

Вмешалась вдова Воскехат и принялась умолять их прекратить ссору.

Смбат вышел, но его ждала новая сцена. Антонина Ивановна была сильно взволнована. Незадолго перед тем ее обидела свекровь. Истерзанная горем вдова изливала скопившийся в ее сердце яд на кого попало. Встретившись с невесткой в коридоре, она нескромно сказала ей несколько обидных русских слов, подлинного значения которых и сама не понимала. Невестка не могла объяснить себе причину этой грубой брани. А причина была все та же: с того дня, как невестка переступила их порог, на семью Алимянов не перестают сыпаться несчастья.

Антонина Ивановна хоть и не была нервной женщиной, но на этот раз оскорбление ее так задело, что увидев Смбата, она разрыдалась.

— Это не жизнь, а сущий ад! — твердила она.

— Нет, не ад, а хаос, — произнес Смбат.

Нервы его уже не выдерживали семейных неурядиц. Голова кружилась, в глазах темнело. Он боялся, что столкновение примет крутой оборот и усилит обиду, нанесенную жене, которая на этот раз казалась Смбату невинной жертвой.

Он поспешно вышел, спасаясь и от жены, и от матери, и от братьев, и от сестры. Что за ничтожная и смешная участь — находиться между двух враждебных станов и быть своего рода мишенью для огня с обеих сторон! Вот из каких в сущности незначительных мелочей иной раз возникает драма жизни. Как быть? Расстаться с матерью или порвать с женой? Он не может решиться ни на то, ни на другое. С одной связан отцовским завещанием и сыновней любовью, с другой — детьми. Пусть философы теоретически разрешают подобную дилемму — Смбат бессилен ее решить...

Он взял извозчика и отправился на взморье. Стоял холодный лунный вечер. Море было спокойно. Легкие волны поплескивали о песчаный берег с тихим, как шуршание шелка, шорохом. В воздухе, пропитанном молочным туманом, было сыро. Яркий лунный свет, пронизывая мглу, не освещал поверхности моря, а задергивал ее нежным покровом, из-под которого неисчислимые мачты кораблей сквозили каким-то фантастическим лесом. Время от времени раздавались пароходные свистки, точно стрелы, пронзая воздух и исчезая в туманной дали.

Деловой город все еще бодрствовал. Оттуда доносился невнятный гул. Иногда долетал тонкий переливчатый голос, постепенно усиливавшийся и также постепенно замиравший. Это распевал перс, громко возвещавший радость и горе своего сердца необъятному простору.

Экипаж Смбата поднимался по косогору; все шире и шире открывалась гладь моря. Его обогнали два экипажа. Компания кутил после пирушки выехала, подышать свежим воздухом. Кто-то из них с большим воодушевлением наигрывал на простой дудке грустную арию из «Cavaliera pusticana». Казалось, тихие, ласкающие звуки, проникавшие прямо в сердце, исходят от луны, гармонируя с меланхоличным небом.

Все это растравляло сердечную рану Смбата, и ему казалось, что в эту минуту все счастливы, кроме него.

Не доехав до мыса, возница, не спрашивая, повернул лошадей.

Смбат возвратился домой. От людей, искавших Аршака, все еще не было никаких вестей. Воскехат рыдала, проклиная судьбу. Марта ушла, еще раз восстановив мать против Антонины Ивановны. А Антонина Ивановна, уединившись у себя, совещалась с братом, как ей быть.

Неприветливый холод в доме угнетал Смбата. Он поспешил снова выйти. На этот раз Смбат, пешком пройдя несколько улиц, зашел в один из лучших ресторанов города. Заняв место в укромном уголке зала, он спросил бутылку пива. Из смежной комнаты доносился стук бильярдных шаров. За соседними столиками человек двадцать иностранцев — большей частью шведов и немцев — весело ужинали, попыхивая коротенькими трубками.

От пива горечь на душе Смбата постепенно начинала стихать. На миг его покинул черный призрак неудачно начатой и печально продолжающейся супружеской жизни. Забыл Смбат и об Аршаке — стоит ли думать о нем? Промотает деньги и рано или поздно вернется. Что такое братская любовь, как не ветхий предрассудок? То же самое и сыновняя. Все пустяки, бессмысленные чувства, искусственно привитые человечеству еще в первобытные времена. Да, непрочны все родственные связи, как и вообще девяносто процентов всех человеческих чувств. Лишь одно устойчиво, искренне, врожденно и неискоренимо — это эгоизм. Долой предрассудки — надо быть эгоистом!

— Человек, пива! Это не годится, подай другого. Рюмку коньяка, еще, еще!..

Он опорожнял бокал за бокалом. Здесь он не слышал ни неприятного голоса жены, ни беспрерывных жалоб матери, ни детского крика. Счастливы холостяки! Как привлекательна атмосфера ресторана, как приятны веселые лица незнакомых посетителей! Тут все ясно и понятно, а дома так сложно и нелепо.

Он уронил голову на руки. Сознание мутилось — не о ком больше думать. Все смешалось в какой-то непроницаемый хаос...

В густом тумане табачного дыма к нему подошел кто-то с шапкой в руке и тихонько окликнул. Смбат поднял голову и узнал одного из служащих, посланных на розыски Аршака.

— Нашли, наконец, этого негодяя? — спросил он, подымая бутылку, чтобы налить.

— Сегодня в двенадцать часов, перед отходом поезда, его видели на вокзале с какой-то женщиной.

— С женщиной? — повторил Смбат. — Ах, негодяй, мерзавец! Надо разыскать его, непременно разыскать. А вы почему пришли? Как вы решились явиться, не найдя его?

— Я пришел доложить, что вас просят на промысла.

— Пожар? — воскликнул Смбат. — А мне-то что, пускай все сгорит, сгинет...

— Не пожар, а по другому делу вас зовут.

— Отлично, отлично. Так вы говорите, что Аршака видели на станции. Значит, он бежал с этой женщиной? Надо сообщить полиции, телеграфировать, разослать людей. Ах, распутный, испорченный мальчишка! Человек, получи... Сейчас же отправлюсь в полицию. В полицию? — повторил он вдруг, меняя тон. — Чушь я говорю. Не к чему мне туда таскаться, я не обязан. Пусть пропадает, проклятый, он мне не брат, нет у меня братьев! Убирайтесь вы тоже, слышите, убирайтесь! Оставьте меня в покое. Человек, коньяку!..

Приказчик изумленно смотрел на него. Он впервые видел хозяина пьяным.

— Если прикажете, я схожу в полицию, — проговорил приказчик, теребя шапку, — а вас просят непременно и сейчас же выехать на промысла.

— Промысла? Да, промысла, надоели мне эти промысла!

161

Человек, есть тут телефон?

— Есть.

Приказчик соединился с промыслами Алимянов и вызвал Суляна. Смбат переговорил с управляющим и узнал о случившемся с Микаэлом.

— Избили? Ранили? Но кто же?! — воскликнул Смбат и, шатаясь, отошел от телефона.

Эта весть сразу отрезвила его. Он потер лоб, как бы просыпаясь, велел приказчику сообщить в полицию об Аршаке, а сам вышел, сел в экипаж и помчался на промысла.

Холодный воздух разбудил его усыпленный мозг. Случай с братом только теперь начал волновать его. Как знать, быть может, он и убит, а Сулян скрыл. Он мог и покончить с собой — в последние дни Микаэл слишком ушел в себя. Понятно, его угнетало сознание оскорбленной чести. Господи, что за ужасное положение! Один брат избит и опозорен на весь город; другой разлагается заживо, вдобавок вор и отщепенец; сестра, — сварливая злючка; мать во всем потакает детям. А сам-то, сам-то он что сейчас делал в ресторане! Пил и заливал вином горе. Какой это злой дух проник в дом Алимянов и разрушает его? Кто проклял эту несчастную семью? Почему богатство вместо того, чтобы осчастливить, приносит несчастье? Что это за семейство? Забыты традиции, нравственные устои расшатаны. К чему поведет этот хаос?..

Подавленный этими мыслями, Смбат приехал на промысла.

Побои оказались настолько жестокими, что жизнь Микаэла была в опасности. Он долго пролежал в беспамятстве под открытым небом. Очнулся Микаэл на руках рабочих. Снова потеряв сознание и снова придя в себя, он увидел встревоженные лица Суляна и Заргаряна, а за ними — пару прекрасных Глаз, полных неподдельного сочувствия.

О происшествии тотчас сообщили полиции и вызвали врача. Микаэл просил, чтобы полицмейстер избавил его от допроса: нападение совершено неизвестными с целью грабежа. Никого из них он не знает.

Увидя Смбата, Микаэл заплакал, как ребенок.

— Трое на одного, трое на одного! — повторял он с трудом, опасаясь, что брат осудит его за трусость.

Все его тело было в синяках, рука изранена, лицо безжалостно исцарапано. Всего опасней оказалась рана на голове. Врач боялся заражения крови и предписал полный покой.

Семья Заргарянов окружила Микаэла заботами и вниманием: каждый старался быть чем-нибудь полезным.

Следуя великодушному порыву, Шушаник, забыв обиду, ухаживала за больным, как родная сестра. Случай был исключительный, и не было ничего предосудительного в том, что она сочувствовала избитому, тяжело раненному, дошедшему до отчаяния молодому человеку, лежавшему в соседней комнате:

На другой день рана на лбу стала сильнее беспокоить. Микаэла. Пришлось вызвать из города хирурга. Осмотрев больного, он хмуро покачал головой: большая глубокая рана была опасна для жизни. Больной то и дело впадал в беспамятство.

Смбат вернулся в город, чтобы осторожно сообщить матери о несчастье с Микаэлом. Вдова все еще была в отчаянии. Она не хотела верить, что Аршака видели живым, и неустанно твердила:

— Переверните все на свете, только разыщите тело моего бедного сыночка!

То же повторяла дочь. Обе срывали гнев на Антонине Ивановне, при всяком удобном и неудобном случае попрекая ее, точно она была причиной всех бед, постигших семью.

Новая беда потрясла вдову: она лишилась чувств. Марта привела ее в сознание, и тотчас обе, в сопровождении Исаака Марутханяна, выехали на промысла. Они прибыли туда как раз в то время, когда врачи ожидали разрешения кризиса.

Исаак Марутханян, сильно заинтересованный, украдкой допытывался у врачей — выживет ли Микаэл? Один из них безнадежно покачал головой; никто не заметил радостного блеска, мелькнувшего в зелено-желтых глазах Марутханяна.

К вечеру Микаэл потерял сознание, в жару начал бредить и беспокойно метаться: то садился, то ложился, сбрасывая одеяло. Из его бессвязных слов вдова угадала тайну, усиленно от нее скрывавшуюся. Марта уже не раз намекала матери на преступную связь брата с мадам Гуламян. Вдова не придавала этому особого значения: времена настали другие, давно прошла та пора, когда жена была верна мужу. Теперь все жены изменяют. Ничего особенного нет, что сын воспользовался слабостью Ануш Гуламян, Микаэл молод, холост и «горяч»... Старуха даже несколько гордилась в душе ловкостью сына: знать, парень не промах, коли из объятий мужа сумел вытащить жену, только надо было вести дело «потихоньку», чтоб никто не знал...

Микаэл в бреду повторял: «Убирайся, мерзкая бесстыдница, ты меня обесчестила, опозорила, убила во мне душу, вон, вон!..» Из дальнейших слов больного выяснилось, что избиение было подстроено Петросом Гуламяном.

После полуночи бред прошел, больной утих и задремал. Утром, очнувшись, он уставился мутными глазами на мать. Хотя кризис еще не разрешился, Микаэл чувствовал облегчение. Рана на голове мучила уже не так, как вчера. Никогда еще материнское лицо не казалось ему таким милым, никогда еще ему так не хотелось ласки, как в этот день. Он растрогался, взял руку матери и прижал к груди.

Вошла Шушаник с чайным подносом, с серой шалью на плечах. Ее задумчивые глаза с состраданием обратились к несчастной матери, словно спрашивая: каково сегодня больному? Вдова черным шелковым платком украдкой вытирала влажные глаза. На лице Микаэла промелькнула улыбка глубокой признательности. Из-под белой повязки больной устремил воспаленные глаза на девушку, он вспомнил тот день, когда подошел к ней с грязными помыслами. Он негодовал на себя — почему еще вчера ему казалось странным, что эта девушка, при всей своей бедности, могла выказать столько гордости и самолюбия? Ах, как дать ей понять, что он готов упасть на колени, просить без конца прощения и целовать край ее платья.

Когда Шушаник, поздоровавшись, поставила поднос и осторожно вышла, Микаэл спросил у матери:

— Нравится тебе эта девушка?

— Очень.

В его мутных глазах сверкнула радость, мгновенно сменившаяся печалью. Он ничего больше не сказал, повернулся к стене и, глухо простонав, закутался с головой в одеяло. Вскоре мать услышала сдержанные рыдания.

К вечеру у больного опять начался бред. Хирург сменил повязку и уехал в город. Больной слегка забылся. Вдова Воскехат, чтобы рассеяться, попросила к себе мать и тетку Шушаник и беседовала с ними шепотом.

Больной снова застонал, потом, сбросив одеяло, здоровой рукой ударил в стену. Теперь другие мысли тревожили его. Мать Шушаник, услышав имя дочери, удивилась, услышав еще раз, вздрогнула. «Чтобы я, да стал просить прощенья, я, я, Микаэл Алимян! Шушаник, Шушаник, фи, что за банальное имя!» Немного спустя, опять: «Тише... она идет... шаль на плечах... открытый лоб... бедная... гордая... Нет, не отдам ее я тебе... Смбат, не отдам!» И опять, после паузы: «Вы лжете... вы лжете, между нами никакой разницы... Смбат не лучше меня... я не подлец!..»

Как раз в эту минуту вошел Смбат. Он подсел к больному, прислушался. Из обрывков бессвязных фраз он понял тайные чувства брата, угадал, что он влюблен в Шушаник. Смбат и пожалел и позавидовал. Впрочем, можно ли было завидовать этому падшему, опозоренному, избитому и полуживому человеку?

Ночь напролет Смбат провел с матерью у постели больного. Были минуты, когда ему казалось, что больной не выживет. Сердце у него сжималось при мысли, что брат может так бесславно кончить жизнь.

На другой день консилиум врачей установил, что кризис завершился, однако необходим полный покой. Смбат поехал в город узнать об Аршаке.

Весь день Микаэл чувствовал себя хорошо. Ночь провел спокойно, а на следующее утро значительно окреп. К полудню им овладело какое-то лихорадочное возбуждение: он неустанно разговаривал с матерью, просил у нее прощения за причиненные страдания. Уверял, что отныне начнет новую жизнь, что все ему опостыло, лишь бы выздороветь... О, как он не хочет умирать!..

Прибывшие после обеда врачи нашли, что опасность миновала. Вдова немного успокоилась и поспешила с Смбатом в город. Ей казалось, что там уже получены дурные вести об Аршаке и от нее скрывают.

Больного оставили на попечение Давида Заргаряна, вопреки желанию Суляна, всячески старавшегося своей заботливостью отличиться перед хозяином. В глубине души он обрадовался, услышав об опасениях врачей. А теперь, когда Микаэлу стало лучше, он счел благоразумным проявить максимум внимания.

Через день, после глубокого сна, больной проснулся настолько окрепшим, что собирался встать, однако врач предписал пролежать еще сутки.

К вечеру Микаэла навестила компания бывших друзей. Все, кроме Папаши, были навеселе. В тот день Папаша на своих промыслах закатил обед в честь приезжего редактора, часто называвшего его в своей газете «известным благотворителем».

Кязим-бек выразил возмущение по поводу нападения. О, он обязательно узнает, чьих рук это дело, и проучит злодеев как следует. Ниасамидзе, ухватясь за рукоять кинжала, клялся всех перебить. Мелкон и Мовсес, ехидно улыбаясь, перемигнулись, — они уже догадывались, кто устроил избиение.

Присяжный поверенный Пейкарян считал, что если злодеев разыщут, то, безусловно, сошлют «за покушение на убийство».

— Разыскать не трудно, но как доказать? — двусмысленно заметил Мовсес, незаметно для Микаэла подняв два пальца над головой.

— Я все-таки... гм... опять скажу... гм... лучше мирно, — вставил Папаша.

Несмотря на соболезнующий характер визита, почтенный холостяк был очень весело настроен. Компания острила и отпускала шутки на его счет. Его обнимали, тискали, целовали. А он с улыбкой повторял:

— Миндаль, миндаль...

Это должно было означать, что шутки друзей ему приятны, как миндаль.

— Микаэл, скорей выздоравливай, — сказал Мовсес. — Папаша на днях закатит большой обед. Из Ирландии ожидают двух ученых путешественников. В их честь он хочет устроить банкет, авось удастся спустить им сомнительные нефтяные участки... Будет держать речь о

165

мировом значении Баку. Нынче Папаша стал космополитом. От патриотизма мало пользы.

Микаэл из вежливости принужденно улыбался, но вскоре болтовня друзей ему наскучила: ясно, что многие явились поиздеваться над ним, в особенности Мовсес, которого он не переносил. Микаэлу стало не по себе, когда апатичный картежник преднамеренно упомянул о Грише и намекнул на примирение.

— Должно быть, у тебя иссякли темы для острот, — сказал Микаэл сердито.

— Отчего же? Сколько угодно!

— Тогда оставь меня в покое.

— Ваше сиятельство, поехали, — обратился Мовсес к князю Ниасамидзе, — наш приятель в плохом настроении. Микаэлу показалось, что Мовсес сделал насмешливый жест. Нервы его не могли перенести даже самой невинной шутки. Не выдержав, он презрительно бросил:

— Да, я в плохом настроении, но это не имеет отношения к порядочным людям.

— Что ты этим хочешь сказать? — спросил Мовсес.

— А то, что за глаза ты про меня всякие гадости говоришь, издеваешься надо мной, как над трусом, и без зазрения совести являешься со своим сочувствием. Это непорядочно, дружок...

Замечание было справедливо. Мовсес почувствовал вину: ведь состил же он однажды насчет приятеля, да еще при Суляне, имевшем неосторожность сообщить об этом Микаэлу. Тем не менее он попытался отразить удар:

— Не будем лучше говорить о порядочности, это завело бы нас далеко, и почем знать, какие дела там обнаружатся. Я предпочитаю молчать.

— Нет, уж лучше говори, — подчеркнул Микаэл с раздражением. — Хоть раз поговорим искренне.

— Искренне? Нет, друг мой, искренность — вещь залежалая, а я гнилого товара не покупаю. Не хочется просто мараться. Попробуй, хоть на минуту быть искренним — и увидишь, какие гнилые рыбы всплывут.

Намек был ясен. Микаэлу стало не по себе. –

— Ваше сиятельство, — с едкой иронией обратился он к князю Ниасамидзе, — чтобы положить конец неприятному разговору, не могли бы вы рассказать что-нибудь из жизни тифлисского английского клуба?

Мовсес вздрогнул. Рассказывали, будто в английском клубе за картами он когда-то был уличен в легком шулерстве и вежливо выведен.

— Тем для разговоров у нас и в Баку хоть отбавляй, — заметил Мовсес, сильно задетый. — Думаю, что незачем за ними ездить в Тифлис.

— Например? — спросил Микаэл, покусывая губы.

— Например, разве не могут служить предметом разговора хотя бы женщины с усиками или же грубые лавочники, при помощи бандитов разыгрывающие роль Отелло?

Все молча переглянулись, потом посмотрели на Микаэла. Замечание было в высшей степени дерзким и язвительным. Ждали еще более оскорбительного ответа Микаэла. Кязим-бек от удовольствия покручивал усы, предчувствуя, что разгорится ссора и потребуется его вмешательство. Князь Ниасамидзе делал знаки Мовсесу, чтобы тот замолчал. А Папаша, точно баран, изнуренный жарой, то и дело мотал головой. Он был бы рад улизнуть, не желая присутствовать при неприятной ссоре: ну и народ же эта «молодежь» — обижается на всякий пустяк!..

Микаэл, дрожа, с минуту смотрел в лицо противнику, потом его гнев распространился на всех.

— Чего вы от меня хотите? — крикнул он, не помня себя. — Зачем вы пришли? Кто вас просил? Ступайте, надоела мне ваша дружба, уходите!.. Вы мне больше не товарищи!..

Этот неожиданный взрыв изумил всех: обидел один, а досталось всем.

— Легче, легче, мы-то чем виноваты? — заметил Кязим-бек с иронией.

— Все вы стоите друг друга, все!..

— Молодец, нравится мне твоя откровенность, клянусь жизнью, — ты прав!

— Конечно... гм... он прав... — Папаша пытался свести ссору к шутке. — А то мы... гм... люди... что ли...

— Господа, — вмешался Мелкон , — я понимаю, отчего наскучила наша дружба Алимяну. Я тут, кроме черной нефти, чувствую, так сказать, чудесный аромат фиалки, ее свежесть, невинность. Гм, Сулян, чего ты озираешься? Думаю, что ты раньше всех постиг суть дела. Помнишь, что говорил?

Инженер очутился в затруднительном положении. Дело в том, что, удовлетворяя любопытство богатых молодых людей, угождая им, а главное — чтобы насолить Давиду Заргаряну, он позволял себе кое-какие намеки относительно Шушаник.

Неосторожные слова Мелкона напугали Суляна. В смущении он посмотрел на исказившееся лицо Микаэла и, чтобы положить конец разговору, сказал:

— Чем бы вас попотчевать, господа?

— Хватит и того, чем тут нас угостили! Пошли! — обратился Кязим-бек к друзьям.

— Ну да ладно...гм... обижаться нечего... гм... Микаэл, дорогой, как встанешь... гм... зайди ко мне... гм... — произнес Папаша, все еще не придавая ссоре серьезного значения.

Все вышли. Кязим-бек затянул:

167

Был муж с рогами,
Побил он молодца...

Микаэл в бешенстве вскочил. Но было уже поздно. Голос Кязим-бека замирал вдали.

— Негодяи! — крикнул Микаэл так, что все услышали...

6

Наконец, полиция известила, что Аршака отыскали в Тифлисе и скоро передадут семье. Беглец был пойман в ту минуту, когда под руку с какой-то женщиной входил в театр. Неизвестная успела скрыться, а Аршака на другой день отправили в Баку.

Юношу доставили домой в экипаже двое полицейских. От долгой бессонницы веки его распухли, лицо осунулось. Он походил на бездомного бродягу.

Вдова Воскехат с рыданием кинулась к сыну и прижала его к груди. Укоряла она его лишь за то, что он не предупредил ее об отъезде. В ее нескончаемых поцелуях вылилась вся материнская тоска. В ее ласках Аршак почувствовал опору против старшего брата. Потому-то не выказал страха, когда Смбат почти насильно втолкнул его в кабинет.

Старший брат требовал от младшего полного признания, но тот упрямо отвечал, что не обязан никому отчетом: он человек правоспособный и самостоятельный.

— Отвяжись от меня, я тебе не раб! — кричал Аршак, пытаясь вырваться.

— Ты отсюда не выйдешь, пока не признаешься.

Глаза Аршака засверкали, кулаки сжались.

— Пусти, говорю, пусти! — кричал он, топая ногами.

— Если не признаешься, я заявлю в полицию о краже тебя, посадят в тюрьму и сошлют..

Угроза подействовала. Аршак струсил и признался в краже со взломом. Но это, конечно, не воровство. Нужны были деньги, и он «взял», взял не чужие, а отцовские.

От трех тысяч у него осталось около двухсот рублей. Смбата занимали не деньги, а сама кража. Ему было важно знать, кто подбил брата на воровство и куда пошли деньги. Однако юноша упрямился.

— С тобой была женщина, — настаивал Смбат.

— Нет, нет, нет! — повторял Аршак.

— Она арестована и сидит в тюрьме.

Аршак вздрогнул. Опухшие веки приподнялись, ноздри задрожали. Он часто дышал.

— Что ты сказал? — крикнул Аршак. — Зинаида в тюрьме? Моя Зина? Это невозможно!..

— Да, твоя Зина, это нежное и прелестное создание, в тюрьме с ворами и убийцами.

— Безбожники! Она ни в чем не виновата, это я, я стащил деньги и растратил. Деньги при ней — ее собственные, она их от отца получила... Я ничего ей не давал, да, не давал! Она и сама богата...

Аршак выдал себя с головой.

— Кто же эта Зина, откуда она взялась, что за фрукт?

— Не фрукт, сударь, она моя невеста. Пойми, невеста!

Теперь уже Смбату пришлось вздрогнуть. Вот как, у этого юнца и невеста есть!

— Отчего бы не быть? Чем я хуже других, кто может мне помешать? Я должен был в Тифлисе с Зиной обвенчаться. Зачем вы помешали? Я дал честное слово и должен сдержать его, как джентльмен, хотя бы вы грозили мне тюрьмой или виселицей. Я люблю Зину. Понимаешь ли ты, что такое любовь?.. О, я покончу с собой, если нас разлучат!..

Он дал слово, этот шестнадцатилетний юнец, и выполняет его, прибегая к воровству!

— Но скажи, по крайней мере, откуда эта Зина, кто она такая?

— Ее родители в Москве. Очень честная девушка. Раньше была гувернанткой в одном хорошем семействе. Я настоял, чтобы она оставила службу. Тут нет девушки, равной Зине: по-французски говорит, как парижанка, и меня учит. Разве можно такую девушку сажать в тюрьму? Я хочу жениться на ней и непременно женюсь. Ты смеешься? Ты сам женился против воли родителей и не по нашей вере. Моя Зина такая же образованная, как и твоя жена. А ты думал, что я возьму да женюсь на какой-нибудь кикиморе, чтобы от моей жены чесноком изо рта воняло? Fi donc, quel mauvais ton[14]...

Смбат не знал — смеяться ему, сердиться или отправить его в дом умалишенных. Между тем Аршак все более и более наглел. Он требовал, чтобы его невесту немедля освободили из тюрьмы. Зинаида там с ума сойдет. Она такая нежная, такое доброе сердце у нее. Ах, Зина, Зина!..

— Мерзавец! — не смог сдержаться Смбат. — Вот отродье нашего времени! Ты — порождение современного хаоса! Эта Зина не арестована, но ты больше ее не увидишь...

Аршак обрадовался, что его возлюбленная на свободе. Но почему же

---

[14] Фи, какой плохой тон!. (франц.).

он ее не увидит? Кто может ему помешать. Он ни от кого не зависит, ни от кого — вот его ответ!

— Я — свободный гражданин... Прошли те времена, когда старшие и сильные порабощали младших и слабых. Не думай, что если мы живем в Азии, так вам все позволено. Теперь эпоха личной свободы, конец девятнадцатого века, понимаешь — fin de siecle[15].

— Fin de siecle! — повторил Смбат с горькой усмешкой. — Жаль, что этот fin de siecle будет и концом твоей жизни и ты не доживешь до двадцатого века. Посмотрел бы ты на себя в зеркало! Неужели ты не видишь, что буквально разлагаешься, гниешь заживо? Неужели ты не знаешь этого, несчастный?

— Ничуть не гнию. Ты думаешь, что тот и здоров, у кого толстое брюхо и красные щеки? Извини, в наш нервный век тонкие и развитые люди всегда кажутся бледными. А что до моей болезни, так это дело обычное. Ты лучше скажи — какой аристократ в наше время свободен от нее?

Аршак говорил так увлеченно и так серьезно, что вызвал у брата невольную улыбку. Но кровь снова ударила Смбату в голову, и он крикнул:

— Замолчи, бесстыдник! Замолчи, пока я не вышел из себя!

Прибежала вдова Воскехат и, став между сыновьями, вступилась за Аршака. Ей показалось, что Смбат собирается бить брата.

— Нашел время для наставлений! — голосила она, обнимая одной рукой Аршака. — Дитя мое не успело даже отдохнуть, он, наверное, голоден.

— Ах, мама! — воскликнул Смбат с глубокой укоризной. — Вот ты-то и портишь его! Нельзя так баловать. Не понимаю, что эта за материнская любовь!..

— Я и тебя так же любила, сынок, — вздохнула вдова, — но уже двенадцать лет, как тебя оторвали от меня, отослали на чужбину. Пусть, говорили, растет вдали от испорченных товарищей, пусть поживет среди порядочных людей... Отдал отец тебя в Москве к Багатуровым. Только на два месяца в году показывался ты у нас, а там опять уезжал, оставляя меня в слезах. Берегла я тебя как зеницу ока, но как ты уехал, стала искать утешения в Микаэле, а потом в Аршаке. Хорошо воспитала тебя, нечего сказать, среди хороших людей ты жил. Отняли у родителей, отвратили от веры предков. Тебя потеряла, что мне оставалось, как не полюбить оставшихся детей? Аршак, дитя мое, делай, что душе угодно, но опасайся примера брата. Горе мне и стыд могиле твоего отца, если и ты пойдешь

---

[15] Конец века (франц.).

дорогой брата. Ты еще в силах исправиться, а Смбат — нет. Вижу теперь, что он не может спастись, — в этом вся беда.

И старуха расплакалась, уронив голову на плечо младшего сына.

Смбат молча вышел. Он не возражал, чувствуя долю правды в словах матери и непоправимость своей ошибки.

На другой день рано утром Смбат уехал на промысла. Микаэла он застал уже на ногах, только голова у него была забинтована.

— Поедем в город, — предложил Смбат.

Микаэл поморщился. Ему не хотелось перебираться. Но какой смысл оставаться? Шушаник больше не показывалась. Утром и вечером тщетно искал он глазами девушку; обед и чай теперь подавала мадам Анна, мать Шушаник.

Оставаться под чужим кровом было уже неудобно: хотя квартира принадлежала Суляну, но за Микаэлом ухаживала семья Заргарянов.

Перед отъездом Микаэл зашел к паралитику, осведомился об его здоровье, поблагодарил всех за заботливый уход; когда очередь дошла до Шушаник, бледное лицо Микаэла помрачнело.

— А ведь вы меня спасли от смерти, — обратился он к ней неуверенно, пожимая ее руку.

То было властное веление сердца, которому он не мог противиться.

Из города он послал подарки Заргарянам, не забыв детей и паралитика. Для Шушаник Микаэл выбрал золотое колье с брильянтами. И чтобы девушка не могла отказаться от подарка, послал его от имени Воскехат.

— Теперь тебе придется помогать мне и в городе, — обратился как-то Смбат к Микаэлу. — Предстоит пуск завода, а мне одному не справиться с делами.

— С удовольствием, — ответил Микаэл после некоторой паузы, — но я просил бы перевести Суляна в город, а меня назначить управляющим промыслами.

Микаэл, который прежде и двух часов не мог спокойно высидеть на промыслах, теперь собирался жить там. Причина была слишком понятна для Смбата.

— Ладно, поступай как хочешь.

В тот же день Микаэл совсем перебрался на промысла. Неприятности продолжали сыпаться одна за другой. Смбат с женой почти ежедневно ссорился по всякому поводу.

Был канун пасхи. Воскехат, сидя у окна, смотрела на улицу. Доносился праздничный звон колоколов ближайшей церкви. Эти звуки навевали на старуху беспредельную тоску. Сегодня она в первый раз должна была сесть за праздничный стол без мужа, но не это печалило ее. Она видела, как все спешили в церковь, и горестно вздыхала, подымая глаза, покачивая головой. Родители, держа за руки детей, дедушки и бабушки с внучатами радостно шли в церковь, лишь одна Воскехат лишена такого счастья. За что, господи, за что, разве она не бабушка, разве у нее нет внуков?

Вдруг Воскехат нахмурилась и придвинулась к оконному стеклу. Мадам Марта, в пышной шляпе, два длинных пера которой тряслись, как драгунские султаны, проходила с каким-то элегантным молодым человеком, весело болтая и кокетливо щурясь.

Эта сцена не понравилась вдове. Она внимательно проследила за дочерью. Марта остановилась, молодой человек крепко пожал ей руку, загадочно улыбаясь. Они расстались, и Марта, кокетливо подбирая платье, чтоб показать вышитую гладью нижнюю шелковую юбку, перешла улицу. Несколько минут спустя открылась дверь, и она появилась на пороге, расфуфыренная яркая, как расцветшее гранатовое дерево.

— Дома? — спросила Марта, гримасой давая знать, что речь идет об Антонине Ивановне.

— Бог ее знает, — ответила мать с горечью.

— Своего Колю я отправила с бонной в церковь, зашла взять туда и детей Смбата. В такой день твои внучата должны быть там, чтобы враги не злорадствовали. Вели привести их сюда.

Вдова позвала горничную Антонины Ивановны, велела нарядить детей по-праздничному и привести. Горничная молча вышла. Очевидица беспрерывных семейных сцен, она знала, что желание старухи может не понравиться ее госпоже. Так оно и вышло: Антонина Ивановна отказалась послать детей к свекрови, узнав, что их вызывает Марта и для чего.

— Видела? Видела? — злорадствовала Марта. — Прощайся теперь с внуками!

Вдова позвала Смбата и рассказала о случившемся.

— Бедный, бедный муж! — поддразнивала Марта. — Дал ей в руки вожжи, вот она и гонит, куда хочет. Хотя бы ради такого дня пощадила...

— Дивлюсь я, зачем вы из-за пустяков делаете столько шума. Не все ли равно — пойдут дети в церковь сегодня или завтра, или вовсе не пойдут?

Только этою недоставало! — затараторила Марта, ерзая на стуле. — Может быть, нам и от веры прикажешь отречься?

— Марта, сколько раз я просил тебя не подливать масла в огонь, нехорошо это!

— Марта жалеет твою мать, понимаешь, твою мать!..

— Замолчи, замолчи, прошу тебя, не выводи меня из терпения! Какое у тебя злое сердце!..

Марта посинела от злобы, — и стала еще пестрее.

— Ах, бедняжка! — обратилась она к матери. — Под какой несчастной звездой ты родилась, что так страдаешь!

— Послушай, Марта, если ты будешь сеять раздор в этом доме, лучше перестань ходить сюда. Муж тебя вконец одурачил. Мне отлично известно, зачем он мутит воду, но цели своей ему не добиться: Микаэл уже раскусил его, раскусишь, надеюсь, наконец, и ты.

Зайдя к жене, Смбат дал волю сердцу. Долго ли будет продолжаться ее упрямство? Со дня приезда она всех восстановила против себя. Приехала она к ним уже предубежденная. Она не хочет понять, что огня огнем не тушат. Она забыла, что здесь все заранее враждебно относились к ней. Отчего бы ей не отнестись с уважением к нелепым, может быть, традициям патриархальной женщины? Что за глупые раздоры! Наконец, должен же кто-нибудь из них приспособиться, поступиться собственными капризами.

— И вы желаете, чтобы приспособлялась я? — воскликнула Антонина Ивановна с иронией. — Ни за что! Меня вечно будут оскорблять, а мне молчать? Эта женщина каждый божий день проклинает свою судьбу за то, что вы женились вопреки ее воле. Она может осуждать ваш поступок, но почему же клевещет, будто я завлекла вас обманом? Не вы ли влюбились в меня? Не вы ли на коленях умоляли, чтобы я связала свою жизнь с вашей? Неужели вы забыли ваши клятвы? Почему вы не скажете ей всей правды? Слава богу, вы тогда были не ребенок, у вас голова была на плечах, почему вы дали себя обмануть? Смбат Маркович, меня обвиняют в том, что я вышла за вас ради денег. Это оскорбительно. Я хоть и дочь небогатых родителей, но... я горда — это вам известно. Растолкуйте матери и сестре, что я не ради вашего богатства приехала сюда, а только из-за детей. Они тосковали по отцу, им хотелось быть с отцом, и я не имела права не привезти их. Растолкуйте этим женщинам, что я презираю ваши миллионы...

Руки Антонины Ивановны дрожали, в глазах сверкали искры оскорбленного самолюбия. Говорила она искренне, взволнованная до глубины души.

— Знаете, почему я не отпустила детей в церковь? — продолжала Антонина Ивановна. — Потому что требование исходило от вашей сестры, она подзуживала вашу мать. Эта женщина рада тиранить меня. Я никогда не допущу власти невежества над собою. Я ничего не имею ни против вашей религии, ни против ваших традиций; мною руководило самолюбие, гордость — и только. Не хотят же ваши родные быть уступчивыми, а я и подавно...

Ее увядшее лицо, резкий голос и полные ненависти глаза вконец озлобили Смбата.

— Эх, сударыня, незавидна участь мужа, чья жена упрямство выдает за силу воли, а злобу — за нравственную борьбу. Все ваши несчастья происходят от дурных помыслов и уродливо воспитанного ума. Вы были

173

бы гораздо счастливее и лучше, будь вы меньше образованны. Следя за вашим поведением, невольно думаешь, что голова женщины вообще не способна вместить больше того, что отпущено ей природой.

— Неужели? — иронически процедила Антонина Ивановна. — Может, вы ошибаетесь, может, только мы не способны, а ваши женщины... о-о!

— Вот видите: «мы» — «вы», «наши» — «ваши». Неужели вы не можете хоть на минуту забыть это различие?

— Не могу, потому что мне ежеминутно напоминают о нем. Ведь вся неприязнь ко мне со стороны вашей родни на этом и основана. Я не слепа «и не глупа, чтобы не понять, откуда дует ветер.

— Понимаете, так молчите. Не можете молчать, примиритесь с вашей участью. — То есть?

— То, что я не раз предлагал вам: отдайте мне детей и уезжайте туда, где вы можете найти арену для вашего упрямства. Если вы упрямы, буду упрямым и я — даже по отношению к предрассудкам моей среды.

В ответ Антонина Ивановна разразилась долгим и ядовитым смехом и, обессиленная, опустилась в кресло. Либо он замышляет какие-то козни, либо пьян — иначе бы не произнес таких слов. Однако она знала, что из безграничной любви к детям Смбат подчас позволял себе слова, противоречащие здравому смыслу.

Смбат в волнении охватил голову руками, словно желая умерить боль, сверлившую ему мозг.

Двери с шумом распахнулись. Вбежали Вася и Алеша, толкая друг друга и громко смеясь. Увидев родителей, злобно уставившихся друг на друга, они притихли и застыли на месте, поглядывая испуганно то на мать, то на отца. Алеша тихонько подошел к матери, заплаканные глаза которой разжалобили его.

— Мама, опять обидели тебя? — спросил он, взяв ее за руку.

— Да, детка, нас хотят разлучить, — ответила Антонина Ивановна, осыпая его поцелуями. — Ну, вот видите, кого они любят? — обратилась она к Смбату. „

— Это свидетельствует только о вашем эгоизме. Обратите внимание на вопрос ребенка. Вы вселяете в эти невинные существа ненависть ко мне и к моим родным. Вы... вы крадете их беззащитные сердца.

И, потеряв терпенье, Смбат схватил детей за руки и привлек к себе.

Антонина Ивановна вскрикнула и цепко ухватилась за детей. Смбат отступил, поняв, что дошел до крайности. Но какое ужасное состояние: видеть любимых детей связанными нерасторжимыми узами с ненавистной женой и не быть в силах ни развестись с нею, ни побороть ненависть!

Он опустился на стул и, прижав руки ко лбу, воскликнул:

— Как я ошибся, боже ты мой, как я ошибся!..

Вся эта сцена разразилась в общей комнате, служившей гостиной. Вдова Воскехат редко в эту комнату заглядывала.

Должно быть, муж и жена спорили так громко, что привлекли внимание домашних,. Один за другим вошли: вдова, Марта, Срафион Гаспарыч, Микаэл и горничная.

— Никому, никому не отдам я своих детей! Убью, а не отдам, пусть это знают все! — кричала Антонина Ивановна. — Попробуйте только отнять их у меня!..

Материнская любовь, переродившаяся в болезнь, омрачила рассудок женщины, отуманила сознание. Ей чудилось, что она среди дикарей и должна защищать детей до последней капли крови.

— Вот вам и праздник! Вот вам и радость! Сегодня во всех христианских домах смех и веселье, а в моем родительском доме — ссоры и слезы. Мама, посмотри-ка в глаза невестке, — как озверела образованная женщина. Полюбуйся да порадуйся!..

У Смбата больше не хватило сил устоять перед потоком разжигающих слов сестры.

Издали доносился торжественный праздничный звон, и это еще больше взволновало его.

Вдова плакала навзрыд. Микаэл молча смотрел на нее. Было ясно — материнские слезы угнетали его.

— Почему ты не сорвал ветку с родного куста? — молвил Срафион Гаспарыч.

Смбат, горестно покачав головой, посмотрел на него и вышел. В эту минуту ему показалось, что весь мир ополчился против него. Ночью он не вернулся домой. Вдова села разговляться только с братом и Микаэлом. Антонина же Ивановна заперлась у себя и не пускала никого, даже брата.

7

Душевный покой Шушаник был нарушен. И как это не приходило ей в голову, что между женатым миллионером и бедной девушкой не может быть ничего общего? Почему же, наперекор рассудку, она дала волю чувствам? Пусть Смбат Алимян был с ней ласков, не спускал с нее глаз, искал ее общества, то таинственно вздыхал, то многозначительно улыбался, — неужели все это давало ей право забыть паралитика-отца, приказчика-дядю и свое нищенское положение?

Она виновата во всем сама. Почему Шушаник не заметила пропасти между бедным и богатым, между женатым и девушкой? Ей следовало быть скромней не только в поступках, но и в чувствах, в воображении, в мечтах и грезах. Не должны были ее увлечь ни этот мужественный стан, ни эти умные выразительные глаза, ни ласкающий голос. Ведь есть же вещи, думать о которых зазорно девушке, да вдобавок бедной.

Когда, охваченная этими мыслями, Шушаник пыталась убедить себя, что может забыть Смбата Алимяна, его образ еще ярче вставал перед нею. Тщетно старалась она вернуть давно утраченный покой, напрасно стремилась забыться в домашней работе или в чтении книг. Нервы ее были до крайности натянуты; ей чудилось, что вот-вот грянет какая-то буря. Порою волнение ее доходило до того, что дыханье перехватывало, сердце замирало и трепетало, как подстреленная птица. Она пыталась разобраться в своих чувствах. Но голова, привыкшая к мирным думам, оказывалась бессильной — все смешалось, превратилось в непроницаемый хаос...

Посвящая все свои дни немощному отцу и семейным заботам, Шушаник вела одинокую, однообразную замкнутую жизнь вдали от городской суеты. Ничего от будущего она не ждала, не видела ни единого светлого проблеска в жизни, отравленной тысячью мелких забот и огорчений. Даже в прошлом не помнила она ни одной светлой черточки. Хотя до шестнадцати лет Шушаник не знала ни нужды, ни горестей, все же ей казалось, что они всегда были бедны, что отец всегда был пригвожден к постели, вечно роптал на судьбу и терзал ей сердце, — так угнетало ее жалкое существование последних лет.

Но вот явился человек, проник в ее внутренний мир и в короткое время вызвал в нем бурю. Человек этот перевернул ее дремлющую душу и заставил мучительно сожалеть о былой жизни отца. Ах, если бы она была дочерью богатых родителей, тогда ее не стесняла бы дружба с Алимяном, она смотрела бы на него, как на равного, и никто не имел бы права спросить, почему Смбат так внимателен к ней.

Шушаник становилась все более и более безразличной к окружающему. Никто не знал ее душевных терзаний, не видел ее слез, не слышал подавленных вздохов, только зоркие глаза матери замечали, что девушка бледнеет и тает. С чего бы это, господи боже? Ведь живется ей нынче куда лучше, чем прежде, в городе, — у них есть и сытный стол, и теплый угол, и даже прислуга.

Шушаник горько улыбалась — да, конечно, живется ей хорошо, что и говорить! Но что радостного в новой обстановке? Все те же жалобы отца, еще более согнувшаяся спина дяди и это мрачное безлюдье, где блекнет ее юная жизнь. Нет, она не в силах выносить своего однообразного существования, она жаждет избавления от докучливых повседневных мелочей и рвется в неведомый мир.

— Ах, мама, отпустили бы вы меня хоть на месяц из дому...

Никогда ярмо бедности не давило Шушаник так, как в тот день, когда Микаэл пытался унизить ее. Она была убеждена, что только богач может позволить себе подобную дерзость по отношению к бедной девушке. И, возненавидев Микаэла, она прониклась ненавистью ко всем богачам так же, как к собственной бедности.

Когда в полночь принесли полуживого Микаэла, она раскаялась, что холодно обошлась с ним недавно. Перед ней лежал безжалостно избитый молодой человек, всего две недели назад опозоренный публичной пощечиной. Чувство сострадания усилилось, когда Шушаник узнала от матери, о чем он бредил. Значит, он кается, — больной, видимо, в бреду высказал то, о чем, будучи здоровым, быть может, думал не раз. И когда на бледном лице Микаэла Шушаник уловила раскаяние и в широко раскрытых глазах — глубокую благодарность, она почувствовала, что может простить. И простила.

Каждый день из окна видела она нового управляющего и угадывала, что взгляд его ищет ее. На почтительные приветствия Микаэла она отвечала с холодной вежливостью и сейчас же отходила. Между тем Микаэл не сводил с нее глаз; эти настойчивые взгляды начинали тяготить Шушаник.

Стояла ясная и теплая погода, когда Шушаник вышла на веранду подышать воздухом. Она была свободна часа два от домашних забот. Просторным двором девушка вышла на тот пустырь, где три недели назад был избит Микаэл. Снова предстал перед нею милый образ Смбата, снова ее взор невольно упал на дорогу в город. Вот уже две недели как Смбат не приезжал на промысла.

Перед развалинами Шушаник остановилась. Долгий, тяжкий вздох вырывался из ее усталой груди. Она останавливалась, блуждая вокруг рассеянным взглядом.

— Мадемуазель, — неожиданно послышался знакомый голос.

Шушаник обернулась и увидела Микаэла. Мгновенно припомнилась неприятная сцена, так тяжко оскорбившая ее.

Вокруг никого не было. Изредка показывались одинокие прохожие. Шушаник молча протянула руку и тотчас же отняла.

Исхудалое и бледное лицо Микаэла выражало такую тоску, какой Шушаник никогда не видела даже на лице Смбата. Благоговейно взглянув на девушку, Микаэл неуверенно заговорил по-русски:

— До сих пор я не имел возможности поблагодарить вас.

— За что?

— И вы еще спрашиваете? Ваша семья почти две недели выхаживала меня, как сына.

177

— Вы — хозяин дяди, мы только выполнили обязанность. Кроме того, вы уже отблагодарили нас.

Шушаник прошла вперед. Микаэл последовал за ней. Он искал предлога для разговора, но Шушаник с первых же слов обдала его холодной водой. Вновь было задето его самолюбие. Неужели никогда ему не удастся переломить надменность этой девушки?

— Скажите, бога ради, — проговорил он, пытаясь заглянуть ей в глаза, — почему вы избегаете меня?

— Я избегаю вас? — повторила Шушаник полуиронически. — Кто вам сказал?

— Да я не о том... Вы просто плохого мнения обо мне.

По лицу девушки пробежала тень. Ей показалось, будто Микаэл опять испытывает ее скромность. Она повернула к дому. С минуту Микаэл молча шел рядом. Вдруг он остановился, приложив руку ко лбу: высказать ли все, что на сердце, или же скрыть? Девушка оглянулась и тоже остановилась, Конечно, из вежливости. Равнодушное выражение ее лица и слегка пренебрежительный взгляд выводили из себя, но в то же время угнетали, покоряли Микаэла.

— Сударыня, я виноват перед вами, прошу, забудьте мою дерзость. Я ошибался, я вас не знал. Конечно, в сердце вы еще таите злобу против меня. Прежде вы смотрели на меня с отвращением, теперь — с сожалением. Меня это оскорбляет и унижает в собственных глазах. Можете ненавидеть, но не относитесь ко мне пренебрежительно. Пренебрежение — высшая мера наказания для меня.

— Не понимаю, к чему вы все это говорите. Я не могу вас ни ненавидеть, ни презирать. Что общего между нами, кроме того, что вы хозяин, а я — племянница вашего служащего? Разве может вас унизить такое незначительное существо, как я?

— Будьте искренни, ради бога. Притворство вам не к лицу. Вы отлично понимаете, что я хочу сказать.

Шушаник серьезно посмотрела на его бледное лицо и поняла, что Микаэл охвачен сильной душевной тревогой.

Большой шрам на лбу придавал его женственному облику мужскую суровость. Шушаник смущал блеск его глаз, и, склоняя голову, она медленно пошла вперед.

— Одну минуту! — воскликнул Микаэл. — Вы торопитесь, а мне бы хотелось сказать вам несколько слов, только несколько слов. Не знаю, как, но должен сказать... Разрешите быть искренним, — это необходимо и для меня и для вас... — Пожалуйста, — ответила Шушаник и остановилась, беспечно сложив руки на груди, — я готова вас выслушать. Она уже решила прямо, без обиняков, заявить ему, что между ними нет и не может быть ничего общего.

После минутного колебания Микаэл заговорил, но от сильного волнения не знал, с чего и как начать. Хотелось сразу высказать все, что он передумал и перечувствовал за последние шесть-семь недель, но он боялся, как бы девушка не оборвала его и не ушла. И с жаром принялся бичевать себя, и не только за ошибку по отношению к ней, а вообще. Он признался в пороках, нисколько не стараясь оправдаться в нравственном падении. С того дня как Шушаник оттолкнула его, Микаэл начал сознавать, что у него был ложный взгляд на женщин: он подходил ко всем одинаково. Теперь женщина в его глазах безмерно поднялась. Холодность и пренебрежение Шушаник укрепили в нем незнакомое ему чувство. Чем резче отворачивалась от него Шушаник, тем больше возрастало достоинство женщины в его глазах; чем независимей держалась Шушаник, тем ниже падал он в собственных глазах; Шушаник, и только она одна, дала ему почувствовать, до чего бессодержательна была его жизнь. Она, и только она, бессознательно сделала то, над чем вот уже несколько месяцев безуспешно бьется брат. Его публично оскорбили. Брат целыми часами старался заставить его забыть оскорбление, но не мог. Только ради Шушаник он, Микаэл, проглотил позорную обиду.

Неужели все это не радует ее? Неужели она не гордится своей нравственной силой и влиянием? До сего дня в его ушах звучат слова: «Какая разница между вами и вашим братом!» Он понимает эту разницу и видит, что брат нравственно выше его. И, естественно, Шушаник вправе ненавидеть его и уважать Смбата, порицать одного брата и хвалить другого. Почему же она избегает его, почему скрывает свои чувства, неужели Шушаник думает, что Микаэл ничего не видит и ничего не чувствует?

— Ведь вы же любите, да, любите его. Краснейте, сердитесь, как там хотите, — но я говорю правду. Что ж, ничего не поделаешь, — насильно мил не будешь. Продолжайте меня ненавидеть сколько вам будет угодно, отныне я вас оставлю в покое, но поймите одно: я уж не так испорчен, как вы думаете, в моем сердце есть еще чистый уголок. И когда-нибудь вы убедитесь, да, убедитесь, что этот уголок бережется для вас, и только для вас.

Он прошел несколько шагов и остановился, бледный, учащенно дыша.

Шушаник хранила молчание. Она то краснела, то бледнела, старалась прибавить шагу и скорее добраться до дому, как бы опасаясь еще большей откровенности. Вместе с тем девушка невольно заинтересовалась душевным состоянием Микаэла — ей хотелось дослушать его. Колеблясь и дрожа, она силилась понять, чего же хочет от нее этот человек. Микаэл кончил, и Шушаник подумала: ведь надо же ответить ему? Ей казалось, что она обязана что-то сказать. В ней зародилось нечто похожее на

179

сострадание, однако она не хотела этого показать. Шушаник в то же время не сомневалась в искренности Микаэла. И эта искренность возвысила в глазах девушки человека, казавшегося ей падшим.

— Прощайте! — сказал Микаэл, не дождавшись от нее никакого ответа.

— Прощайте.

Микаэл удалился быстрыми шагами, с сердцем, разрывавшимся от горя. Какая гордость и сдержанность у этой простушки! И кто ее так воспитал? Какая среда выковала в ней такую твердость воли? Она оказалась настолько сильной, что ни слова не проронила о Смбате — не возражала, не спорила, а только молчала. И это упорное молчание действовало на Микаэла сильнее слов.

Глубокая ночь. Шушаник не спится. В ее ушах все еще звучат слова Микаэла. А правдивы ли они, эти слова? Но ведь он так беспощадно осуждал себя. Нет, Микаэл кается в своих поступках, кается вполне чистосердечно. Ну и бог с ним, пусть думает теперь о ней, что хочет. Он сам сказал: «прощайте», значит — решил оставить Шушаник в покое. Ей только этого и хотелось.

И постепенно в ее воображении взволнованный образ Микаэла стал бледнеть, уступая место мужественному облику Смбата.

Почему он не приезжает на промысла? Неужели Смбат хочет смирить дерзкое воображение Шушаник, или, быть может, он решил уступить дорогу брату? Можно ли допустить, чтобы Смбат был способен на такую низость? Нет, никогда!.. Он благороден, он не позволит себе так думать о Шушаник.

Нужно положить этому конец. Глупо, безумно любить одного брата и быть преследуемой другим, стремиться к одному — и избегать другого. Надо все выкинуть из головы и снова отдаться былой жизни. Довольно она наделала глупостей. Но как, боже мой, выкинуть все это из головы? Она прислушивалась к шипению пара — и слышала милый голос; всматривалась в ночную тьму — и видела благородное лицо. Всюду он, и только он. Словно это злой дух, окончательно решивший лишить ее покоя и довести до безумия.

Господи, неужели это и есть любовь, то, о чем она читала в сотнях романов? Если да, так почему же говорят, что даже горечь ее сладка?

Шушаник присела к столу. У нее мелькнула смелая мысль: отбросить предрассудки и без стеснения написать Смбату обо всем. Пусть узнает, наконец, до чего довел он бедную племянницу бедного приказчика. Чего ей робеть? Почему не быть отважной?

Она исписала страницу, прочитала, застыдилась и разорвала. Написала снова и снова разорвала. Перо бессильно было выразить ее настоящие чувства. Откинулась на спинку стула, уронив ослабевшие руки на колени.

Нет, стыдно: о чем писать, зачем, по какому праву? Он может ее осмеять и с пренебрежением швырнуть глупое письмо.

Рассветало. Восток побледнел, потом заалел и, наконец, стал желтым. За отдаленными холмами медленно поднималось робкое, неуверенное февральское солнце; лучи его стыли, еще не успев достигнуть земли.

Раздались голоса детей, потом удушливый утренний кашель паралитика и его сетования на детей, не давших ему «всю ночь спать».

Шушаник так и не сомкнула глаз. Одетая, она сидела у стола, бессильно опустив голову на руки. Густые волосы рассыпались по плечам и покрыли ее обнаженные локти. Солнечные лучи неуверенно скользили по ней, словно, боясь нарушить дремоту исстрадавшейся души. Она слегка приподняла голову. Глаза от бессонницы покраснели, веки припухли, на щеках проступал нездоровый румянец.

— Опять ночь не спала? — услышала она голос матери и вздрогнула. Лгать она не умела и промолчала.

— Что за горе томит твое бедное сердечко?

Надо было либо солгать, либо уклониться от расспросов. Шушаник встала и направилась к двери. Мать загородила ей дорогу. На этот раз она непременно должна узнать горе дочери. Ночи без сна, дни без дела, почти не ест, не говорит и не читает, как прежде. Дети — и те жалуются, что она больше ими не занимается. Ходит точно во сне, день ото дня худеет, чахнет...

— Скажи, детка, какой злой дух терзает тебя, чье проклятье карает твою мать? Может, отец своими капризами измучил тебя? Ведь ты уже стала жаловаться на него. Но можно ли сердиться на больного, богом наказанного? Не сегодня-завтра оборвется его несчастная жизнь... А было время, когда он души не чаял в тебе: берег как зеницу ока.

Ведь он дал тебе хорошее образование, наравне с дочерьми знатных людей; обучал музыке и пению. Радовался, как ребенок, когда ты пела и играла на рояле. Ах, Шушаник, Шушаник, прошли те хорошие дни и оставили в сердце твоей матери горе горькое... Перестала ты теперь петь, пальцы твои огрубели от домашней работы, да и инструмента нет. Не мучай себя, детка, потерпи, Ах, будь проклят тот день, когда обанкротился твой отец и перебрался в этот черный край!.. Ну, скажи же, доченька, что у тебя на душе?

Щушаник сидела у окна, уронив руки на колени и склонив голову. На настойчивые вопросы и мольбы матери она лишь качала головой и просила оставить ее в покое. Что было ей сказать? Признаться во всем? О нет! Мать лишится рассудка, если узнает, что дочь влюблена в женатого. Пусть она оставит ее в покое. Нет у Шушаник ни горя, ни забот. Сейчас она идет заниматься с детьми, помогать прислуге, ходить за отцом.

И не в силах сдержаться, девушка разрыдалась и выбежала.

Мать, тяжело вздыхая, растерянно смотрела ей вслед.

8

Иногда Антонина Ивановна спрашивала себя: не преувеличивает ли она значения мелких житейских невзгод, не создает ли она из пустяка трагедию? И в самом деле: если не удается приспособить к себе среду, почему бы самой не приспособиться к ней? Если она не может любить мужа, почему ей не уважать его, как и всякого другого человека?

Но все эти мысли разлетались, как только ей приходило в голову, что она является тяжелым бременем для Алимянов, и а особенности, когда в глазах Смбата она улавливала едва сдерживаемую ненависть.

Антонина Ивановна часто задавала себе вопрос: как случилось, что она связала свою судьбу с ним? И всегда приходила к одному и тому же выводу: случайность, игра судьбы. Какой-то злой дух на мгновение омрачил ее рассудок и толкнул в объятия человека, которого она как следует еще не знала. Ей тогда казалось, что любовь Смбата может длиться вечно. Ей думалось: вот кого она давно искала, вот кому можно придать, как воску, любую форму. Но нашла коса на камень. Она встретила натуру такую же неподатливую, столь же несогласную поступиться многими предрассудками. Оба образованные и разумные, они шли под разными знаменами, — не в этом ли была главная причина их постоянных столкновений? Когда супруги узнали друг друга, вскрылось множество противоречий. Мелкие ссоры участились, открылась бездна, окончательно разобщившая двух по характеру совершенно противоположных людей.

Почем знать: быть может, Антонина Ивановна и продолжала бы любить Смбата, если б была любима. Но как только она почувствовала холодность мужа, в ней заговорила гордость. Позже, когда Смбат уже без стеснения напоминал ей об ее возрасте, уязвленное самолюбие пробудило в ней вражду. Что же, она только на два-три года старше мужа и уже стара для него?

— Раз я стара, так найди себе женщину помоложе, — бросила она ему еще пять лет назад.

Смбат раскаялся в необдуманных словах. Гоняться за женщинами было не в его характере. Он признался, что обманулся и готов нести последствия своей ошибки.

«Обманулся» — эти слова как острые шипы вонзились в сердце Антонины Ивановны. Нет, она сама обманулась, и только она!

В Москве, в ее родной среде, они кое-как тянули совместную жизнь ради детей. Там Смбат был гораздо уступчивее, мягче. Там, по крайней мере, он был единственным судьей Антонины Ивановны. А тут она окружена людьми, совершенно чуждыми ей по духу и культуре. Легко ли ей, иноплеменнице, переносить их нападки?

— Мне кажется, образование в очень слабой степени повлияло на вас. Ваши взгляды как будто ничем не отличаются от взглядов вашей среды. Вместо того, чтобы бороться с ветхой стариной и предрассудками, вы выступаете в роли защитника. Вместо того, чтобы распространять вокруг себя свет, вы сами погружаетесь во тьму. Меня преследует старая фанатичка, а вы косвенно поощряете ее. Где же ваше образование и развитие?.. Простительно ли быть таким фанатиком?..

Так говорила Антонина Ивановна в первую субботу великого поста, когда детей отвели в русскую церковь причащаться. Это был один из горчайших дней для вдовы Воскехат. Она проливала слезы, что дети ее сына оторваны от родной церкви, и сцепилась с Смбатом в присутствии невестки. Антонина Ивановна дала ей отпор. Невестка и свекровь наговорили друг другу массу обидных слов. Смбат ни на чью сторону не встал. Лишь потом, наедине с Антониной Ивановной, он сказал ей, что мать по-своему права, что иначе мыслить она не может. Это и обидело Антонину Ивановну и заставило ее заговорить о «фанатичных взглядах» мужа.

— Удивительные требования вы предъявляете мне, — заметил Смбат с едкой усмешкой. — Вам угодно, чтобы я был уступчив, великодушен и забывчив. Если образование и развитие могут вытравить следы вековых традиций, почему они не уничтожили их у вас? Почему вы боретесь с фанатичной старой женщиной ее же оружием, от меня же требуете беспрекословного подчинения вашим собственным традициям? Сложите ваше оружие, сложу и я свое. Я пожертвовал сущностью, пожертвуйте вы формой. Не будьте упрямы, перестану быть упрямым и я. Обоюдная уступчивость — вот чего я хочу. Вы настаиваете на своем, почему бы и мне не следовать вашему примеру? Почему вы злоупотребляете вашим оружием?

— Сила применяется против упрямства. Я не фанатичка, но, сталкиваясь с фанатизмом, прибегаю к своему оружию. Я бы не стала перечить, сочла бы даже глупостью подобное препирательство, если бы ваша мать, ваша сестра и вся родня относились ко мне не как к чужой. Между тем не только они, но и все ваше общество втайне презирает меня, считая недостойной вас. Я мало бывала в этом обществе, но перечувствовала многое. Под его внешним, показным уважением я замечала глубокую ненависть.

— Потому, что вы мнительны и у вас отравленное воображение...

— Нет, в данном случае сердце не обманывает меня. Надо быть глупым, чтобы не понять того, что я чувствую. Можете вы поклясться детьми, что я ошибаюсь?

Смбат промолчал. В словах жены он почувствовал долю правды.

Полчаса спустя Антонина Ивановна изливалась перед братом. Собственно Алексея Ивановича она считала неспособным помочь ей разумным советом, тем не менее частенько обращалась к нему, — другого близкого человека, с кем можно поделиться, у нее не было.

— А знаешь что, — начал Алексей Иванович, придавая лицу философическое выражение, — хочешь — сердись, хочешь — ругай меня, все же я скажу: ты в людях не разбираешься, ты, так сказать, не психолог. Эти азиаты — народ чрезвычайно упрямый, а с упрямыми упрямством не возьмешь. Повлиять на них можно лишь, так сказать, любовью да лаской. Ни ты, ни Смбат Маркович с детьми не расстанетесь. Советую выслушать и выполнить мой проект.

— Твой проект? — повторила Антонина Ивановна, оживляясь.

— Да, мой проект, дорогая сестрица. Составил я его для тебя.

Алексей Иванович, поправил пенсне, уселся против сестры, закинув ногу на ногу, и продолжал:

— В наш железный век борьба за существование находится, так сказать, в зените. Нынче может жить только тот, у кого есть одно из современных трех оружий — деньги, талант и изобретательность. Денег у тебя нет, то есть своих собственных, — это, во-первых, таланта ты лишена, — во-вторых. Остается изобретательность. Изобретательность бывает, дорогая моя, разная; среди различных родов ее, по моему мнению, первейшее место занимает изобретательность, так сказать, житейская. Этого замечательного дара ты тоже лишена. Вот почему я хочу прийти тебе на помощь со своим планом. Выслушай, дорогая; понравится — прими, нет — оставайся при своем мнении.

Он обрезал конец сигары маленькими ножницами, висевшими на часовой цепочке, закурил и выпустил клуб дыма.

— Ты должна помириться с Алимяном. Да, должна помириться. Не кипятись, а выслушай сперва. Ты прежде всего должна оказать почтение своей свекрови, этой, так сказать, доисторической ведьме, — то есть почтение притворное. Ну-ну, понимаю, фальшивить ты не можешь, знаю, но слушай дальше. Выказывая притворную почтительность, ты постепенно, постепенно, так сказать, притупишь шипы ее сердца. Потом превратишь старуху, так сказать, в своего рода мостик к сердцу благоверного. Взобравшись на этот мостик, ты исподтишка выкинешь собственное знамя и, так сказать, завоюешь доверие Смбата Марковича. А там постепенно убедишь его в том, что дети не переносят здешнего климата. И в самом деле, что за адский климат тут — ветры, пыль да

184

нефть. Кстати, скажешь, что они прихварывают и надо их взять отсюда. Скажешь, что пора им учиться, а тут нет приличных школ et cetera, et cetera[16]... И каждый день, каждый час, каждую минуту повторяя одно и то же, ты в конце концов убедишь, что детей тебе придется взять в Петербург. Понятно? В Петербург, а не в Москву, потому что Москва — твоя родина, ежели ты заикнешься о ней, твой благоверный заартачится...

— Дальше, дальше! — повторяла Антонина Ивановна с нетерпением.

— Эге, тебя, я вижу, захватило, — продолжал Алексей Иванович, осторожно поднося сигару к губам, чтоб не уронить пепел, — это признак хороший. Далее ты, конечно, убедишь его, чтобы он внес в один из петербургских банков на имя детей значительную сумму, так примерно тысяч двести-триста, ну, и какую-нибудь кругленькую сумму на имя, так сказать, своей дражайшей половины, то есть на твое имя. Ну, погоди же, что ты, как волчок, юлишь в кресле? Да-с, потом ты, так сказать, свою тактику постепенно разовьешь и... отберешь у него, так сказать, благороднейшим образом обязательства... дай же кончить!.. И тогда твой покорнейший слуга весь к твоим услугам. На крыльях ветра, так сказать, умчу я тебя вместе с детьми в Питер. Ты начнешь спускать сумму, тебе назначенную. Алимян мало-помалу забудет о детях. Время и пространство — это, если можно так выразиться, пилы, что подпилят всякую любовь. А ты и подавно забудешь Алимяна. Тогда, сестрица моя, ты вспомнишь, что в жизни человека бывает, так сказать, и вторая молодость, а Петербург, сама знаешь, не Азия...

— Довольно! — прервала Антонина Ивановна с глубоким отвращением. — Знала я, что человек ты испорченный, но не думала, что так мало знаешь меня. Прибегнуть ко лжи, к обману, унизиться, выманивать у мужа деньги и на эти деньги... Замолчи! Ты худшего мнения обо мне, чем мои враги...

— Уверяю тебя, более гениального проекта не мог бы придумать сам Талейран.

— Вот что, Алексей, не пора ли тебе в Москву? — спросила сестра, меняя разговор, чтобы прекратить его болтовню.

— А что случилось?

— А то, дорогой мой, что ты, живя здесь на чужой счет, еще больше отягощаешь мое положение.

— На чужой счет? — засмеялся Алексей Иванович. — Милый друг, с тех пор как мы приехали сюда, я всего два раза обедал в этом доме, и то визави с твоей свекровью... Чудесный десерт!..

— А сколько раз ты занимал у Алимянов?

— У твоего прелестного благоверного — ни разу.

---

[16] И так далее (лат.).

— А у Михаила Марковича?

— Михаил Маркович, так сказать, мой личный, близкий приятель. Он любит меня, как родного брата, и я ему отвечаю взаимностью. Это настоящий джентльмен — собственно говоря, был таковым; за последнее время он несколько изменился. Оплеуха гнусного Гриши прямо пришлась, так сказать, по моим интересам. Уж не приходится больше налегать на шато-лафит, манахор и шампанское. Но не беда, я не теряю надежды, что, так сказать, заблудшая овца еще вернется в свое стадо. Значит, ты решительно не одобряешь моего проекта? Обмозгуй хорошенько, мы еще потолкуем. До свидания, Арзас Маркович меня ждет.

Однажды Антонина Ивановна узнала от брата новость о муже, которая ее поразила и огорчила.

— Ты лжешь! — воскликнула она с возмущением. — Нет, сущую правду говорю. Вчера вечером я в третий раз встретил его в ресторане «Англия», так сказать, на третьем взводе. Глаза покраснели, как бараньи почки, ноги выписывали зигзаги, голова еле держалась на плечах и спорила с туловищем.

— Если это правда, мне его жаль. — Если жалеешь, то можешь и полюбить. Женщины часто сперва жалеют, а потом начинают любить. Помирись, а?

— Послушай, Алексей, — воскликнула сестра, кусая губы, — если на этой же неделе ты не уедешь, то во всяком случае перемени квартиру!

— Другими словами, разлюбезная сестрица, ты закрываешь передо мной свою дверь, так, что ли?

— Если хочешь знать правду — да, только не свою, а чужую.

— У тебя драгунские ухватки, милая моя... они тебе не к лицу.

— Михаил Маркович отвернулся от тебя, так ты за младшего брата принялся. Стыдись, наконец!

— Нечего мне стыдиться. Теперь я, так сказать, надзиратель и воспитатель Арзаса Марковича. Полагаю, за такую двойную должность я имею право быть вознагражденным.

И действительно, теперь Алексей Иванович исполнял обязанности надзирателя и воспитателя при Аршаке, но по собственной инициативе и притом — весьма либерально. Юноша разыскивал свою Зину, а Алексей Иванович помогал ему... в театрах, в цирке, гостиницах. В качестве воспитателя он обучал своего ученика «столичным манерам».

Как-то вечером, выйдя из театра, воспитанник и воспитатель зашли в ближайший ресторан поужинать. Там они встретили Смбата в кругу приятелей. Аршак хотел скрыться, но Алексей Иванович не Допустил: бояться нечего, Смбат Маркович не станет возражать, видя младшего брата в обществе «почтенного» родственника. И он почти насильно усадил юношу за столик в углу.

— Ну-с, как мы сегодня поужинаем: азиатик или эвропиен? — спросил он тоном истого гурмана.

— Как хочешь.

— Гарсон, меню! — И Алексей Иванович обратился к Аршаку, предлагая ему карточку: — Выбирай.

— Закажи себе и мне.

Юноша ел и пил по вкусу «воспитателя». Алексей Иванович сделал замечание официанту за то, что тот вовремя не переменил скатерть, несколько раз произнес: «фи дон!», затем приступил к выбору блюд. С четверть часа он объяснял, как приготовить то или иное блюдо, и столько же времени потратил на выбор вин.

— На кого ты так смотришь? — спросил Алексей Иванович Аршака, заметив, что тот не сводит глаз со стола Смбата.

— Смотрю на брата и удивляюсь, с какими людьми он теперь водится. Позор престижу Алимянов!

— А-а, значит, эти люди достойны презрения? Но, друг мой, так не годится смотреть. Подними голову, повернись чуть-чуть вбок и гляди, так сказать, прямо на их ноги. Это будет означать, что ты их презираешь. Вот, вот, прекрасно, ей-богу, тебе надо было родиться в Питере. Гарсон, икры, живо!..

И, сняв пенсне, Алексей Иванович стал уписывать икру с зеленым луком.

— Арзас, — продолжал он наставлять воспитанника, — когда едят, нельзя всем туловищем наваливаться на стол, это — ориенталь. Голову выше, а грудь подальше от стола. Кушай, так сказать, беспечно: улыбайся, смейся, остри, как будто совсем и есть не хочешь. Да, вот-вот, прелесть! Давеча в театре я хотел тебе сделать замечание насчет твоей манеры кланяться, но счел неудобным. Ну вот послушай: когда кланяешься даме, постарайся, так сказать, смотреть ей прямо в лицо и любезно улыбаться. Затем, не срывай с головы шляпу, а отведи ее вбок и внезапно, так сказать, нервным жестом опиши полукруг и сейчас же надень. Надо сказать, что в этом городе никто не знаком с новейшей модой так приветствовать дам, ты подашь первый пример. Вот летом поедем во Францию и в Париже ты научишься всему. Ну, что ж, махнем ведь, а?..

— Конечно, конечно, я же пригласил тебя, непременно поедем.

— Положим, дружок, тебе не дадут столько денег, чтобы хватило и на меня, а?

— Кто посмеет не дать?

— Кто? Разумеется, мой драгоценный зять. Ну, братец, он вас всех, так сказать, держит в ежовых рукавицах. А сам, полюбуйся-ка, разошелся, будучи, так сказать, человеком семейным.

— Я ему не спущу. Он не может мне запретить. Я свои деньги трачу.

187

— По-моему, тоже. Но ты недостаточно, так сказать, энергичен. Требуй, братец, требуй, и он даст. Ты равный наследник. Гарсон, это вино не из важных. Нет ли чего-нибудь постарее? Ну, подай хоть это, попробуем.

Смбат спорил со своими сотрапезниками и, видимо, не замечал брата и шурина. К его столу подошел пьяный молодой человек, рослый, румяный, богатырского сложения. Заложив руки в карманы брюк и покачиваясь, он уставился на Смбата.

— Смотри, Алексей Иванович, сейчас разыграется скандал, — прошептал Аршак.

— Кто этот дикарь? У него очень тупая физиономия, — отозвался Алексей Иванович, всматриваясь в незнакомца.

— Племянник Петроса Гуламяна, первый скандалист в городе.

— А-а, — пробурчал Алексей Иванович, отводя взгляд от незнакомца.

Пьяный вдруг заорал:

— Чего вы там философствуете о благородстве? Алимяны не имеют права рассуждать об этом товаре!

Слова были адресованы Смбату, занятому совсем другим разговором. Он удивленно взглянул на незнакомца снизу вверх.

— Пожалуйста, вот, готово! — воскликнул племянник Гуламяна, кладя руки на стол.

— Сударь, я вас не знаю, кто вам дал право подходить к нашему столу?

— Кто? Кто? Ха-ха-ха! Наплевать мне на ваши миллионы. Скажи на милость, кто был твой отец» что ты так важничаешь?

— Прошу удалиться!

— Спрашиваю, кто был твой отец? Привратник, водовоз, ха-ха-ха!..

— Убирайтесь, не то!.. — крикнул Смбат, бессознательно хватая пустую бутылку.

Поднялась суматоха. Все вскочили, кроме Смбата: он не понимал, чего хочет незнакомец. Пьяного схватили, попытались оттащить, но он с силой растолкал всех и опять подступил к Смбату.

— Всех троих измолочу! — заревел он, указывая на Аршака и Алексея Ивановича. — Эй, вы, ежели хотите, идите на помощь этому негодяю!

— Слышишь, Арзас? Этот дикарь и на наш счет, так сказать, прохаживается. Осторожнее! Надо полицию вызвать и вывести скандалиста. Гарсон!

Смбат, весь бледный, поднялся, готовый защищаться. Пьяный верзила размахнулся, но в ту же минуту брошенная бутылка, описав круг, ударила ему в грудь. Он отступил на шаг и посмотрел туда, откуда получил внезапный удар. Ему предстал шестнадцатилетний юноша с глазами безумца.

— Арзас, Арзас! — кричал Алексей Иванович, еле удерживая

разъяренного Аршака, уже готового пустить тарелкой в скандалиста. — Арзас, ты залил вином сорочку. Этот дикарь силен, так сказать...

Суматоха усилилась. На здоровяка набросились официанты и поволокли к выходу, но в дверях он неожиданно вырвался и устремился к юноше. Кто знает, каково пришлось бы Аршаку, не ускользни он вовремя от удара здоровяка, но тот, чересчур размахнувшись, перевернулся и рухнул на пол. Человек десять с трудом вывели его и передали в руки полиции.

Содержатель ресторана выразил сочувствие Алимянам. Смбат прошел в смежную комнату и, опустившись в кресло, произнес:

— Что бы это значило?

— Это значит, что теперь надо наставлять не меня, а тебя, — ответил Аршак, войдя за ним в комнату и притворив за собою дверь.

— А-а, это ты, шалопай! Убирайся прочь! Кто тебя просил защищать меня? Лезешь тоже не в свое дело, вон!..

— Я защищал честь Алимянов. Я не философ, как ты, и не трус, как Микаэл. В моих жилах течет благородная кровь, можешь у Алексея Ивановича спросить...

Смбат посмотрел на него и промолчал. Искреннее возмущение юноши тронуло его: а ведь Аршак и впрямь запустил бутылку в верзилу, защищая брата.

— Я хотел прикончить его, — продолжал Аршак не без рисовки. — Он собирался нас избить. Это — племянник Гуламяна. Видно, вместо Микаэла он напоролся на нас.

— Позор! Бесчестие! — воскликнул Смбат, стукнув по столу. — Как я сюда попал? Кто меня затащил? Зачем?..

— Зачем? Я тоже удивляюсь... Ты мне нотации читаешь, а сам...

— Довольно! — прервал его Смбат. — Замолчи, говорят тебе! Не твоего ума дело, ты ребенок. Тебе не понять моего горя.

После минутной паузы Смбат продолжал:

— Знаешь ли что, Аршак? Я тебе разрешаю делать все, понимаешь, все, что хочешь, только не женись на Зинаиде. Не спрашивай о причине, — я не могу объяснить. Но смотри, не вздумай жениться. Кути, пьянствуй, транжирь, я тебе дам денег сколько хочешь, прожигай жизнь, истаскайся вконец, но не женись... Ну, пошел, убирайся!.. Там тебя дожидается этот фанфарон, дармоед... Сестра стала моим несчастьем, а брат тебя обирает. Впрочем, нет, он не стоит подметки своей сестры. Он — ничтожество, а сестра — цельная натура, но она отравляет мне жизнь. Уйди, оставь меня с моим горем!..

Смбат почти вытолкал брата, притворил дверь и снова опустился в кресло. Если бы в эту минуту кто-нибудь наблюдал за ним, то увидел бы, что этот тридцатидвухлетний мужчина тихонько плачет, как женщина..

В соседней комнате Алексей Иванович возмущенно жаловался хозяину ресторана на азиатские нравы. Что за страна, где ни на волос не уважают почтенных людей и где дичают люди даже с высшим образованием!..

— Черт тебя побери! — обратился он к Аршаку. Ты уронил и разбил мое пенсне, сейчас я точно слепой. — Нет, братец мой, Смбат Маркович себя вконец распустил, выронил, так сказать, руль... Сядем. Я в восторге от твоей отваги. Да, ты настоящий испанец, не зря я говорил...

Они опять сели за стол.

— Что это? — насупился Алексей Иванович, поднося бутылку к свету. — Шартрез или... тьфу! А я-то думал — шампанское... Затмение какое-то! Все затмилось!..

— Человек, шампанского, Редерер! — приказал Аршак.

— Думаешь, шампанское рассеет тьму? — улыбнулся Алексей Иванович. — Что ж, попробуем. Ну, суета сует, забудь об инциденте. Подлинный джентльмен быстро забывает, так сказать, грубые выходки дикарей.

Смбат сознавал, что сбивается с правильного пути. Сознавал — и все же не отступал — Нездоровый образ жизни постепенно притуплял нервы и затягивал непроницаемой пеленой его душевный мир. В пьяной атмосфере ресторанов, в кругу новых веселых друзей он находил временное забвение. И этого было достаточно. Что из того, что трезвый он сильнее ощущал свое горе и беспощадно осуждал новый образ жизни.

Временами Смбат вспоминал обездоленную семью, в которой провел недавно много мирных часов, где его мысли и чувства встречали уважение и сочувствие. Ему виделся стол, накрытый белой скатертью, и у кипящего самовара — милая, скромная, но гордая головка. В такие минуты в ушах Смбата звучали слова Срафиона Гаспарыча: «Почему ты не сорвал ветку с родного куста?»

Горестно вздохнув, он махнул рукой, словно отгоняя милый образ. Надо забыть и не думать об этой девушке. Поздно, теперь уже ничего не поможет.

Дома он встречал вечно недовольное лицо жены, слушал бесконечные жалобы матери и злобные подстрекательства сестры, вспоминал последние слова отца и свои собственные муки — и снова искал забвения в ресторане. Пусть будет так, пусть он кончит тем, с чего начинали братья.

Ложь окружающих не могла скрыть от Смбата их презрения к его супружеской жизни. Он старался убедить себя, что это презрение — плод предрассудков темной среды, но все-таки жестоко страдал.

Порою он думал: к чему богатство, если он так несчастен? Не лучше ли было лишиться наследства, жить вдали от угнетающей среды и молча переносить страдания, как переносил семь лет подряд, скрывая горе от всех, от самых близких? Но вместе с тем он сознавал, что уже привык к власти денег, что ему страшна нищета, страшно вспомнить былые неприглядные дни. Пусть богатство бессильно излечить его раны, оно хоть иногда даст ему возможность забыть горе. Значит, надо развлекаться, а почему бы и нет?..

И Смбат мотал отцовские деньги, как некогда мотал Микаэл: играл в карты, познакомился с закулисной жизнью. Ведь несчастен же он, надо как-нибудь заглушить тоску, грызущую сердце.

Часть третья

1

Постройка новых рабочих казарм закончилась к масленице. Накануне новоселья Заргарян выехал в город. Смбат дал ему пачку кредиток и распорядился устроить для рабочих угощение.

Сумма была значительная. Можно было устроить хорошую пирушку. Заргарян так и сделал.

— Как хотите, — сказал Микаэл, — но, по-моему, не стоит незначительное явление раздувать в целое событие.

— Незначительное? — удивился Заргарян. — Мне кажется, что для рабочих переселение в такие хоромы — не маловажно. Посмотрели бы, в каких свинарниках ютятся рабочие у других нефтепромышленников.

Новые казармы состояли из трех корпусов — по корпусу на каждую группу промыслов. Давид решил устроить угощение в самом вместительном корпусе, недалеко от конторы. Это было продолговатое одноэтажное здание, защищенное от сырости и газов подвалом, с высокими потолками, широкими окнами и стенами, выкрашенными масляной краской. Каждому рабочему полагались кровать и табурет. Дом был опоясан широким летним балконом. Вокруг простирался обширный чистый двор, обнесенный каменной стеной. В одном конце двора было выстроено просторное помещение, приспособленное для школьных занятий и для театральных представлений. В другом конце — баня — новшество для промысловых рабочих.

— Один этот дом обошелся в пятьдесят тысяч, — говорил Заргарян.

С раннего утра стали складывать на балконе черные от сажи мешки, корзины и узлы с провизией. Во дворе плотники наскоро сколотили длинные столы. День выдался теплый, и рабочие захотели обедать под открытым небом.

Сутулая спина Заргаряна сегодня будто выпрямилась; на лице появилась довольная улыбка; худощавые ноги его как бы готовились пуститься в пляс. Он перекидывался шутками с рабочими и предупреждал быть осторожнее с огнем.

В одиннадцать часов завыли гудки, что означало конец работы. Полчаса спустя двор заполнился черными привидениями. На перепачканных сажею лицах светилась непривычная радость; в бледных овалах лихорадочно блестели зрачки. Торжество это многим напомнило деревенские престольные праздники; рабочие вздыхали, вспоминая родные места, и вместе с тем шутили, смеялись, благословляя Алимянов.

Это была не толпа людей, а само воплощение тяжкого труда, протекающего среди тысячи жизненных забот и горестей. Все они пришли стряхнуть с души тоску и хоть ненадолго забыть грязь, копоть, свои лохмотья. Однако куда ни ступала их нога, всюду веяло мраком и унынием. Меркли даже яркие солнечные лучи, падающие на это темное людское море. Но не беда — темное море сегодня довольствовалось очень немногим: теплой погодой, ясным небом и особенно крохами со стола миллионера.

Микаэл бледный, молча бродил, как лунатик, из комнаты в комнату, по двору, по улице — в поисках милого лица, неодолимо завладевшего всем его существом. А милый образ уже десять дней как не показывался ни на веранде, ни у окна. Микаэл стыдился признаться себе, что не противился сегодняшнему торжеству лишь потому, что надеялся встретиться с девушкой.

Из города приехали Срафион Гаспарыч с главным бухгалтером, Аршак и Сулян, а немного позднее — Антонина Ивановна о братом.

Давид распорядился сервировать для них особый стол у себя. Он поспешил позвать Шушаник, чтоб она заняла Антонину Ивановну. Несколько минут спустя толпа почтительно расступилась, давая дорогу девушке. Все знали ее: одним она писала и читала письма, другим шила и чинила одежду, иным перевязывала раны. Фуражки и папахи полетели вверх, лица озарялись улыбками: так может улыбаться только нефтяное море под лунным светом.

— Добрая, славная барышня, — услышала Антонина Ивановна слова признательных русских рабочих.

Ей показалось, что даже солнце может позавидовать впечатлению, произведенному на толпу появлением этой скромной девушки.

Шушаник подошла к Антонине Ивановне и почтительно поздоровалась. Ей не хотелось сегодня выходить, но она все-таки вышла;

не хотелось встречаться с Смбатом, однако ее тянуло к нему. Девушка вздрогнула, когда Антонина Ивановна искренне и сердечно пожала ей руку. Невольный стыд в ней смешался с укором совести: ведь провинилась же она перед этой женщиной своими незаконными чувствами. Она вздрогнула еще сильнее, когда Антонина Ивановна, дружески взяв ее под руку, предложила пройтись по двору.

Антонина Ивановна сразу же заинтересовалась этой разношерстной массой. Перед нею раскинулось целое море мрачных фигур — смеси племен, религий, наречий и одежд. Впервые приходилось ей наблюдать подобную картину, и ее потянуло к этому морю, захотелось вглядеться глубже, рассмотреть, что творится там, на дне.

— Черт возьми, да тут можно перепачкаться, — фыркнул Алексей Иванович.

Он подобрал полы пальто и сложил на брюшке, чтобы не коснуться рабочих.

— Да, только снаружи, — заметила Шушаник серьезно.

— Съел? — шепнула Антонина Ивановна брату. — Надо быть поосторожней с этой девушкой.

— Она довольно пикантна, — ответил Алексей Иванович.

Антонина Ивановна строго посмотрела на брата и сдвинула брови. Шушаник внушала ей симпатию и уважение. Она показалась ей цветком, случайно выросшим в этом черном мире. Сегодня, пристальней всмотревшись в девушку, Антонина Ивановна в душе укоряла себя, что при первой встрече отнеслась к ней небрежно и насмешливо. Нет, она не похожа на женщин ее домашнего круга. Впервые по приезде Антонина Ивановна заметила одухотворенное женское лицо, отмеченное печатью умственного развития.

Желая проникнуть в душевный мир Шушаник, Антонина Ивановна заговорила с нею о рабочих, об их жизни, их запросах и нуждах. Девушка бесхитростно рассказывала ей все, что знала, нисколько не сгущая красок. Антонина Ивановна искренним обращением привлекала ее и, сама того не сознавая, подчинила девушку обаянию своего умственного превосходства. Она представлялась Шушаник редким существом, по капризу судьбы занесенным в грубый практический денежный мир и уступавшим только одному Смбату. Шушаник не ошибалась: по образованию, воспитанию, положению в семье Антонина Ивановна во всем городе была исключением. Потому-то, быть может, и стала жертвой пересудов у всего городского общества.

По знаку Заргаряна рабочие разместились за столами, образовав несколько темных квадратов. Антонина Ивановна, под руку с Шушаник, обходила столы, прислушиваясь к разговорам, иногда просила девушку перевести какое-нибудь слово. Присутствие «господ» не стесняло рабочих.

Они, устраиваясь поудобнее, неустанно шутили, балагурили, смеялись. Всем хотелось потешиться вволю, а этому лучше всего помогало вино.

Давид подходил к столам и то и дело повторял:

— Ребята, пейте сколько хотите, — вина и водки вдоволь. Только, смотрите, не напиваться!..

Рабочие осушали бутылку за бутылкой и острили по поводу выпивки на жаргоне, понятном одному лишь населению нефтяных промыслов.

— Братцы, — говорил один, показывая на горло, — труба моя засорилась, а ну-ка расширитель сюда!

— Отверни-ка кран, дай наполнить чан! — подхватывал другой.

— Ребята, хорошенько нагревайте котлы, такой топки больше нам не видать...

— Полегче, как бы паром не обдало головы!..

— Поверни-ка барабан!..

Среди рабочих армян был почтенный старик по имени Гаспар. Когда-то сельский староста, богатый крестьянин, он знал, как обращаться с «благородными». Он по очереди предлагал тосты за «господ» и кричал «ура». Толпа подхватывала его возгласы, подымая полные стаканы. Когда был предложен тост за инженера Суляна, воцарилось неловкое молчание. Рабочие лицемерить не могли. Некоторые едва пригубили, а многие и вовсе не стали пить.

— Низкий человек, — шептали они друг другу на ухо, — честности в нем нету.

Улыбающийся Сулян, подбоченясь одной рукой, другой крутя ус, подобострастно неотступно следовал за Микаэлом. Инженер собирался просить Смбата через Микаэла, чтобы фирма Алимянов выделила ему акции организуемого нефтяного общества.

У ворот остановился экипаж Смбата. Черное море заволновалось. Все поднялись. Явился человек, который с того дня, как ступил на промысла, старался улучшить жизнь рабочих. Ах, до чего изменился хозяин за последнее время! Лицо покраснело, даже отекло, глаза опухли, налились кровью. Как быстро отразились на нем бессонные ночи и крепкие напитки!

— Ур-ра-а!.. — закричала толпа по знаку Распара.

Смбат подал рукой знак, чтобы продолжали обед, но в душе был рад этим проявлениям признательности и уважения. Он подошел к Микаэлу и спросил, доволен ли тот его распоряжением.

— Нет! — отрезал Микаэл.

— Почему?

— Я не люблю фальши.

— Фальши? — удивился Смбат.

— Да, все это я считаю фальшью. На их же деньги устраиваете пиршество и воображаете, что оказали великое благодеяние.

— Я вовсе так не думаю.

— Нет, думаешь! Все вы, «демократы», скроены по одному шаблону. А я — буржуа, я не люблю таких вещей.

Он отошел. Смбат, удивленный, посмотрел ему вслед и пожал плечами.

Антонина Ивановна все время наблюдала за толпой. Преждевременно увядшие лица, согбенные спины, впалые груди вызывали у нее сострадание. Ее осаждали непривычные мысли и чувства. Под мрачной внешностью она видела еще более мрачный душевный мир, жаждавший искорки света. И думалось ей: почему бы не помочь этим несчастным? Для чего же люди получают образование, если не могут или не хотят внести хоть слабый луч света в это темное царство?

Она впервые упрекнула себя за то, что до сих пор придавала такое значение различию племен и религий. Ей стало стыдно при мысли о том, что она говорила Смбату в минуты раздражения. А наговорила обидных слов она немало. Но разве она упрекала его без причины? Нет, почему винить только себя — Смбат ведь оскорбил ее!

Ее обычно хмурое лицо постепенно прояснялось, голубые глаза светились непривычным блеском. В мыслях ее возникали героини любимых романов, прочитанных в юности, которыми она когда-то увлекалась. Вот тот самый мир, идею помощи которому вынашивали лучшие люди ее народа.

Сердце Антонины Ивановны забилось от этих высоких гуманных чувств. Теперь она способна была простить свекрови, золовке и всем родственникам, таким чуждым ей. Она видела смесь людей разных племен и языков, страдающих одной и той же болью и горестью. Черная пелена сажи и нефти одинаково покрывала их всех, создавая грустное единообразие. Только ничтожная душа может под этой мрачной гладью находить какие-то различия: одних любить, других ненавидеть, помогать одним, отворачиваться от других.

— Много бывает несчастных случаев на промыслах? — обратилась Антонина Ивановна к Шушаник.

— Много.

— Большей частью, конечно, от пожаров?

Шушаник объяснила, что помимо пожаров, вообще жизнь на промыслах подвержена многим случайностям. Например, вчера одному оторвало палец, позавчера приводным ремнем задушило неопытного рабочего. А уж нечего говорить про обычные заболевания, дающие чудовищный процент смертности.

— Я слышала, вы оказываете большую помощь рабочим, а они

обожают вас как доброго гения, — проговорила Антонина Ивановна полуиронически, полусерьезно.

Шушаник в невольном смущении отвернулась. Никогда не думала она придавать значение тем незначительным услугам, которые ей приходилось иногда оказывать рабочим.

— А знаете, — продолжала Антонина Ивановна, глядя ей в глаза, — мне кажется, вы бы могли при желании многое сделать для рабочих. Например, вы можете убедить Микаэла Марковича в необходимости открыть больницу.

— Я не имею права вмешиваться в его дела.

— Это, конечно, так. Но неужели для того, чтобы сделать доброе дело, надо ссылаться на право? Я тоже не имею права, однако буду вмешиваться... И от вашего имени тоже. Нет уж, пожалуйста, пожалуйста... Мне кажется, что он вашу просьбу удовлетворит скорее, чем мою. Да, да, я буду просить и от своего и от вашего имени, если бы даже вы мне и не разрешили. Ага, вы покраснели, — значит, я права.

Давид подозвал Шушаник: надо было готовить стол для гостей, прибывших из города.

Четверть часа спустя гости были приглашены в отдельную комнату. Срафион Гаспарыч предложил тост за процветание фирмы Алимянов.

— Дай бог, чтобы эта фирма процветала, ширилась и кормила тысячи людей, — заключил он свое слово.

— Наша фирма никого не кормит и не кормила, — вставил Микаэл с непонятным озлоблением.

— Ну, уж об этом позволь мне судить, — возразил Срафион Гаспарыч загадочным тоном.

— Нет, дядя, ты не знаешь... Да и сегодняшний обед, на мой взгляд, не что иное, как комедия...

Все с удивлением посмотрели на Микаэла. Смбат не знал, чем объяснить его странную выходку.

— Да, именно комедия! — повторил Микаэл с большим раздражением. — Я тут не вижу искренности.

— Микаэл, — сказал Срафион Гаспарыч, — ты еще молод. Слушай, что я тебе расскажу. Когда я был уездным начальником, его превосходительство, Виссарион Прокофьевич Афанасьев, царство ему небесное... однажды...

Единодушные крики рабочих прервали оратора. Давид передал им слова Срафиона Гаспарыча, и они ответили дружным «ура».

— Ну и радуйтесь! — вскочил Микаэл и, выбежав из комнаты, крикнул: — Замолчи, глупая чернь!..

Завтрак длился недолго. Ели стоя. Странное поведение Микаэла отбило у всех аппетит. Антонина Ивановна вышла на балкон, взяла под руку Микаэла и начала с ним беседовать.

— Ну, ребята, вставайте! — крикнул Давид. — А теперь посмотрим, кто из вас может стать на работу.

Рабочие двинулись за ним и вышли на улицу.

— Дядя Гаспар, — обратился Давид к бывшему старосте, — ты старый пастух, отдели-ка козлов от овец.

— Слушаюсь. Ребята, дайте мне пару длинных досок.

На улице стояла неглубокая, но широкая нефтяная лужа, окруженная насыпью. Гаспар велел перекинуть через нее длинные толстые доски, вкопать концы их в землю и завалить камнями. Получился мостик. Гаспар предложил рабочим пройтись по нему. Кто свалится — пьян.

Шутка очень понравилась рабочим, поднявшим невероятный шум.

— Ну, раз, два, три! — крикнул Гаспар тоном командира и прошел первым.

Смех, галдеж, толкотня, крики, шум. Рабочие один за другим осторожно перебирались, балансируя, пытаясь сохранить равновесие. Их черные фигуры, подобно туманным теням, отражались на неподвижной поверхности лужи. Порою какой-нибудь пьяный, потеряв равновесие, качался, как канатный плясун, и падал, обдавая брызгами черной жидкости стоявших вокруг. Все смеялись, а больше всех те, кто падал. Иногда какой-нибудь шутник принимался плясать в луже, прихлопывая в ладоши.

— Оттащите его, он слишком мокрый, — командовал Гаспар.

Вдруг толпа закричала:

— Чупров! Чупров!

На мостике появился русский рабочий — рослый, широкоплечий. На правое плечо он посадил рабочего армянина, на левое — лезгина. Оба были пьяны и сидели обнявшись. Чупров выхватил у кого-то гармошку и, подыгрывая, зашагал по доске, устремив голубые веселые глаза на другой конец мостика. Рукава его были засучены, грудь открыта, кумачовая рубашка вздувалась от легкого ветерка. Хотя он порядком нагрузился, однако сохранял равновесие. Было ясно, что мостик не выдержит такой тяжести, Чупров спрыгнул в лужу и, пройдя по ней несколько шагов, поднялся со своей ношей на другой берег.

Толпа опять заголосила:

— Расул! Расул!

Стройный лезгин, дойдя до середины мостика, выхватил кинжал из ножен и начал плясать под гармошку Чупрова. Кинжал сверкал вокруг него: то под коленами, то над головой, то у самых щек. Утомившись, он остановился, покачнулся, чуть не упал. Но в это время чья-то могучая рука схватила его за ноги, другая — за спину, и он был вынесен на берег.

— Молодец, Карапет! — крикнул Чупров.

Трое рабочих разных национальностей, говорящих на разных языках, крепко дружили. Их прославленное бесстрашие вызывало всеобщее уважение и зависть. Шли на работу вместе, возвращались вместе, жили в одной комнате, спали на одних нарах. На пожарах их видели впереди всех и в самых опасных местах. Их появление на месте бедствия вызывало общее воодушевление и умножало мужество. Когда одному из них грозила беда, остальные, рискуя жизнью, старались выручить товарища. Один веселился — веселились и остальные, и наоборот. Они постоянно балагурили, подшучивали друг над другом. Но не дай бог, если кого-нибудь из них обидит посторонний: тотчас же сверкал кинжал Расула, сжимались кулаки Чупрова и Карапета. Однажды они сцепились с рабочими соседнего промысла и втроем оттеснили два десятка.

Все это рассказывал Давид Заргарян Антонине Ивановне, причем рассказывал не без тайного умысла. Она слушала с любопытством и — задумалась...

Толпа разошлась. На следующее утро рабочие должны были переселиться в новые казармы.

Давид предложил гостям осмотреть и другие постройки. Во дворе их ждало несколько экипажей. Предложение было принято, и вскоре двор и балкон опустели.

Целый час Микаэл пытался встретиться с Шушаник наедине. Воспользовавшись уходом гостей, он прошел в комнату, где девушка с помощью одного из рабочих убирала со стола.

Вошел он, сильно нервничая, сделал знак рабочему удалиться и запер двери.

Шушаник вздрогнула. «Господи боже, чего он опять хочет от меня?» — мелькнуло у нее. От испуга или от стыда девушка выронила и разбила стакан. Бежать ей или оставаться? Но двери заперты. Будь что будет! Ей нечего бояться, она сумеет защитить себя.

Микаэл подошел и остановился против нее с другой стороны стола.

— Скажите, пожалуйста, — начал он с дрожью в голосе, — кто вы такая, что вмешиваетесь в наши дела? На каком основании вы обращаетесь ко мне через Антонину Ивановну с просьбой сделать то или другое для рабочих? Не думаете ли вы, что я вроде излюбленных вами филантропов или демократов! Нет, я всей душой ненавижу благотворителей, я ничего, ничего не желаю делать для рабочих и не сделаю. Я своенравный человек — поступаю, как мне взбредет в голову. Хотите — завтра же прикажу снести дома, построенные Смбатом, и оставлю рабочих под открытым небом? Хотите — прикажу сломать и ваш дом, подожгу все промыслы? Людское мнение для меня ломаного гроша не стоит. По какому праву вы даете мне советы?..

— Погодите, господин Алимян, я никогда...

— Не притворяйтесь, ради бога! Вы говорили с Антониной Ивановной. Может быть, вы еще скажете, что не избегаете меня или что не любите Смбата? Что, стыдно стало?.. А вот мне все нипочем, я выскажу все... Так слушайте: вы хотели, чтобы я унизился, — и я унизился. Хотели, чтобы я добился презрения друзей, — добился; чтобы я избегал общества, — и это ваше желание исполнено. А теперь вам угодно, чтобы я стал вашим приказчиком? Извините, не могу!..

Шушаник не знала, что ответить на эту бессвязную речь; попыталась заговорить, но взволнованный Микаэл не давал ей раскрыть рта.

— Кто вы такая? Кто ваш дядя? Что значит ваша семья и даже все общество для меня? Ничто! То же, что ветер, газ из скважин моих промыслов... Что мне людские толки? Я — Микаэл Алимян, богатый, своенравный господин. Захочу — помогу. Не захочу — разнесу, растопчу. Я презираю всех женщин... Ха-ха-ха! «Какая разница между вами и вашим братом!» Между мною и Смбатом? Да, есть, Он — умен, я — глуп, он — образован, я — неуч, он — человек нравственный, я — беспутный. Дальше? Что вы хотите этим сказать? Но... но все-таки я презираю вас... Ха-ха-ха! Дочь прогоревшего купца, современная барышня, красавица, скромница, кроткая, как ангел, интеллигентка, мечтающая об идеалах,.. Ха-ха-ха!..

Смех его казался неестественным и даже внушал опасение. Микаэл бредил, не сознавая своих слов, он задыхался; то садился, то вскакивал, ударяя по столу, и продолжал все ту же бессвязную и возбужденную речь.

О-о, ему известно, о чем сейчас думает Шушаник. Пусть не считает она Микаэла Алимяна наивным дурачком. Кому только не известно, что неопытные девушки любят мужчин «загадочных», несчастных или прикидывающихся умными? Но все мужчины, если присмотреться, одинаковы. Сам Микаэл Алимян может быть и дурным, и хорошим, добрым и злым, трусом и храбрым. Все зависит от обстоятельств. Он — человек минуты, часто думает об одном, а делает другое.

— Вот в тот день, помните? В тот день я был именно таким. Ну да, конечно, вы мне этого не забудете. Но я... я сейчас же забываю обиду. Знаете, я испорченный, падший, омерзительный, — что угодно, но вот тут, в этой груди, живет чувство, понимаете ли вы? Я в один час вас и унижу и возвышу, и сокрушу и брошусь вам в ноги. Поймите вы это, поймите же вы меня наконец! Отец считал меня безумцем, но вы же видели, сколько оскорблений сыпалось на меня и как я выносил их. Что ж, я непорядочный человек, — ну и пусть! Но погодите, когда-нибудь и для меня... Хотите пари, что вы не одолеете меня... Вы, безупречно нравственная, меня безнравственного?..

— Состязаться с вами у меня нет ни сил, ни желания.

— Вы не скрываете отвращения ко мне.

— Мое отвращение ничего не значит для вас: вы богаты, я бедна.

— Прошу вас не говорить о богатстве и бедности...

— Как не говорить, когда вы сами только что хвастались, что вы богаты и вам все позволено? Откройте дверь!

— Я вам это .говорил?.. Неужели!.. Я ничего такого не говорил, но, может быть... кто его знает... Я так возбужден, что сам не знаю, что говорю...

— Оно и видно. Откройте же! Дома меня ждет прогоревший купец, мой паралитик-отец.

Последние слова обезоружили Микаэла.

— Я не думал, что невпопад сказанное слово может оскорбить вас, — проговорил он, как бы негодуя на себя. — Простите, я не умею подыскивать подходящие слова, это выскочило у меня... А уж если хотите знать правду, так слушайте: богатство многих портит... Думаю, теперь поверите...

— Неужели? — сказала Шушаник насмешливо. — Отчего же иных оно не портит?

— Понимаю, вы намекаете на брата. Но пока судить рано, неизвестно, что еще может быть... Он только еще начинает входить во вкус денег... А мне они уже осточертели.

Чем дальше, тем непонятнее говорил Микаэл: то вдруг впадал в ярость и повышал голос, то, неожиданно теряясь, путал слова. И Шушаник не знала, чему верить и что считать бредом. Вместе с тем девушка невольно заинтересовалась этой его противоречивостью. Неужели все, что он говорит, притворство, комедия? Что заставляло Микаэла говорить так бессвязно? Без серьезной причины испорченный человек не может дойти до такого возбуждения. Что бы это значило? Оскорбленное самолюбие, любовь, страсть, ненависть или раскаяние? Как будто все свилось в один клубок. Даже выражение лица Микаэла стало каким-то непонятным: то безобразным, отталкивающим, то привлекательным. А шрам на лбу — это неизгладимое клеймо позора, — казалось, не производил уже отвратительного впечатления.

Что с ним? Человек, исходивший яростью, вдруг стал неузнаваем. Обессиленный, разбитый, опустился он на стул, блуждающим взором взглянул на Шушаник, положил голову на стол и зарыдал. Да, он рыдал, как ребенок. Это уже не комедия, можно ли так притворяться. Но слезы и Микаэл Алимян — какой контраст!

Облокотившись на спинку стула, Шушаник удивленно смотрела. И то, что она видела, казалось ей сном, до того все это было неестественно.

Микаэл вскочил, вытер слезы и открыл дверь со словами:

— Идите, отныне я вас оставляю в покое, идите... Но забудьте мои слова... На меня нашла дурь, это от бессонницы, я болен...

И, снова подойдя к столу, он опустился на стул.

— Боже мой, сегодня вы положительно больны, — встретила Антонина Ивановна Шушаник, выходя из экипажа. — Идемте к вам, я хочу познакомиться с вашими родными. Дайте вашу руку.

— Не касайтесь моей руки, она недостойна вас, — проговорила девушка, судорожно вырывая руку.

Антонина Ивановна удивленно посмотрела на Шушаник и, закусив губу, озадаченно покачала головой.

Она совершенно превратно истолковала душевное состояние девушки.

— превратно и оскорбительно.

2

Прошло две-три недели. Жизнь в городе текла по-прежнему. Марта Марутханян почти ежедневно навещала мать и настраивала ее против невестки. Нелады Воскехат с Антониной Ивановной еще более участились. Причин было немало, но постоянным поводом являлись дети. Мать старалась держать их подальше от мужниной родни, а бабушка стремилась завладеть ими. На этой почве происходили нескончаемые семейные бури, против которых Смбат чувствовал себя бессильным. Он укорял то мать, то жену, и обе стороны ревниво отстаивали свои права.

— Она всех нас ненавидит, свысока, заносчиво держится с нами, — жаловалась вдова, — визитов не делает, детей прячет, ни к кому не пускает.. Придут ко мне родственницы — она к ним не выйдет, стакана чаю не предложит. Родня смеется надо мною. Не стало житья, сынок, ни мне, ни тебе, — порви ты с нею!

Антонина Ивановна рассуждала иначе — никого она не презирает, никем не пренебрегает, готова жить в мире со всеми, только пусть от нее не требуют невозможного. У нее есть свои взгляды, вкусы, самолюбие. Не может же она часами просиживать с той или иной невежественной родственницей Алимянов, слушать их сплетни и сплетничать. Она не умеет с ними обращаться и до сих пор еще не знает, о чем ей с этими женщинами разговаривать. Ей не хочется с ними откровенничать, а они норовят залезть ей в душу, хотят знать, когда она ложится, когда встает, о чем думает, кого любит, кого презирает. От нее требуют присутствия на скучнейших пышных семейных вечеринках и обедах, хотят, чтобы она одевалась, как другие, любила те же кушанья, которые любит алимяновская родня, бранила их врагов, потакала друзьям и даже играла с ними в карты...

— Переделать себя я не могу, если бы даже желала. Между мною и этими женщинами лежит пропасть, которую я не могу и не хочу заполнять лицемерием. Не может ее заполнить и ваша мать. Зачем же тогда обманывать друг друга?..

Смбат убегал из дому, чтобы избавиться от ее бесконечных жалоб. Утром он спускался в контору, делал необходимые распоряжения и исчезал. Ни с кем не делился он своими горестями, считая это недостойным. Да и кто поймет муку чужой души со всеми ее оттенками? Разве тот, кто находится в таком же положении. Но подобного ему несчастливца не найдется во всем городе. Вообще их немало, но здесь он один. Так пусть же он один и остается со своими горестями.

Аршак расстался с надеждой найти Зину и при содействии Алексея Ивановича обрел Эльмиру. Это была кокотка, прошедшая столичную школу прожигания жизни, красавица-авантюристка, искавшая теперь счастья в «золотом городе». Коротая ночи с новой любовницей, Аршак днем бродил по ресторанам в поисках еще неизведанных развлечений. Алексей Иванович был неистощим: день ото дня он открывал своему питомцу все новые и новые светские тайны, знакомя его с самыми утонченными и волнующими удовольствиями, рассчитанными на «любителей жизни». Теперь у юноши не было недостатка в деньгах. Смбат щедро снабжал его ими, отчасти под влиянием материнских слез и молений, отчасти для того, чтобы отвязаться.

Исаак Марутханян перестал посещать Алимянов: ведь Микаэл так бесстыдно выставил его. Отныне он не намерен поддерживать с этим домом никаких связей, но погоди же, «наглый мальчишка», Марутханян покажет тебе когда-нибудь когти!

Каждый вечер у себя в кабинете он делал на счетах какие-то выкладки, доставал из железного сундука бумаги, сличал подписи, перечитывал, ухмылялся, потом бережно складывал и прятал их, повторяя:

— Глупый мальчишка!..

Временами он осведомлялся у жены о семейных делах Алимянов (о торговых он знал больше, чем сами Алимяны), интересовался, в каких отношениях между собой братья, и особенно допытывался: что с Микаэлом, почему он не ездит в город? Неужели так сильно втянулся в промысловые дела?

— Уж непременно тут что-нибудь да кроется, — говорил он многозначительно.

С особенным удовольствием приписывал он Микаэлу самые гнусные, самые низменные намерения. Как-то Марта сообщила ему, что Антонина

Ивановна переезжает на промысла. Марутханян ухмыльнулся, уставив из-под очков на жену зелено-желтые глаза:

— Видишь, тут что-то нечисто.

Он думал, что жена из ненависти к Антонине Ивановне не посовестится подхватить этот омерзительный намек. Однако Марта возмутилась до глубины души и, вспылив, крикнула:

— Не смей, мой брат не таков, как ты!

— Я ничего обидного не сказал... Мне только хочется, чтобы твой брат женился.

И с того дня он неустанно повторял одно и то же, побуждая Марту склонить брата к женитьбе. Наконец, жена как-то удивленно спросила:

— Не понимаю, почему ты так хлопочешь о браке Микаэла?

— У меня свои соображения.

— Какие же?

— Когда-нибудь узнаешь, пока не время.

Между тем у Микаэла не только не было охоты жениться, но и сама жизнь со дня на день теряла для него свою привлекательность. Дела он почти полностью передал Давиду Заргаряну и даже не хотел принимать никаких отчетов. Он не только перестал ездить в город, но и редко выходил из дому.

«Что бы такое могло с ним случиться?» — спрашивал себя Давид Заргарян, пытаясь прочесть ответ на лице молодого хозяина. Он был не слеп и не глуп — давно заметил, что Микаэл неравнодушен к Шушаник, между тем как девушка не только не обнадеживает его, но даже избегает. Заргарян мысленно одобрил гордость племянницы, но вместе с тем и опасался: Микаэл с женщинами не знает удержу, он может решиться на жестокость, чтобы наказать бедную девушку за равнодушие. Нравственно падший человек способен на всякую низость, особенно, когда в его власти такое могучее средство, как деньги. О нет, пусть только он посмеет — Давид не пожалеет жизни, чтобы отстоять честь племянницы!

Но главное не в этом. По всему видно, что Шушаник питает симпатию к другому Алимяну. Вот где опасность, которую надо устранить. Правда, Смбат — человек благородный, а Шушаник — девушка рассудительная, но кто может поручиться за их благоразумие, если вдруг взаимная симпатия перерастет в страсть? А ведь это возможно. То. что Смбат богат, а Шушаник бедна — не имеет значения, таких случаев немало. Надо быть настороже и зорко следить за ними...

Давид обрадовался, когда Смбат перестал ездить на промысла. Однако вскоре он убедился, что отсутствие Смбата еще сильнее действует на девушку: день ото дня она все бледнела, худела, делалась мрачной, раздражительной, как чахоточная.

Анна то и дело твердила:

— Дитя мое тает, как воск. Бога ради, Давид, разузнай, что с нею.

Как-то ночью, подавая воду паралитику, Анна из смежной комнаты услышала крик Шушаник. Она с лампой в руках подошла к дочери — девушка бредила во сне. Анна была потрясена, услышав имя Смбата.

Утром, рассказав об этом Давиду, она снова умоляла его, чтобы он разузнал, «отчего так тоскует малютка».

— Шушаник, — обратился Давид после ужина к племяннице, — пройдем к тебе, я хочу кое о чем поговорить.

Девушка хотела было закрыть книгу и подняться, но паралитик воспротивился:

— Не смей, читай, пока я не усну!

И еще около часа эгоист-паралитик терзал самоотверженную девушку, пока не уснул, убаюканный ее мелодичным голосом.

Войдя к девушке, Давид бросил на нее долгий проницательный взгляд и начал издалека, осторожно подходя к сути дела. На правах любящего наставника он убеждал Шушаник одуматься, стать такой, какой она была прежде. Она сильно изменилась... Конечно, в молодые годы человек не застрахован от разных «вольных и невольных» увлечений. Только Шушаник не должна допускать, чтобы родители прокляли тот день, когда было положено начало их благополучию, то есть день переезда на промысла.

— Смбат Алимян, спору нет, очень достойный человек, его можно любить, но...

— Погоди, — прервала дядю Шушаник, вздрогнув, — к чему ты это клонишь?

Давид заговорил яснее:

— Да, Смбата Алимяна можно полюбить, но всякая любовь должна иметь разумное оправдание. О, тебе нечего стыдиться, Шушаник, нечего краснеть и перебивать дядю. Он знает, что говорит. Прости дяде, если он не скрывает своих подозрений. Когда любишь, как родной отец, то обязан, если того требуют обстоятельства, поступить даже сурово. Послушай, Шушаник, подумай хорошенько, у тебя не хватит сил на борьбу с общественным мнением, а оно будет преследовать тебя. Никто не поверит, что ты, дочь бедных родителей, могла полюбить Смбата Алимяна бескорыстно. О нет, люди всегда в таких случаях склонны допустить самое худшее, самое гнусное. Уж таково их свойство.

Шушаник положительно страдала. Не нужно ей таких забот дяди. Оставьте ее одну с ее тайным горем, не вмешивайтесь в ее сокровенные помыслы. Господи, что за испытание такое! Почему он так уверенно говорит о ее любви? Она никогда ничем не выдавала своих чувств к Смбату, ни разу даже не беседовала с ним интимно. С чего же дядя взял, что она влюблена в Смбата?

— Иногда молчание бывает красноречивее слов. Шушаник, не обманывай ни себя, ни меня. Ты увлечена Смбатом. Ты день и ночь только им и бредишь. Да и к чему далеко ходить? Сегодня случайно я раскрыл одну из прочитанных тобою книг... Одну минуту, кажется, она тут...

Он встал, взял со стола толстый том Диккенса и начал перелистывать.

— Ну вот, посмотри, — продолжал Давид, кладя раскрытую книгу перед девушкой. — Ты подчеркнула эти строки. Взгляни на другую страницу, чье имя написано карандашом на полях? Это уже достаточно объясняет твое настроение. Подумай, Шушаник, какие последствия может иметь любовь свободной девушки и женатого мужчины. Ты будешь несчастлива, а я этого не хочу. Ты умна, образована, у тебя прекрасное сердце... Я с гордостью могу сказать, что ты — моя ученица...

Семь лет Давид воспитывал племянницу. Первой заботой его было — приучить ее терпеливо переносить житейские невзгоды; он старался внушить ей любовь к ближнему и кротость, научить любить жизнь даже в самых мрачных ее проявлениях. И Давид был убежден, что, наконец, достиг своей цели. Неужели же теперь окажется, что в душе этой внешне скромной девушки таятся дерзкие помыслы?

Давид с минуту помолчал. Его длинные сухие пальцы нервно листали книгу. На преждевременно увядшем лице его появилась новая мрачная складка, доселе не виданная Шушаник. Быстрым движением он отбросил книгу, выпрямил сутулую спину и заговорил с дрожью в голосе. Пусть Шушаник не думает, что ее дядя вообще против любви. Нет, он тоже кое-что понимает и чувствует. Не так уж высохло у него сердце, как высохло тело. Когда-то это сердце билось. И если теперь он подавлен, — причиной тому любовь, несчастная любовь.

Давид когда-то был скромным учителем в Тифлисе, давал уроки детям богатого купца. Это был грубый деспот в семейной жизни. Спустя год после смерти первой жены купец женился на молоденькой девушке из бедной семьи. Давид с первого же взгляда допустил непростительную ошибку. Жена купца не то была, не то притворялась неравнодушной. Давид не на шутку увлекся, чего только не вообразил, потом в нем зародилась любовь, такая же неравная, как и в данном случае. И накликал на себя беду...

— Шушаник, любовь хороша, но скверно, когда нет взаимности. Смбат Алимян тебя любить не может, потому что его сердце принадлежит детям. Он человек честный и не собьется с пути.

Девушка не могла больше сдержаться. Дядя высказал ее сокровенные мысли. Возражая то слабыми жестами, то восклицаниями, она в то же время не могла отрицать, что любит Смбата Алимяна, так как не умела лгать и притворяться. Жилы на шее у нее напряглись, грудь вздымалась.

Не сдержав наплыва бурных чувств, в ответ на прямодушные речи дяди, Шушаник в бессилии опустилась на диван, уронив голову на вышитую подушечку, и горько зарыдала,

Давиду стало жаль племянницу. Он подошел, взял ее за руку. Зачем он так неосторожно коснулся сокровенных чувств стыдливой девушки? Рыдания Шушаник перешли в истерику. Теперь уже слезы иссякли, нервный клубок перехватил дыханье, губы посинели, щеки раскраснелись, глаза налились кровью.

— Полно, полно, ведь ты не ребенок, — успокаивал ее Давид.

Вошла Анна. Она не спала, ожидая в соседней комнате, чем кончится разговор. Мать обняла голову дочери и прослезилась. Наивная женщина! Она воображала, что причиной всему — Микаэл Алимян...

С этого дня Шушаник перестала бродить, как лунатик, и грустно вздыхать. Ей стыдно было встречаться с дядей. Она снова с прежним усердием отдалась домашним делам, стараясь привлечь к себе отцовское сердце, за последнее время охладевшее было к самоотверженной дочери. Однако это уже не давалось ей так легко.

Не проходило дня, чтобы паралитик не проклинал дочь. Он вообразил, будто Шушаник сговорилась с матерью, дядей и теткой уморить его. Больной подозрительно относился к каждому шагу окружающих. Иногда он не дотрагивался до пищи, уверяя, что она отравлена, поносил всех самыми непристойными словами, оскорблявшими стыдливость несчастной девушки до того, что она, закрыв лицо, убегала.

Как-то рано утром паралитик проснулся с отчаянным криком. Ему приснился ужасный сон: будто во дворе между двумя резервуарами разведен большой костер. Давид связал его с помощью домашних, несет, чтобы бросить в костер и сжечь.

— Уберите их с моих глаз, уберите! — кричал больной, указывая на резервуары, торчавшие, как два утеса.

С этого дня он принялся упорно твердить одно и то же, всегда с ужасом показывая на куполообразные резервуары, преследовавшие его, как зловещий кошмар. Наконец, переставили кровать больного. Теперь он уже не видел резервуаров. Однако в ясные дни, под вечер, на стене перед ним начинал рисоваться один купол, за ним второй, и оба медленно сходились.

— Опять эти проклятые! — кричал больной, с головой кутаясь в одеяло.

Тени нефтяных резервуаров и те пугали его. Он боялся шипенья пара, грохота машин, гудков, журчанья нефти, лившейся в чаны.

— Ад, ад кромешный, — вопил паралитик, — тут дьявол завелся!

Глядя на вытаращенные глаза отца, Шушаник не могла не заметить, что рассудок больного помутился. В ужасе она убегала к себе и там старалась за книгой избавиться от страшных мыслей. Но нарушенный душевный покой уже не возвращался, и печаль бороздила ее ясное лицо преждевременными морщинами.

Как-то вечером Давид вызвал племянницу в контору и сообщил, что Антонина Ивановна хочет из города говорить с нею по телефону. Девушка взяла трубку.

— Это вы? — узнала Шушаник голос Антонины Ивановны.

— Да.

— Прошу вас завтра приехать ко мне по важному делу.

— Вряд ли я смогу, Антонина Ивановна, боюсь оставить отца. Он только при мне успокаивается.

— Убедительно вас прошу, приезжайте хоть на час.

Ничего не поделаешь, отказаться было невозможно.

На другой день Шушаник отправилась по железной дороге в город в сопровождении одного из промысловых работников. С волнением переступила она порог дома Алимяновых . Она боялась встретиться с Смбатом и, к счастью, не встретилась.

— Милая, — обратилась к Шушаник Антонина Ивановна, уводя ее к себе, — я вам очень благодарна, что приехали. Мне хочется поговорить с вами об одном деле.

Она рассказала, что Микаэл разрешает открыть для рабочих библиотеку-читальню и учредить вечерние курсы для неграмотных. Для открытия курсов необходимо получить разрешение властей, а о библиотеке надо позаботиться теперь же. Дело довольно сложное, а она одна, поэтому и просит Шушаник помочь ей.

— Рада помочь, чем только смогу.

— Я уже составила список русских книг и газет. А вы составьте список армянских. Вам, конечно, известно, какие книги нужнее для массы. Можете?

— Попробую, с помощью дяди.

— Отлично. Ваш дядя, несомненно, знает толк в подобных делах. Он, если не ошибаюсь, из народных учителей?

— Да.

— Прекрасно. Значит, ему хорошо известны умственные и нравственные запросы народа.

Антонина Ивановна предложила Шушаник какао, все с тем же воодушевлением продолжая развивать свои мысли. Настойчиво упрашивала отобедать. Но Шушаник тянуло на промысла, она отказалась и в сопровождении горничной Антонины Ивановны отправилась на вокзал.

Антонина Ивановна была чрезвычайно рада, что ей удалось

завербовать Шушаник в помощницы, и надеялась крепко подружиться с нею. Ах, какое у нее симпатичное и умное лицо! Сразу видно, что девушка вдумчивая и развитая — прямо неожиданная находка в этой азиатской стране!

Антонина Ивановна до того воодушевилась, сердце ее до того смягчилось, что вскоре она согласилась на просьбу Смбата пойти с ним в гости к одному из его родственников, крупному коммерсанту, торговавшему с Ираном. Ежегодно в день рождения своей единственной дочери он давал пышный обед.

На следующий день в два часа Антонина Ивановна вместе с Смбатом входила в просторную, роскошно убранную гостиную. Тут было все, кроме тонкого вкуса. Собралось уже довольно много гостей, но приток новых не прекращался. Вскоре Антонину Ивановну обступили любопытные дамы и барышни; все они дружно принялись корить «невестку», что она живет отшельницей, не показывается в обществе и «ни во что не ставит» родню. Антонина Ивановна оборонялась, как могла. В незнакомой среде, где национальные восточные наряды мешались с европейскими, сшитыми по последней моде, она чувствовала себя в каком-то хаосе: не знала, о чем говорить, как держаться,, чем занимать собеседниц.

Мало-помалу они покинули Антонину Ивановну, она осталась одна. Нетрудно было угадать, о чем беседовали женщины, разбившись на группы и неотступно преследуя ее взглядами. Хозяйка дома, только к тридцати годам сменившая восточный наряд на европейский, находила, что «невестка» одета слишком просто. Другие острили насчет ее возраста, цвета волос и глаз. Находились и защитницы Антонины Ивановны, но голоса их терялись в общем хоре отрицательных суждений.

— Разве мало девушек в нашем городе? — говорила одна..

— Сам накликал на себя беду, — отзывалась другая.

— Во всем виноваты родители, — зачем было посылать Смбата еще ребенком на чужбину?

— Все забыл: и имя, и честь, и народ, и веру... Опозорил и себя и нас...

Антонине Ивановне было тоскливо и скучно. В толпе гостей она чувствовала себя одинокой и чужой.

— Ну вот, любуйтесь, — пожаловалась она Смбату шепотом, — среди них я словно дикарка. Посмотрите, как они косятся на меня. Лица у них выражают либо пренебрежение, либо снисхождение. Поверьте, я никого не виню, но почему, почему же вы требуете, чтобы я примирилась с этой враждебностью? Они никогда со мною не примирятся, как же мне примириться с ними?

— Они невежественны, будьте снисходительны.

208

— Знаю, но не могу, не в силах... Разрешите мне уйти... Поздравила — и довольно, остаться обедать выше моих сил.

— Принуждать вас я не имею права.

Антонина Ивановна не уступила никаким просьбам родни и простилась. На улице из ее груди вырвался долгий вздох облегченья — словно ее выпустили из душной темницы.

И действительно среда эта угнетала ее и дома, и вне дома.

На следующий день Антонина Ивановна по телефону попросила Микаэла отвести ей на промыслах квартиру из двух-трех комнат. Она решила переехать туда с детьми. Смбат не возражал.

Микаэл уступил невестке свою квартиру, отделанную и заново обставленную, а сам перебрался в один из недавно построенных домов. Через неделю Антонина Ивановна переехала на промысла с детьми.

Шушаник была рада ее переезду. Между ними завязалась дружба. Они целыми часами рассуждали и совещались о своих начинаниях: разбирали, строили планы, обдумывали, переживали. Временами в беседе затрагивалось личное: Антонина Ивановна любила порассказать о своей студенческой жизни (она три года посещала Бестужевские курсы). Блаженные времена! Пусть они промчались, зато оставили много ярких воспоминании. Но что об этом жалеть, — Антонина Ивановна постарается наверстать потерянное.

Шушаник слушала молча и внимательно, это очень нравилось Антонине Ивановне. Она не сомневалась,, что слова ее оказывают благотворное влияние на еще не сформировавшуюся девушку, давая ей надлежащее направление.

Девушка уважала в Антонине Ивановне ум, силу воли, образованность, но дружить с ней, — нет, дружить она еще не могла. Да и как, по какому праву она могла бы рассчитывать на дружбу? Временами девушка сожалела, что Антонина Ивановна лишена любви мужа. Неужели Смбат Алимян сумел бы найти лучшую подругу жизни, чем эта образованная мать, добродетельная жена, внешне привлекательная, не старая? А может быть, под внешней искренностью Смбата скрыта холодная душа?

Однажды в комнату неожиданно вошел Смбат. Он приехал, чтобы отвезти детей в город. Был канун вербного воскресенья, и Воскехат потребовала, чтобы утром внучат повели к обедне. Антонина Ивановна не возражала. Пусть ведут в какую угодно церковь, ей все равно.

Заметив на столе жены учебник армянского языка, Смбат взял его, перелистал, взглянул на Шушаник и угадал, что девушка дает уроки Антонине Ивановне. Он ничего не сказал, лишь горькая ироническая улыбка мелькнула на его лице.

На следующий день, вернувшись с детьми из города, он снова застал

Шушаник у жены. Девушка хотела было уйти, но Антонина Ивановна ее не пустила. Шушаник стала играть с детьми. Смбат украдкой следил за нею. Как это скромное лицо и два детских личика дополняли друг друга! Ах, отчего не она их мать, — она, такая близкая ему по крови и по духу!

Под наплывом мыслей Смбат не мог оторвать глаз от Шушаник и невольно вздохнул; вспомнив слова дяди: «Почему ты не сорвал ветку с родного куста?»

За последнее время в душе Смбата произошла новая перемена. Он уже сознавал, что продолжать жить так, как он живет, — невозможно, стыдно. Неужели он позволит себе докатиться до дна? Почва из-под ног ускользала. Неужели забыть отцовское завещание, горе матери, долг по отношению к детям? И в особенности к детям! Нет! Значит, надо остановиться и трезво поразмыслить. Разве он нашел хоть какое-нибудь облегчение в пьяном ресторанном угаре? Разве эти роскошные пиры, бессонные ночи, острый запах вина, принося минутное притупление чувств, вернули ему хотя бы чуточку покоя? Конечно, нет. Скорбь его, как могучая огненная лава, и искусственные преграды бессильны остановить ее напор. Долой малодушие! Он не хочет, наконец, погибать из-за единственной случайной ошибки. Разве у него одного такое тяжелое положение? Почему другие могут мириться со своими ошибками, как только осознают их тяжесть, а он, пытавшийся избавить братьев от нравственной гибели, сам должен погибнуть? Счастье, что он не так юн, как Аршак, и не так несдержан, как Микаэл. О нет, пора, пора одуматься...

Смбат стал замечать, что Микаэл, казавшийся ему бесповоротно пропавшим, день ото дня становится все более серьезным. Отвернувшись от городской жизни, он как бы ушел в себя, чтобы очиститься от былой скверны. А кто или что тому причиной? Во всяком случае, не его наставления и советы, а нечто другое, более могучее. И, внутренний голос подсказал: «Шушаник!..»

Собственно говоря, у Смбата не было достаточных оснований утверждать, что Микаэл заинтересован этой девушкой, но все же он был убежден, что предположения его правдоподобны. Ну и пусть! Значит, душа брата, оскверненная другими женщинами, очищается под влиянием духовного обаяния скромной девушки. Разумеется, надо только радоваться, что погрязший в тине беспутства брат избавляется от нравственной смерти. Но почему же какая-то нелепая ревность не дает Смбату покоя?

Простительно ли ревновать к родному брату? Пусть они любят друг друга, если только любят, — он будет рад, он обязан радоваться. Ведь для него все кончено, и остается только повторять многозначительные слова дяди: «Почему ты не сорвал ветку с родного куста?..»

3

Хоть и считал себя Смбат Алимян свободным от предрассудков и суеверий, однако бывали у него предчувствия, которым он как бы нехотя верил. Когда им вдруг овладевала тоска, он знал, что услышит приятную весть. И. наоборот, когда испытывал радостное томление, — понимал, что это предчувствие грозящей неприятности.

В тот день им овладело веселое настроение: он напевал и насвистывал, забыв о своем постоянном горе. Выпил стакан чаю, ласково пожурил мать, зачем она, вечно грустная и мрачная, сидит со сложенными на груди руками, заражая всех своим настроением; спустился в контору. Служащие были уже на местах, а в кабинете дожидались несколько посетителей. Отдав необходимые распоряжения и закончив прием, Смбат обрадовался известию, что цена на нефть повысилась на полкопейки за пуд. Он высчитал, что, если дела и дальше так пойдут, можно будет удвоить число буровых скважин — и три миллиона превратятся в десять, пятнадцать. Он сознавал теперь значение денег больше, чем когда-либо, и ему стало стыдно за «былые ребяческие идеи».

В приподнятом настроении Смбат уже собирался выйти прогуляться, как вдруг вошел Исаак Марутханян, последние три-четыре месяца избегавший бывать у Алимянов.

— Простите, Смбат Маркович, — серьезно и торжественно заговорил неожиданный гость, — у меня к вам очень важное дело.

«Очень важное дело!» — иначе и быть не может. Несомненно, дело «чрезвычайно важное», раз оно вынудило его решиться на этот визит. Марутханян осмотрелся, чтобы убедиться, нет ли третьего лица, и, подойдя к средним дверям, опасливо спросил:

— Можно запереть на ключ?

— Но зачем же?

— Необходимо.

Смбат жестом предложил ему сесть. Сел и сам.

— Знаете что, Смбат Маркович, — начал гость, снимая перчатки, — будьте хладнокровны и приготовьтесь терпеливо выслушать меня.

Но как ни старался он казаться спокойным, в его ровном голосе скрывалась тревога.

— Говорите короче, что вам угодно? — нетерпеливо вы крикнул Смбат.

— Вам известно, что У Исаака Марутханяна слово не расходится с делом. Я явился узнать, когда ваш брат, Микаэл Маркович, думает уплатить мне долг?

— Долг? Вам?

— Да, мне, мои в поте лица нажитые деньги. Достаточно долго я ждал. Положим, мне нечего терять, проценты растут, но когда же, наконец, он уплатит?

— О каком долге речь, не понимаю.

— Не понимаете? — удивился Марутханян так искусно, что трудно было заметить фальшь. — Неужели он вам ничего не говорил? Удивительное дело! У него почти полмиллиона долга, и он скрывает это от родного брата, да еще старшего. Клянусь, Микаэл Маркович счастливейший человек... А вот я, несчастный, почти не сплю, когда задолжаю несколько рублей.

Полмиллиона! Смбат посмотрел в зелено-желтые глаза гостя, улыбавшиеся сквозь очки с безудержным злорадством. Уж не спятил ли зять? Но ни единого признака помешательства; напротив, никогда лицо Марутханяна не казалось Смбату таким коварным.

— Полмиллиона! — повторил Смбат — Знаете, шутить мы не можем, после того дня, как вы...

— Боже упаси, — прервал гость, — я вовсе не шучу. Микаэл Маркович Алимян по частным долговым обязательствам должен мне, Исааку Марутханяну, триста двадцать тысяч рублей. С начислением же процентов это составляет полмиллиона с лишним. Я так и думал: Смбат Маркович не поверит и будет удивляться, тем более, что я у него не в фаворе. Но потрудитесь сегодня вечером пожаловать ко мне на чашку чаю, и я вам покажу долговые обязательства.

— Должно быть, такие же, как и состряпанное вами контрзавещание.

— Смбат Маркович, то было делом вашего брата. Но сегодня вечером вы убедитесь воочию. Приходите с Микаэлом Марковичем, — если он не признает, плюньте мне в лицо. Так ждать вас?

— Довольно, мне некогда ломать комедию!

Смбат поднялся. Марутханян не спеша бросил перчатки и шляпу, достал из бокового кармана пакет и вынул оттуда вчетверо сложенный лист. Развернув, показал его издали Смбату.

— Читайте!

Смбат прочитал, всмотрелся в подпись. По этой бумаге сумма долга составляла тридцать тысяч без процентов. Смбат, поискав, достал у себя в столе старый вексель брата, сличил подпись и невольно произнес:

— Да, как будто рука Микаэла.

— Не как будто, а на самом деле, — подтвердил Марутханян, складывая бумагу и пряча в карман.

— Все же это подделка, — уронил Смбат. — Микаэл вам ничего не должен.

— Ну, если так, тогда пусть суд убедит вас. Хотите знать, каким путем образовались эти долги?

212

— Рассказывайте, — процедил Смбат, усаживаясь и откидываясь на спинку кресла. — И небылицы иной раз занимательны.

Шесть лет назад Микаэл увлекся красавицей — женой морского офицера. Она опутала его. Микаэл начал делать долги, чтобы не выпустить ее из рук. Обратился к Марутханяну. Какой же «другой дурак» мог доверить ему такие суммы? Красавица обещает бежать с Микаэлом за границу. Марутханян одолжил шурину на дорогу и обеспечил его существование на два года при условии — уплатить долг после смерти Маркоса-аги. Какая низость со стороны сына, не правда ли? Красавица обманывает Микаэла, забирает деньги и... бежит с другим в Финляндию. Это раз... Затем через год появляется на смену другая красавица — жена какого-то комиссионера. Эта тоже порядком повытряхивает карманы «у нашего умника». А умник снова к зятю. Господи, и теперь еще Исаак помнит, как Микаэл молил его и упрашивал, как он плакал. Но после смерти Маркоса-аги Микаэл не оставлял в покое зятя и вместо того, чтобы уплатить старые долги, наделал новых...

— Вот и вся история трехсот двадцати тысяч рублей...

— Довольно! — вскричал Смбат, в волнении подымаясь. — Фантазия ваша необъятна. Все, что вы мне рассказали, высосано из пальца.

— В двух словах: вы намерены вернуть мои деньги или нет?

— Нет!

Марутханян поднялся, саркастически улыбаясь. Он не сумел убедить Смбата, так убедит суд. Эксперты не посмеют не удостоверить подлинность долговых обязательств. Сам Микаэл тоже не откажется от своей подписи, в этом нет сомнений. Но все же ему не хотелось бы доводить дело до суда. Бог весть, что еще может Случиться...

— Потрудитесь сообщить Микаэлу Марковичу по теле фону, чтобы сегодня же вечером он приехал в город. Придете ко мне — хорошо. Нет — ваше дело. До свидания.

Марутханян вышел так же спокойно, как и вошел.

Вечером он сидел у себя в кабинете в зеленом шелковом халате, что-то писал, вычеркивал, высчитывал, подводил итоги, чтобы определить свой вес в торгово-промышленном мире. Ах, как он отстал! Если даже Исаак Марутханян полностью получит от Алимянов все свои «долги», и тогда его состояние составит едва один миллион. Сумма пустяковая в сравнении с тем, что другие наживают на одном фонтане.

Дверь растворилась, и вошла Марта, неся одного ребенка, а другого ведя за руку. Дети были бледны, малокровны, болезненны. Старший, которому шел уже шестой год, все еще не умел как следует ходить и с трудом ковылял за матерью.

— Чего ты опять притащила их сюда? — встретил Исаак жену.

213

— Привела, чтобы ты поглядел и порадовался. Только что у старшего опять из носа пошла кровь.

— А что же я могу сделать? Вызови врача.

— Врача, да врача... Сам видишь, ничто не помогает!

— Раз не помогает, что же я могу сделать?

— Советуют везти их за границу. Давай съездим в этом году, а?

— Да ты с ума сошла. Как я могу ехать за границу, когда завален делами?

— Дела, да дела! Не понимаю, для кого ты копишь?

— Ха-ха-ха!.. — раздался смех Марутханяна. — Какая ты умная стала, ха-ха-ха! Для кого?.. Для славы, милая моя, для славы!.. Выживут мои дети — пусть все достанется им. Не выживут — божья воля, но деньги, деньги всегда нужны...

Раздался звонок. Вошел Сулян, улыбаясь и щуря глазки.

Марутханян вел через него переговоры с одним нефтепромышленником, собираясь купить у него нефтяные участки.

— Ну, что нового? — спросил он, жестом приглашая гостя сесть.

— Надо спешить. Нашлись еще покупатели.

— Поспешим. Сегодня решается вопрос. Как хорошо, что вы пришли, будете свидетелем в одном деле... Марта, вот это человек — я понимаю: истинно образованный молодой человек! Он постиг дух нашего времени. Спроси, и господин Сулян тебе скажет, почему людей тянет к богатству.

— Неужели мадам отрицает значение богатства?

Младший ребенок захныкал.

— Уведи их, ради бога, не до зурны мне сейчас, — сказал Марутханян. — Постой, дай я его поцелую. Сегодня утром не успел.

Каждое утро, уходя, он целовал детей и этим ограничивалось проявление его родительской нежности. Но пока он обнимал младшего, стараясь успокоить его, жена улыбалась Суляну. Ее глаза выражали явную насмешку над отцовскими ласками Исаака.

Она отняла младшего у мужа, взяла старшего за руку и увела их.

Немного спустя вошли Смбат и Микаэл Алимяны.

Сулян, еще ничего не знавший и не ожидавший встречи с хозяевами, смутился. Марутханян, слегка кивнув, жестом предложил гостям присесть, точь-в-точь так же, как Смбат утром. Пусть намотают на ус, что Марутханян при желании тоже может выказать презрение.

Смбат уже рассказал брату про визит Марутханяна.

Версия о жене морского офицера и жене комиссионера соответствовала действительности, — Микаэл это подтвердил. Но он никогда не брал у зятя денег, тем более такими крупными суммами. Тут какой-то обман.

— Мартирос! — крикнул Марутханян.

Вошел человек с крашеными усами, бритый, в полувосточной, полуевропейской одежде. Это был верный слуга Марутханяна, знавший многое о прошлом своего хозяина.

— Подай господам чаю.

— Сию минуту.

— Покажи мои долговые обязательства! — крикнул не терпеливо Микаэл.

— Не спеши, выпьем сначала по стакану чаю, потом... Присаживайтесь...

Смбат сел; Микаэл продолжал стоять.

— Мои долговые обязательства! — нетерпеливо повторил Микаэл.

— Человек ты божий, даже в государственном банке ждут должники, а я твой родственник, зять.

Он прибавил огня в лампе, полез в карман халата и достал большой ключ. Сулян хотел было уйти, но заинтересовался и решил остаться.

— Он только что пришел, — сказал Марутханян, — я попросил его не уходить. Пусть будет свидетелем, а?

— Пусть остается, — ответил Смбат.

Микаэл с трудом владел собой. В медлительности Марутханяна он видел манеру иезуита изводить человека как можно дольше.

Наконец, хозяин не спеша подошел к железному сундуку, открыл его, достал большой пакет и снова уселся.

— Извольте, братец, читайте и припоминайте ваши долги.

Он вытащил из пакета четыре расписки и по одной передал Смбату. Микаэл прочитал все от начала до конца и внимательно проверил свои подписи. Чем дальше он всматривался в них, тем учащеннее становилось его дыхание и сильнее дрожали ноздри. Он не замечал Мартироса, стоявшего у него за спиной и не сводившего глаз с хозяина: по одному его знаку он готов был задушить Микаэла.

— Подписи эти не поддельные, — невольно проговорил Микаэл.

— Вот видите, — обратился Марутханян к Смбату, принимая от Микаэла последнюю расписку.

Мартирос вышел по знаку хозяина. Микаэл стал ходить по комнате, прижимая руки ко лбу. Отрицать невозможно — на четырех бумагах его подписи. Но когда, каким образом и зачем — эти вопросы мучили его. Он остановился у письменного стола, крепко стиснув зубами большой палец. Смбат и Сулян молча следили за выражением его лица. Откинувшись на спинку кресла, Марутханян перебирал кисточки халата.

— А-а! — воскликнул вдруг Микаэл. — Теперь я начинаю кое-что припоминать...

— Я полагаю, — усмехнулся «заимодавец», — триста тысяч не шутка...

Он медленно встал и спрятал бумаги в сундук, потом подошел к двери, что-то шепнул Марти росу, стоявшему у притолоки, и снова уселся.

— Мошенник! — крикнул Микаэл.

— Потише, сестра услышит, незачем кричать.

— Мошенник! — повторил Микаэл.

— Слышите, господин Сулян? Вот что делается на свете! Деньги давал я, из беды выручал я, и я же — мошенник. Где же после этого правда?

Сулян, уже сообразивший, в чем дело, хитро прищурясь, поглядывал то на Марутханяна, то на Алимянов, не зная, к кому из них выгоднее пристать.

— Слушай, Смбат, как все это случилось, — заговорил Микаэл, — мысли мои проясняются. Я начинаю понемногу вспоминать.

И он начал рассказывать. Понятно, какое впечатление произвело на него отцовское завещание. Оно разбило все его надежды. Микаэл потерял рассудок, точно поддавшись внушению злого духа, он стал вытворять такие дела, на какие в другое время не посмел бы решиться. Повздорив со старшим братом, он обратился за советом к Марутханяну. Вдвоем они состряпали контрзавещание. Смбату он пригрозил судебным процессом. Угрозы не подействовали. Микаэл разъярился пуще. Рассудок у него помутился. А Марутханян все настраивал его против брата. Как раз в это время случилось нечто, вконец нарушившее душевное равновесие Микаэла. Опьяненный страстью, он превращал ночи в дни, дни в ночи. А Марутханян все взвинчивал его, убеждая начать судебное дело против Смбата. Чтобы избавиться от его приставаний, Микаэл, наконец, сказал ему: «Поступай как хочешь, я уполномочиваю тебя». Вот этим-то правом и стал злоупотреблять Марутханян. Он приносил ему для подписи разные бумаги, особенно, когда Микаэл был пьян, и он, Микаэл, по глупости — подписывал их, даже не читая. Он, разумеется, допускал, что Марутханян воспользуется его легкомыслием, но чтобы так бесстыдно, так подло, так нагло, — никогда!

— Вот каким образом я подписывал эти долговые обязательства.

Микаэл обратился к зятю и, скрежеща зубами, прошипел:

— Подлец! И ты думаешь на эти деньги прокормить мою сестру?

— И лечить ее больных детей, — прибавил Марутханян с неизменным хладнокровием. — А почему бы и мне не содержать семью на деньги, нажитые в поте лица? Малый мой, слава богу, тут не дети сидят, чтобы поверить твоим словам. Простое письмо и то прочитывают, прежде, чем подписать. Ты же утверждаешь, что подписал четыре долговых обязательства, не прочитав ни одного. Ха-ха! За мальчишек, что ли, ты принимаешь этих образованных людей. Своими глаза ми ты мог убедиться, что из четырех обязательств три были выданы задолго до смерти Маркоса-аги и лишь одно — после.

— Да, но ты подделал и числа.

— Ха-ха, подделал числа!.. Может быть, ты скажешь еще, что я — не я, что ты — не ты, что его фамилия не Сулян, что Смбат Маркович тебе не брат? Микаэл Маркович, почему бы тебе не признаться, что ты не знал цены деньгам и швырял их направо и налево?

— Швырял, но не твои. Суд установит путем химического анализа, что все бумаги подписаны недавно.

Наивные угрозы вызвали у Суляна сдержанную улыбку.

— Ну что ж, — вздохнул Марутханян, — остается обратиться в суд, нечего переливать из пустого в порожнее.

Его хладнокровие все более и более раздражало Микаэла, но он решил сдерживаться, сознавая, что горячность может повредить делу. И, подавляя самолюбие, принялся уговаривать неумолимого «заимодавца» пощадить его и сознаться в истине.

Сознаться! Ну нет, на это Марутханян никогда не пойдет. Неужели он теперь отступит?

Микаэл обещал уплатить десять, пятнадцать, двадцать процентов, лишь бы Марутханян сказал, что он пошутил, что Микаэл ему ничего не должен. Кредитор иронически улыбался, пожимая плечами.

Микаэл в отчаянии посмотрел на брата, точно спрашивая: долго ли ему еще мучиться? Смбат был мрачнее осенней ночи. Он молчал, глядя в пол.

Микаэл продолжал упрашивать зятя не доводить его до отчаяния. Всем известно, что он был расточителен, но триста двадцать тысяч — нет, таких денег у него никогда не бывало.

— Ладно, я ведь тебя не собираюсь душить, — снизошел «заимодавец», — дам тебе срок, и ты понемногу выплатишь: год, два, ну три — достаточно?

— Исаак! — вымолвил Микаэл, и голос его задрожал.

— Довольно! — крикнул Марутханян. — Родне — дружба, деньгам — счет. Господа, говорите же! Чего молчите?

Сулян все еще не знал, на чью сторону стать. Он ни на йоту не сомневался в искренности Микаэла, но отчего бы ему не помолчать, раз его вмешательство может восстановить против него ту или другую сторону. Разумнее прикинуться простачком и делать вид, будто ничего не понимаешь.

Смбат пытался убедить зятя обдумать хорошенько, что он затевает. Ведь это уголовное дело, за которое могут сослать.

— Ну и пусть ссылают, коли нет правды на земле. Поверьте, я не только не стал бы требовать, а еще кое-что добавил бы от себя, не будь Алимяны миллионерами. Есть у них — и получу свои кровные денежки, как из государственного банка.

— Уж коли на то пошло, — взбесился Микаэл, не желая больше

унижаться, — иголки не получишь, чтоб выколоть себе жадные глаза! Ты забываешь, что я не равноправный наследник и останусь таковым, покуда не женюсь. А я вот возьму да и не женюсь, — посмотрим, с кого ты тогда получишь.

Марутханян усмехнулся, закинув ногу на ногу и покручивая пышный ус. Он не беспокоится. Смбат Маркович никогда не допустит, чтобы Микаэла объявили несостоятельным должником, он уплатит — вот что выражала его сатанинская улыбка, ужалившая Микаэла.

— Разбойник! Скольких ты обобрал, скольких лишил куска хлеба!

— О-о, очень и очень многих, даже твоего покойного отца!..

— Прошу ни слова об отце! — возмутился Смбат. — Вор, мошенник, трус! — заревел Микаэл, топая ногами. — Хоть бы ты погорячился, вышел из себя!..

Это было уже слишком. Марутханян вломился в амбицию — ведь присутствует посторонний.

— Я — не скандалист. Я — трус. Хочешь драться, ступай к Григору Абетяну... Он тебе ответит...

Намек был слишком ясен. Это было последней каплей в чаше. Микаэл и без того долго сдерживал себя. Кровь ударила ему в голову. Оскорбления, перенесенные им за последние месяцы, горькие страдания мгновенно, с новой силой вспыхнули в его сердце. Вспыхнул огонь, казавшийся едва тлевшим. Это был уже не Микаэл, подавленный собственной виной, онемевший перед Григором Абетяном. Там его сковывали укоры совести и светлый образ девушки, а тут он не чувствовал за собой никакой вины, и ничто не могло сдержать его.

Мгновенно схватив со стола подсвечник, Микаэл пустил им в человека, олицетворявшего в эту минуту для него вражду всех его недругов. Марутханян не успел крикнуть Мартироса, стоявшего за дверью. Подсвечник, описав кривую, угодил подставкой в лоб хозяину. Брызнувшая кровь заструилась по лицу на дорогой халат. Раненый пытался подняться, но с глухим стоном повалился в кресло.

Вбежал Мартирос и схватил сзади Микаэла. Сулян кинулся к раненому: что за дикость, боже ты мой, вот что значит некультурность, невежество!

Рана оказалась глубокой, кровь не останавливалась.

В дверях показалась Марта. С минуту она оставалась неподвижной, как пригвожденная, но при виде окровавленного супруга вскрикнула и бросилась к нему.

Микаэл, не шевелясь, глядел на эту картину. Мартирос, выпустив его, стал приводить хозяина в чувство. Услышав отчаянный крик сестры, Микаэл вздрогнул, глухо простонал и в бессилии опустился на стул.

Смбат взял его за руку и вывел.

4

Свежий уличный воздух отрезвил Микаэла. От беспредельного раскаяния он искусал себе губы до крови. Поднять руку на человека — подлого и безжалостного, но все же мужа сестры... Да и что это за рыцарство — поднять руку на труса!

В ушах звучали отчаянные вопли и проклятия сестры. И что же толкнуло его на этот шаг? Деньги? Какая низость! Какая глупость! Ведь у него самого нет ни копейки, что же он защищал?

Раскаиваясь, Микаэл, однако, делал вид, что продолжает злиться. Молчание Смбата удваивало его терзания. Микаэл не знал, как оправдаться, — лучше бы Смбат выбранил его, даже избил, как скверного, негодного мальчишку, только бы не молчал.

Микаэл вырвал руку, остановился, прислонил голову к фонарному столбу и обхватил его. Послышалось глухое рыдание. Никогда не чувствовал он себя таким несчастным. Микаэл рад бы обнищать, лишь бы не допустить этой расправы над человеком, беззастенчиво, как истый разбойник, обиравшим его.

— Поди узнай, как рана, — обратился он к Смбату.

— Сперва надо тебя доставить домой. Ты обращаешь на себя внимание прохожих. Возьмем извозчика.

— Оставь меня, иди куда хочешь.

Он направился к набережной. Смбат последовал за ним, почти насильно усадил в экипаж и привез домой. До полуночи Смбат не отходил от него, храня упорное молчание и не подозревая, что оно терзает брата.

— Заговоришь ты или нет? — не вытерпел, наконец, Микаэл.

— О чем говорить? За короткий срок тебя два раза били и один раз ты сам чуть не убил. Неужели только кулак и действует на нас? Неужели мы еще так дики?

Приехал Сулян с известием, что врач нашел рану Марутханяна хоть и серьезной, но не опасной для жизни. Если бы удар пришелся не плоской стороной подставки, раненый вряд ли выжил бы.

Всю ночь Микаэл не мог сомкнуть глаз. Кровь Марутханяна преследовала его, распаляла воображение, как недавняя пощечина Абетяна. Да и в самом деле, чем он не дикарь? А еще удивляется, что кроткое, ангельское создание презирает, ненавидит его.

Чуть свет Микаэл отправился на промысла. Спустя несколько часов приехал туда и Смбат. Рано утром Марта, вся в слезах, явилась к матери и рассказала ей обо всем. Вдова рвала на себе волосы и била себя в грудь, оплакивая нравственное падение семьи.

— Что ты думаешь делать? — спросил Смбат.

— Уплатить. Знаю, я — не наследник,, но надо уплатить.

Смбат диву дался: неужели он согласится быть ограбленным средь бела дня?

— Да!

Смбат глубоко задумался. Микаэл вправе поступать со своими «долговыми» обязательствами как хочет — уплатить, отклонить или же передать дело в суд, но ни в коем случае не следует выходить из отцовской воли.

— Если хочешь платить, должен жениться.

— На это я не пойду.

— Почему?

— Просто так, не могу жениться.

— Понимаю, ты любишь девушку, которая не отвечает тебе взаимностью.

— Уж, конечно, поймешь, коли знаешь, что она любит тебя.

— Микаэл!

— Не хитри и не испытывай меня. Да, нравственно ты выше меня.

— Я не давал ей ни малейшего повода любить меня и ненавидеть тебя.

— Верю.

Микаэл присел к столу и охватил голову.

— Хочешь, я поговорю с ней? — спросил Смбат.

— Вероятно, для поднятия моего морального престижа в ее глазах? Спасибо. Знаю, что ты великодушен, но я в подаянии не нуждаюсь. Распространяться об этом не хочу. Люблю или нет — дело мое, а жениться не могу. Заложи меня, нарушь отцовское завещание, пусть я буду тебе слугой, но уплати эти деньги.

— Я ни на йоту не отступлю от завещания.

— Почему же только в отношении меня? А ты сам разве имеешь право не исполнять волю отца?

— Микаэл!..

— Обижаться нечего, ведь ты все еще не развелся с женой...

— У меня дети, которых я люблю.

— И которые являются твоими наследниками, опять таки вопреки завещанию.

— Никогда!

— По закону — да, но окольным путем ты их все же сделаешь наследниками.

— Микаэл, у тебя еще нет оснований так говорить.

— Еще нет, но, вероятно, будут. Прости, я бы не сказал так, будь ты прежним Смбатом. За последнее время ты вошел во вкус денег. Я не так уж слеп. Довольно, уплати мои долги, если хочешь быть со мною в мире.

И, схватив шляпу, Микаэл поспешно вышел. Смбат погрузился в раздумье. Он не мог объяснить настойчивое желание брата уплатить по подложным обязательствам. Уж не боится ли он, что на суде может вскрыться какая-нибудь грязная тайна!..

Положение становилось критическим. Смбат не имел права изъять полмиллиона из отцовского наследства. А если бы даже и имел — легко ли лишиться такой огромной суммы? Да, Микаэл прав, он теперь знает цену деньгам. Более того, он начал любить их. Любить настолько, что сознает невозможность выбросить полмиллиона из шести-семимиллионного состояния... И зачем выбрасывать? Какая глупость!

Смбат попытался уговорить Марутханяна отказаться от несправедливых притязаний, однако «заимодавец» был неумолим: он не дурак, чтобы «дать себя ограбить среди бела дня». Марутханян наличными ссудил Микаэла Алимяна, и тот наличными должен с ним рассчитаться. Прежде, может быть, он и согласился бы кое-что скостить с основного «долга», но теперь, после дикой выходки Микаэла, он взыщет с него даже проценты на проценты.

Смбат грозил, что приложит все старания и докажет подложность долговых обязательств: он пригласит из Петербурга лучшего адвоката, истратит полмиллиона. Однако запугать Марутханяна подобными угрозами было нелегко. Он сам решил пригласить столичного юриста. Всем известно, что Микаэл расточителен, бросает деньги на ветер. Известно также, что Маркос-ага был скуп, — как же мог Микаэл тратить подобные суммы, если бы его не ссужал сердобольный родственник»?

Терпение Смбата иссякло. Он заявил, что уплатит деньги, но в то же время убедит общество, что заимодавец — мошенник; посмотрим, каково-то ему придется тогда. Но более ребяческой угрозы не было и быть не могло для заимодавца. Он громко рассмеялся. Только бы стать Марутханяну обладателем кругленького миллиона и пускай говорят о нем, что хотят и сколько хотят. Общество! Ха-ха-ха!.. Интересно знать, кто из этих Сулянов, Срафион Гаспарычей, Гуламянов, Аракелянов не согнет тогда спины перед ним? Он великолепно знает людей: одной рукой набивай им карманы, другой — бей по головам, и будут улыбаться. Вот что значит для него, Исаака Марутханяна, общество! Да, наконец, разве мало в городе заведомых мошенников, контрабандистов, злостных банкротов, бывших воров-приказчиков, пользующихся почетом и уважением? Марутханян ведь не ворует., он только требует свои «кровные» деньги.

— Ошибаетесь, — возразил Смбат, — в обществе есть и честные люди.

— Ну и пусть. Подружатся потом и они со мной. Взять хотя бы вас. Человек вы честный, не правда ли? Если вы не — любите, деньги, так почему же прилипли к отцовским миллионам? Не вы ли говорили когда-то на основании каких-то экономических законов, что Маркос-ага пользуется плодами чужого труда? А вот теперь эти миллионы вам не кажутся беззаконными. Вы думаете, я вас осуждаю? Боже упаси, я не дурак. Друг мой, на свете две породы воров: честная и нечестная. Вор из честной породы сам крадет, нечестный же пожирает краденное другими. Говорю я об этом между прочим, — не обижайтесь. Хочу только сказать, что честный купец, в истинном значении этого слова, — такая же редкость, как и неворующий повар.

Смбат видел, что, Марутханян не только не умерил своих аппетитов, но все более и более наглел. Оставался единственный выход: передать дело в суд. Допустим, что там решат в пользу Марутханяна. Микаэл будет объявлен «несостоятельным должником», как неправомочный наследник Маркоса Алимяна, — с кого же тогда Марутханян получит полмиллиона? С Смбата? Не даст он — и баста! Но это вконец опорочит и без того подорванную репутацию Микаэла, — можно ли так сурово обойтись с родным братом?

Смбат приказал составить подробную опись имущества Алимянов. Выяснилось, что полностью долги можно уплатить только при условии заклада недвижимостей. Но завещание Маркоса-аги запрещает продавать или _ закладывать недвижимость. Можно расплачиваться с «заимодавцем» по частям в течение нескольких лет. Уплатить? Ни за что! Смбат не может и не желает стать жертвой явного мошенничества. Над ним будут издеваться, если обнаружится обман...

И он стал убеждать Микаэла, что единственный выход из положения — суд.

Микаэл еще раз твердо заявил, что решил уплатить долг. Пусть его доля наследства достанется племянникам, пусть он обнищает: довольно он пользовался отцовским богатством, теперь Микаэл хочет жить собственным трудом.

— Твое упорство, — заметил Смбат, — невольно склоняет к мысли, что ты и впрямь задолжал Марутханяну.

— Думай, как хочешь, пусть все так думают, но знай, Смбат, не только богатство, но и жизнь осточертела мне. Положи конец этому гнусному делу!

Микаэл не лицемерил. Жизнь поистине стала для него тяжелым бременем, которое он едва влачил. Прошлое все еще преследовало его не только печальными воспоминаниями, но и живыми связями. Микаэл не знал покоя от товарищей, не терявших надежды вернуть его в свой круг. В этом отношении усердствовали юрист Пейкарян, князь Ниасамидзе и в особенности Папаша.

— Погоди, — остановил однажды Микаэла почтенный холостяк на

222

промысловом шоссе, выходя из экипажа. — Эй, молодчик, гм... с ума, что ли, спятил?.. Гм... что за отшельничество... гм... что...

И он тут же сообщил, что собирается надолго за границу.

— К черту... гм... пошли все к черту... гм... Давай-ка вместе... гм... махнем в Париж...

— Нет, Папаша, не могу. Счастливого пути...

Теперь Микаэл с Щушаник встречался довольно часто, но всегда при Антонине Ивановне и в ее квартире. Он заглядывал сюда обычно когда девушка бывала у Антонины Ивановны. Они здоровались холодно и учтиво, этим и ограничивались. Микаэл проходил в детскую и возился с детьми, а Шушаник продолжала заниматься с Антониной Ивановной.

Однажды Антонина Ивановна рассказала Микаэлу, что отец Шушаник стал почти невменяемым. Его терзает мания преследования, он страшится огня. Едва проснется, начинает вопить и плакать, неустанно повторяя, что Давид собирается бросить его в огонь. Антонина Ивановна советовала перевезти больного в город, но паралитик и слышать об этом не хотел.

Шушаник перестала посещать Антонину Ивановну: теперь Антонина Ивановна сама раза два в день навещала девушку, ободряя и утешая ее. Еще неделю назад у нее в сердце закралось подозрение относительно Смбата и Шушаник. Сейчас об этом не могло быть и речи. Ах, эта девушка до того скромна и стыдлива, что никогда не решится питать какое-либо дерзкое чувство к женатому человеку. Отчего бы не допустить, что причина ее грусти — Микаэл? На что только не способен молодой человек с подобным прошлым, и какая скромная девушка ограждена, по нашим временам, от обольщения? Наконец, одиночество, пустынное место...

Иногда Антонина Ивановна пыталась проникнуть в тайну Шушаник, но напрасно: во всем, что касалось ее переживаний, девушка была так скрытна, что порою вызывала невольное раздражение Антонины Ивановны.

Библиотека-читальня уже была открыта. Антонина Ивановна дожидалась теперь разрешения на открытие вечерних курсов. Осуществлению ее начинаний очень мешало отсутствие Шушаник. Одна лишь Шушаник умела обращаться с рабочими, без нее число посетителей читальни заметно сократилось. Антонине Ивановне казалось, что сама она еще не нашла верного тона в обращении с рабочими, и причину этого объясняла по-своему: она-де руководствуется рассудком, а Шушаник — сердцем. Эта девушка заботилась о больных и раненых, как сестра милосердия, обшивала рабочих, писала и читала неграмотным не только из сочувствия, а как близкий, родной человек. Ей и в голову не приходило видеть в этом что-то значительное. Делает то, что подсказывает ей сердце, — просто, непринужденно, как будто для родителей, для дяди и тети.

Между тем у Антонины Ивановны во всем — система, последовательность, зрелая, развитая мысль. Но нет, этого мало, надо, чтобы в работе проявлялось больше чувства, чем рассудочности, больше желания, чем силы воли. Кроме того, не нужно вечно проверять себя — делаешь ли полезное дело, или занята толчением воды в ступе.

В деятельности Антонины Ивановны не было и следа притворства, но эта же самая искренность и жажда самоотвержения оказывались плодом мысли, а не сердечного влечения. Она не чуралась грязной, чумазой толпы с ее грубостью и в то же время не могла сблизиться с этой толпой безотчетно. Подчас ей думалось: неужели она уже в таком возрасте, что не может свыкнуться с новой средой и делом так же быстро, как Шушаник? Она видела, как при появлении девушки лица рабочих озарялись радостной улыбкой, а ее появление вызывало лишь глубокую почтительность. И когда Антонина Ивановна, против воли, пыталась объяснить это разницей лет, она испытывала зависть — чувство, которое Антонина Ивановна ненавидела всей душой, за которое, как умная и честная женщина, осуждала себя.

Но, как бы там ни было, Антонине Ивановне на нефтяных промыслах жилось неизмеримо спокойнее, чем в городе: здесь ее не преследовали вечный ропот свекрови, грубые намеки золовки и презрительные улыбки всей алимяновской родни. Однако в этом ли только была причина ее несчастья? Ведь несколько месяцев назад она находилась еще дальше от них. Но была ли Антонина Ивановна тогда счастлива? Нет. Она несчастна как женщина — вот главное. Близость весны как-то странно томит ее. Временами кровь в жилах бурлит, как бурлила в двадцать лет. Господи боже, да ведь она, в самом деле, женщина, и не старая. Случалось, ею овладевала душевная слабость, мир казался ей пустынным, неуютным, и думалось: стоит ли жить? Материнские чувства не могли целиком заполнить этой пустоты, душа испытывала потребность в иных ощущениях. Она жаждала любви и хотела быть любимой. Однако ее мировоззрение, вся душевная сущность ее не допускала мысли о любви вне брака. Вот почему эта жажда любви не толкала ее на измену мужу. Не меньшую роль играли тут и самолюбие, чувство собственного достоинства. Пусть обвиняют ее в чем угодно и сколько хотят, — она должна остаться чистой перед собственной совестью. Нравственная чистота — вот оружие, от которого не должна отказываться разумная женщина ни при каких обстоятельствах. Этим оружием, и только им, она должна бороться со своими противниками.

Однажды вечером Антонина Ивановна поджидала детей из города. Теперь их отвозила к бабушке горничная, и она же доставляла их обратно; Смбат не ездил на промысла. Горничная вернулась одна. Антонина

Ивановна забеспокоилась. Она стала до того подозрительна к свекрови, что всегда с тревогой отпускала детей в город.

— Почему одна? — спросила она, выбежав на балкон.

— Барин приказал оставить детей в городе. Завтра привезет сам. Эх, барыня, кабы вы видели, какой он стал грустный! Таким я еще его никогда не видала...

Бесхитростные слова служанки подействовали на Антонину Ивановну: лицо ее омрачилось, в голубых глазах мелькнула печаль.

Вечер она провела у Шушаник. Без детей ей было тоскливо, — так уверяла она. Но не только тоска по детям томила ее. Она возбужденно и неустанно твердила о своих начинаниях, словно стараясь отогнать какую-то мысль, заглушить какое-то чувство. Под конец заговорила о своей любви к Шушаник, признаваясь без притворства, что только теперь оценила ее по-настоящему и что иногда ошибочно подозревала ее. В чем именно — она промолчала, но Шушаник догадалась и сразу изменилась в лице.

— Я убеждена, что никто и ничто не может поколебать нашей дружбы...

И голос Антонины Ивановны задрожал от глубокого волнения.

5

Еще одна бессонная ночь для Шушаник. В ее ушах все еще звучат слова Антонины Ивановны: «Я убеждена, что никто и ничто не может поколебать нашей дружбы». Несомненно, это колкий намек, несомненно, Антонина Ивановна поняла, что творится с ней. О, какой позор! И она, которую считают скромной, еще смеет смотреть в лицо этой несчастной женщине, она, отдавшаяся греховному чувству, пусть невольному, пусть вопреки рассудку! Господи, неужели у нее не хватит сил вырвать из сердца это чувство. Вот — едва она услышала, что завтра Смбат приедет на промысла, а уж сердце ее затрепетало. Наверное, он навестит больного, он всегда заходит к отцу, он так внимателен к Заргарянам. Надо бежать из дому, чтобы не слышать его проникновенного голоса, не видеть его грустного взгляда.

Нет, почему же бежать, почему не поговорить с ним хоть раз начистоту? Неужели ей суждено всю жизнь безмолвно переносить грусть, не быть в силах справиться с нею и, наконец, пасть под ее тяжестью? Своих чувств она, разумеется, не откроет Смбату. О нет, это было бы неблагоразумно, неужели она лишилась стыда? Но отчего не попытаться стать лицом к лицу с действительностью? Как знать, может быть, она услышит от него горькую истину, которая вернет ей разум и поставит на верный путь. Надо быть смелее хотя бы для того, чтобы убедиться, сумеет ли она поговорить с Смбатом Алимяном без робости, даже равнодушно. Ведь Шушаник ничего не ждет от своей любви; увлеклась она бескорыстно, просто, сама не знает как. И никогда, никогда не было у нее дерзкого помысла овладеть человеком, по праву принадлежащим другой, к тому же умной, доброй, безупречной женщине — женщине, желающей стать ее искренним другом. Нет, ее скромность, ее взгляды, вся ее нравственная сущность восстают против этой преступной мысли.

Шушаник очнулась от утреннего крика отца. Неужели уже рассвело, а она так и не сомкнула глаз? Это безумие. Увы, даже страшные стоны больного не могут заглушить хоть на минуту муки ее сердца. Ах, в этом доме двое больных: одного преследует боязнь огня, другую — страх перед преступной любовью. Разница в том, что один выражает боль сердца криком, другая горит внутренним огнем и вынуждена молчать, молчать всегда. Довольно! Пускай она погибнет, но хоть раз облегчит надорванную грудь безумным воплем.

— Оставь меня в покое, мама, оставь меня, я не больна.

— Ах, уж лучше бы ты была больна, дочка. Горе какое-то тебя терзает...

Шушаник распахнула окно и выглянула.

Уже с неделю как прекратились дожди, и земля обсохла. Кое-где зеленели островки земли, отвоеванные у нефти. Даже эта убогая природа невольно поддавалась весенней ласке.

Шушаник подобрала рассыпавшиеся волосы и прошла в комнату отца. Больной все еще стонал, боязливо уставившись на дверь. С минуты на минуту он ожидал появления «безбожников», собиравшихся похитить его и бросить в огонь.

Обняв здоровой рукой шею дочери, он зарыдал без слез. — Спаси меня, Шушаник, только в тебе и осталась жалость, спаси!

Теперь он здоров, но ее мать, тетя и «злой сатана Давид» хотят его изжарить живьем, — лишний-де рот. Вот они уже развели костер на дворе. Напрасно — Саркис еще не выжил из ума: он шагу не сделает за порог, хотя бы целый мир обрушился на него. Больной с трудом выдавливал слова. От кашля он посинел и задыхался. В припадке гнева он принялся царапать себе щеки, рвать волосы. Шушаник опустилась на колени, сжала руку отца в своей и молила его успокоиться. Мало-помалу, под влиянием ласковых увещеваний, больной утих и потребовал чаю.

В соседней квартире происходила другая сцена. Смбат с детьми приехал из города довольно рано. Антонина Ивановна выбежала навстречу и так обняла Васю и Алешу, словно целый месяц их не видела.

Смбат смотрел на трогательную сцену и сдерживал невольную горечь:

226

а ведь мог бы и он быть счастливым семьянином, будь ему мила эта женщина, будь он любим ею и если бы не «предрассудки». На серьезном и задумчивом лице Антонины Ивановны он сегодня заметил какую-то тень. Ему показалось, что в последние дни жену томила какая-то новая печаль и что теперь она совсем не та, какой была месяц назад. Он почувствовал нечто похожее на сострадание: ведь одинока же она тут, вдали от родины, не варварство ли так обходиться с нею? Положим, она упряма, но почему же не пощадить ее хотя бы из простого человеколюбия?

Был момент, когда он едва не поддался слабости и не сделал шага к примирению. Но сдержался — почему он первый должен сделать этот шаг? Ведь они одинаково отравляли друг другу жизнь. Будь с ее стороны хоть намек на раскаяние — он первый попросил бы прощения.

Антонина Ивановна, сама будучи озадаченная словами горничной, взглянула на Смбата и заметила в нем резкую перемену. Ей показалось, что муж за последнее время как-то Раздобрел, поздоровел, в глазах жизнерадостность, на лице нет прежней тоски.

Горничная внесла несколько свертков, привезенных Смбатом.

— Постой, — закричал Вася и, выхватив свертки, стал быстро их разворачивать. — Не перепутайте, папа привез каждому по подарку. Алеша, это тебе. А это — мне. Это тоже тебе, возьми. Нет, нет, это мне.

Смбат вмешался и сам роздал подарки. Самый большой остался неразвернутым.

— Это тебе, мама, — сказал Алеша, отдавая сверток матери.

Антонина Ивановна удивилась.

— Накидка для вас, — объяснил Смбат и отвернулся.

— У меня есть весенняя накидка. — Понравилась мне, я и купил. Не нравится — не берите.

Подарок! Что бы это значило?..

— Мама, бери, накидка хорошая, — вмешался Вася.

— Мама, бери, она хорошая, — повторил Алеша.

Антонина Ивановна молча сделала знак горничной отнести сверток в другую комнату.

Супругам было неловко. Обоим сегодня хотелось взглянуть друг другу в лицо, но не удавалось. А дети, занятые игрушками, радостно шумели. В их звонких голосах родителям чуялись укоры.

Справедлива ли она к мужу? — думала Антонина Ивановна. — Не в ней ли главная причина постоянных семейных неурядиц? Разве не могла бы она быть уступчивей? Чем виноваты дети, что их таскают с промыслов в город, из города на промысла, приучая к безалаберности? Чем кончится это неестественное положение? Ну, они ошиблись, так неужели надо еще осложнять последствия роковой ошибки?

— Говорят, паралитик помешался, правда ли это? — спросил Смбат.

— Да, почти.

— Удобно ли мне навестить его?

— Не знаю, но только сейчас рано, он недавно проснулся.

Смбат вышел и направился к брату. Проходя двором, он оглянулся и в окне увидел головку Шушаник.

Девушка его не заметила — она писала за столом. Около нее стоял здоровяк Чупров, вертя фуражку: он диктовал письмо «домой». Любовь к родным местам взволновала его, он не мог говорить спокойно. Когда дошли до «поклонов», Чупров перечислил всех домашних, родственников и даже соседей.

Закончив письмо, Шушаник вложила его в конверт, надписала адрес и отдала Чупрову. Тот принял, завернул в платок, поклонился и вышел. Шушаник взяла книгу и возобновила прерванное чтение. Вскоре она устала и принялась ходить по комнате. Потом снова присела и загляделась на далекие зеленеющие поля,

Девушка старалась убедить себя, что ничего нет ужасней положения ее отца. Она собиралась пройти к больному, как вдруг услышала голос Смбата. Руки ее опустились, голова бессильно склонилась. Нет, она не покинет комнаты, если даже отец будет звать ее. Она заткнет уши, чтобы не слышать искушающий голос Смбата, закроет глаза, чтобы не видеть его мужественного лица.

В девушке шла мучительная борьба. Ей не хотелось слышать голоса Смбата, но в то же время она прислушивалась к нему. Невыносимо, несносно, надо бежать из дому. Она вышла на веранду. А не пройти ли к Антонине Ивановне? Там укоры совести отрезвят ее, и кажущееся равнодушие рассеет последние подозрения Антонины Ивановны. Пусть она подвергнет себя горькому испытанию, оно очистит ее.

Но Антонины Ивановны не оказалось дома. Она была в библиотеке, а дети во дворе под присмотром горничной играли в серсо.

— Здравствуйте, Шушаник, — услышала она голос человека, которого избегала. — Простите, кажется, я вас напугал. Но хорошо, что застал вас, — мне бы хотелось поговорить с вами.

Он быстро вынес два стула и поставил в углу веранды, вдали от посторонних взглядов. Девушка не имела силы уклониться, голос Смбата точно парализовал ее.

— Шушаник, — начал он, — вы умны и образованы и, надеюсь, .разрешите мне по-братски спросить вас: скажите, пожалуйста, какого вы мнения о моем брате Микаэле?

Вопрос был совершенно неожиданный и поставил девушку в тупик. Впрочем, смущаться ей нечего — ведь Смбат считает ее «умной и образованной».

— К чему вы это спрашиваете?

— От вашего ответа зависит многое. Я бы хотел знать: находите ли вы в моем брате какие-нибудь достоинства?

— Достоинства? — повторила Шушаник. — На мои взгляд, нет человека без каких-либо достоинств.

— Совершенно верно. Но я бы хотел, чтобы вы... как бы это выразиться?., считали Микаэла более достойным, чем кого-либо другого.

Этого было достаточно, чтобы девушка сообразила, куда клонит Смбат. Она решила говорить ясно, без обиняков и спросила, какое значение может иметь ее мнение о чужом для нее человеке.

Смбату показалось неприличным объясняться туманными намеками, и он повел разговор с полной откровенностью. Полчаса назад Смбат оставил Микаэла в отчаянии: надо так или иначе решить вопрос. Смбату известно, что Шушаник считает Микаэла недостойным, даже безнравственным человеком. Пусть она не смущается, — он говорит то, что знает давно, и это нисколько не оскорбляет его братских чувств. Скромное и чистое существо не может иметь иного мнения о человеке, прожигавшем жизнь в кутежах и распутстве.

— Когда я приехал из России, Микаэл был одним из самых испорченных молодых людей в городе. Отец завещал мне наставить на путь истинный заблудшего брата. Я был обязан исполнить волю покойного, хотя и сам не мог похвалиться покорностью. Одному богу ведомо, сколько раз я пытался уговорить Микаэла переменить образ жизни. Все мои усилия ни к чему не привели. Микаэл опускался все ниже. Вам известно, каким оскорблениям подвергался он, как опозорил себя. Спасти его от морального падения я не мог, это было выше моих сил. Но трудное для меня оказалось легким для другого. Человек до крайности испорченный, считавшийся вконец пропавшим, вдруг начал меняться. Порвал с беспутной компанией, ушел от всех, замкнулся в себе. Кто знал Микаэла раньше, не узнает его теперь, — он стал совсем другим. Сперва это было для меня загадкой. Такой резкой перемены я ни в ком не встречал, разве только читал в романах. Теперь же эта перемена в брате понятна. Беседуя с Микаэлом, следя за ним со стороны, я угадал, кто сыграл решающую роль в его сказочном возрождении. Это — вы...

Он остановился, пораженный впечатлением, какое произвели его слова на девушку.

— Довольно! — произнесла Шушаник дрожащим голосом.

— К чему скрывать правду, когда вы сами чувствуете ее? Вы спасли брата, и я обязан выразить вам признательность. Прошу лишь об одном: не бросайте его на полдороге, продолжайте так же благотворно влиять на него... Полюбите его!..

Шушаник вздрогнула и, приподнявшись, произнесла с возмущением:

— Сударь, на каком основании вы оскорбляете меня?

229

— Ради бога, не толкуйте превратно моих слов. Это вам не к лицу. Полюбите Микаэла, он безумно любит вас.

Вот оно что! Ей предлагают любить человека, отвращение к которому она еще не сумела в себе побороть. И кто же предлагает? Неужели Смбат этого только и добивался? Что ответить, когда единственный предмет ее беспредельных грез, средоточие ее мечтаний, человек, втайне ею обожаемый, теперь выступает защитником и посредником другого? Неужели он ничего не подозревает?..

Не подозревает? Нет, Смбат не слеп. Если бы он не верил ревности Микаэла, если бы он не верил даже собственным наблюдениям и переживаниям, достаточно было бы одной невольной дрожи Шушаник, чтобы он почувствовал, для кого бьется ее сердце. Ах, Смбат мог откликнуться на ее страдания, не раз он думал об этом. Но по какому праву и с какой целью? Смбат связан навсегда, он вовремя сдержал пробуждавшееся к ней чувство, чтобы легче подавить его. Он, как местный человек, обязан вывести девушку из заблуждения.

И вот он начал мягко подходить к сущности вопроса, решив пожертвовать собою и защитить Микаэла. Единственное средство — сравнение. Хваля брата, он должен забыть о себе. Смбат так и поступил. Разумеется, он утаил причину своего отстранения, но был уверен, что слова его будут иметь желанные последствия.

Несмотря на дурное прошлое, Микаэл способен пламенно любить и страдать, даже жертвовать собою ради любви, — редкое качество, которым ныне мало кто из молодежи может похвалиться. В его сердце уцелел нетронутый уголок, там затаились глубокие чувства. Сравнивая себя с Микаэлом, Смбат всегда отдает предпочтение брату. Нет, пусть не думает Шушаник, что он высказывает все это из ложной скромности. Человека, доступного бурным чувствам, всегда надо предпочесть тому, чьи чувства «давно остыли». Кто чувствует — живет и страдает, кто умствует — дремлет. Лучше иметь позорное прошлое и очиститься от него страданиями в настоящем, чем вести размеренно-ровное существование. Часто случается, что «хорошо начавший, плохо кончает и, наоборот, плохо начавший, кончает хорошо».

Шушаник слушала молча, всматриваясь вдаль. Она угадывала мысли Смбата, не верила в искренность его самоуничижения, но она догадывалась о дели, им преследуемой. Он хочет сказать, что не может любить ее, чтобы отрезвить девушку, испытавшую столько страданий. Вот до чего она несчастна. Но почему же, разве Шушаник когда-нибудь осмеливалась думать, что Смбат может ее полюбить, страдать и даже пожертвовать собой во имя любви! Она одна любила, любила тайно, со страхом! А сейчас? Сейчас ей дают понять, что она обманулась.

— Скажите, чего вы требуете от меня? — проговорила Шушаник, приподнимаясь.

— Спасите моего брата... Без вашей любви он не долго протянет.

— Ах, господин Смбат, не выдумывайте легенд! — воскликнула она вдруг; трудно было разобрать, что сильнее в ней — стыд или гнев. — Для вашего брата мир не настолько опустел, чтобы он мог думать лишь обо мне одной... Он молод, богат, красив... А я?

— С вами никто не сравнится в целом городе. Вы сами, вероятно, не сознаете своих достоинств...

Шушаник дрожала, как лист.

— Простите, я слышу крик отца. Я не могу больше с вами оставаться... Увидят... Довольно вы насмеялись надо мной...

Девушка удалилась твердыми шагами, с уверенно поднятой головой.

Смбат смотрел ей вслед. Как она горда, скрытна и в то же время скромна...

«Почему лет десять назад я не встретил такую?..» — подумал он с горечью.

6

— Милый мой, все это — пустяки, разглагольствовал Алексей Иванович. — Дух нашего времени заразил тебя, так сказать, до мозга костей. Но не робей, все пройдет. Кто не болел этой болезнью и не выздоравливал? Сегодня же необходимо посоветоваться с врачом насчет поездки за границу. Однако никакой врач и никакое лекарство уже не могли спасти Аршака Алимяна от нравственного разложения, содействовавшего возникновению и усугублению его недуга. Принимая лекарства, он продолжал разгульный образ жизни и заживо гнил. Даже Алексей Иванович теперь уговаривал его серьезно приняться за лечение и строго выполнять предписания врачей, но безуспешно.

Аршак собирался обзавестись отдельной квартирой и открыто сойтись с Эльмирой. Алексей Иванович, переселившийся теперь в гостиницу, умолял его воздержаться от этого шага. Он доказывал, что в наше время не принято жить с любовницей под одним кровом, ибо это — «мове тон».

Аршак был принят в круг Кязим-бека, Мовсеса, Ниасамидзе как равноправный товарищ, несмотря на разницу лет. Он избегал пока Григора Абетяна, которого побаивался. Но, к его счастью, полнотелый кутила не показывался в кругу друзей.

С того дня как сестра вернулась в родительский дом, Гриша избегал общества. Опороченная репутация Ануш причиняла ему стыд и боль.

Петрос Гуламян возбудил дело о разводе и через епископа старался добыть разрешение на брак с молоденькой и пухленькой вдовушкой.

Разумеется, он должен был публично доказать измену жены. Ануш не хотела брать на себя вину. Она мучается от стыда, пусть и муж помучается ради «своей вдовушки».

Ануш и впрямь мучилась, но не только от стыда. Главное ее горе заключалось в равнодушии Микаэла. «Бессовестный! — роптала она. — Ты не оценил моей любви. Пусть будет так. Я тоже постараюсь тебя забыть. Не думаешь ли ты, что я добровольно обреку себя на нескончаемые мучения? О нет, я не дура. Дети? Да, тоска по ним непреодолима. Но... Разве мало матерей, бросающих детей и убегающих с любовником? И я поступлю точно так же. А почему бы нет? Незачем мне омрачать молодую жизнь. Довольно, пора положить конец бесполезным стонам, вздохам и охам. Надо жить, хотя бы назло врагам».

И Ануш решила время от времени показываться в обществе. Пусть не думают, что она считает себя настолько виновной, чтобы прятаться от всех. Вначале ей казалось, что всё ею только и интересуются. Так, впрочем, оно и было. Прежние приятельницы и знакомые с презрением отворачивались от нее при встрече. Однако это вскоре начало раздражать Ануш, и она сделалась смелее. А-а, вот как? В таком случае ей на всех плевать!

Ануш завела знакомство с молодыми людьми, которых прежде сторонилась, как и все добродетельные дамы ее круга. Она хотела таким образом подчеркнуть свое пренебрежение к общественному мнению. Новые знакомые относились к ней даже почтительно. Они давали понять, что им известна ее печальная история, что Ануш — жертва деспотизма, более того, — героиня, перед которой обязан склониться всякий сторонник «женского равноправия».

Лесть, расточаемая перед Ануш, подбадривала ее. Она стала осуждать добродетельных дам.

— Поверьте, — говорила она, — на свете нет нравственных и безнравственных женщин, есть лишь хитрые и простодушные. И всегда, везде расплачиваются простодушные. А хитрые — о, они-то уж мастерицы «с умом вести свое дело».

Она подружилась со своей прежней соседкой, чья смелость вызывала в ней зависть. Мадам Вишневская не отличалась надменностью и мелочностью в отношении женской добродетели. Она радушно принимала Ануш и знакомила со своими подругами. «Вот что значит не быть невежественной и грубой азиаткой, — думала Ануш. — Армянки отворачиваются от меня, а иноплеменница заводит со мною дружбу, даже защищает меня».

— Знаете что, милая? — обратилась однажды к ней мадам Вишневская.

— Мужчин следует наказывать их же оружием, не к чему их баловать, чтобы они бог весть что о себе думали. Верен мне мужчина — и я ему верна, нет — «око за око, зуб за зуб». Эх, дорогая, второй раз на свет, не родятся. Будем жить, пока живется. А как состаримся, накинем на себя черную шаль, возведем очи и запоем: «Аллилуйя, аллилуйя, господи, прости нам грехи наши!» И вы думаете, бог не помилует? Поверьте, помилует. Он добр и не так нетерпим, как люди. Ануш задумала отомстить Микаэлу. Где он? Пусть полюбуется, сколько у нее теперь красивых молодых поклонников. Однажды, гуляя по набережной и думая как раз об этом, Ануш увидела издали Микаэла. Ее сопровождал один из горячих поклонников, одетый по последней моде. Она взяла своего кавалера под руку, стала улыбаться и шептать ему что-то, подчеркивая свою близость с ним.

Микаэл возвращался из конторы нефтепромышленной фирмы, где у него были какие-то дела. Увидев Ануш, он не знал, поклониться ей или нет. И решил поклониться. Но еще издали, заметив ее вызывающие манеры услышав отталкивающее хихиканье, он отвел руку от шляпы и отвернулся с презрением.

Ануш была почти уничтожена. Вместо того чтобы выместить злобу, она сама натолкнулась на сильную обиду. Она побледнела, растерялась и, поравнявшись с Микаэлом, процедила:

— Подлец!

Эта брань, произнесенная грубым мужским голосом, сменила в Микаэле отвращение жалостью к женщине, виновником падения которой был он сам.

Приехав на промысла, он в конторе встретил Смбата. Микаэл узнал, что Марутханян уже обратился в суд и вскоре будет получена повестка. Как, разве Микаэл не умолял Смбата кончить дело без суда? Смбат утверждал, что не мог этого сделать: выбросить полмиллиона — не шутка.

— В таком случае я не явлюсь в суд, — возразил Микаэл раздраженно.

— Ну что ж, тогда пойду вместо тебя я. — Но я тебе не дам полномочий. — Микаэл, ты совсем с ума спятил! — А ты чересчур поумнел. Оставь меня в покое! — Это твое последнее слово? — Последнее и решительное.

Смбат с минуту подумал и категорически заявил, что не даст Марутханяну и ломаного гроша.

— Пусть меня тогда сажают в тюрьму, я согласен и на это, — ответил Микаэл и ушел в свою комнату.

После встречи с жертвой своей необузданности Микаэл невыносимо страдал. Если он так низко пал, что на улице женщина бросает ему в лицо «подлец», а он молчит, не все ли равно, что будет дальше? После морального банкротства материальное его не страшит. Да, пусть посадят в тюрьму, безразлично.

— Позови сюда Давида, — приказал он слуге. Вошел бухгалтер с пером в руке.

— Брат уехал?

—Да.

— Чем вы заняты?

— Готовлю месячный отчет.

— Спешите?

— Отчет запоздал, к вечеру надо непременно сдать.

— Можно отправить завтра. Посидите, немного поговорим.

Он настоял, чтобы бухгалтер отобедал с ним. За столом Микаэл беспрерывно говорил. Этот человек, ничем не интересовавшийся, кроме собственных переживаний, находился в каком-то философическом настроении. Давид удивлялся, и удивление его возросло, когда Микаэл стал порицать общественный строй. Особенно он нападал на несправедливость современной экономической системы. Сотни людей работают, чтобы насытить одного или двоих; почему дары природы не принадлежат всем поровну? Почему, например, он спокойно обедает здесь, а там, в чаду, в огне, сотни людей день и ночь подвергают опасности свою жизнь ради него?

— Впрочем, нет, не на меня они работают. Теперь я такой же простой труженик, как и вы. У меня нет ничего, знаете, совсем ничего...

И Микаэл рассказал, что отныне он — банкрот, остался без копейки.

— Так вот почему вы заинтересовались судьбой бедняков, — не выдержал Заргарян.

— Вы правы. Но не в этом дело. Если захочу, я еще могу остаться богачом, но нет. Мне все осточертело, буквально все...

После обеда Микаэл вышел немного прогуляться. Теперь все ему представлялось пустым, суетным и бессмысленным. Он удивлялся Смбату, так крепко цеплявшемуся за отцовское наследство, вспоминал его письма из Москвы, былые идеи и усмехался. Вот каково обаяние денег! Человек, считавший отцовские капиталы чуть ли не плодом грабежа, стал их рьяным защитником. Как знать, может быть, он хочет выполнить волю отца.

Вернувшись к себе, Микаэл снова вызвал Давида, задержал его и поужинал вместе с ним.

Ночью он долго ворочался в постели и не мог уснуть. Шипенье пара напоминало ему об адском труде рабочих. Перед ним возникали пропитанные копотью и нефтью тощие лица, темные и мрачные, как нефтяные скважины. Даже здоровяки, вроде Чупрова, Расула и Карапета, казались ему болезненными. Разве эти рабочие лишены сердца, души, способности мыслить? Разве они не любят, не презирают, не завидуют? Неужели забота о куске хлеба убила в них всякое человеческое подобие, превратив их в бездушные машины? Как не задуматься надо всем этим? Вокруг него сотни людей работают до изнурения, а он целиком ушел в свой мирок. Но что это за звуки? Ах да, Заргарян щелкает на счетах. Бедный бухгалтер! Забыв сон, в полночь, сгибая над столом сутулую спину, он пишет, считает, подводит итоги с единственной целью, чтобы Алимяны жили в довольстве и без забот. И Алимяны еще воображают, что оказывают ему огромное благодеяние, плащ в месяц несколько десятков рублей. А эта девушка, некогда жившая беспечно и беззаботно? Теперь она добровольная служанка, день и ночь прикованная к кровати паралитика-отца. Чем виновато это кроткое и гордое существо, на скромность которого посягнул человек, пресыщенный благами жизни?

Ах, Микаэл никогда не простит себе своего недостойного поступка! Да, Шушаник была вправе бросить ему в лицо, что только богатство внушило ему смелость оскорбить ее. Но пусть. Ныне Микаэл почти так же беден, как и Давид. Беден? Да, конечно, беден. Решено: ни одной копейки из отцовского наследства, ни одной! Вместо богатства Микаэл желает освободиться от угнетающего презрения Шушаник и убедить ее, что теперь и он с омерзением смотрит на свое прошлое.

Голова его устала от тяжких мыслей, нервы ослабели и глаза сомкнулись. Сон и явь слились, нежный образ Шушаник предстал в полусне. Теперь он в каком-то темном пространстве. Кругом до самого неба подымаются островерхие черные деревья с толстыми стволами. А там, далеко-далеко, в темноте мерцает светлый луч. Микаэл силится выбраться из мрака, рвется к свету, но ноги его точно скованы. На каждом шагу он увязает в тине, с трудом сохраняя равновесие. А в отблеске далекого луча рисуется кроткий и гордый образ, — да, образ, кроткий и гордый, кроткий — для бедных, гордый — для богатых. Гордый? А кто это? Смбат? Так ведь он богат, почему же Шушаник склоняется перед ним? Боже мой, что это такое? Они обнимаются, целуются... Нет, это невозможно! Свет усиливается, распространяя багряные лучи, точно потоки крови. Что за странный крик? А-а, это кричит отец Шушаник. Нет, это не человеческий голос, а какой-то звериный рев, которому из недр леса отвечает другой, третий, четвертый, и весь лес сотрясается от дикого хора...

Микаэл проснулся, сел на постели и протер глаза. Неужели уже рассветает. Что за багряный свет врывается в комнату? Рев продолжается. Да ведь это же промысловые гудки, беспорядочные и тревожные, как во время пожара.

Микаэл стремительно сорвался с постели и подскочил к окну. Сначала ему показалось, что горит его дом. Он растерялся, не мог решить —

одеться или выбежать неодетым. Пожар или только сон? Распахнув ставни, он вздрогнул и на миг оцепенел. Пожар вспыхнул недалеко от Антонины Ивановны и Заргарянов.

Рассудок Микаэла помутился, хотя он и сознавал, что главное теперь — сохранить хладнокровие. Наскоро одевшись, он выбежал из дому. Гудки росли, усиливались, как человеческая мольба, полная отчаяния и трепета. Это был адский хор, могучий и несвязный, хаотичностью своей наводивший ужас в ночной тьме.

В конторе еще горела лампа, но Заргаряна там не было. Несомненно, пожар возник на промыслах Алимянов. Рабочие уже проснулись и растерянно, беспорядочно бежали на огонь, словно муравьи в разоренном муравейнике.

— Это у нас? — крикнул Микаэл.

— Горит пятый номер, — ответили из темноты чьи-то заспанные голоса.

Вышка номер пятый всего в нескольких шагах от квартиры Антонины Ивановны!

Огромный двор наполнили черные привидения. Из подвалов вытаскивали заступы, лопаты, ведра, ломы, шесты, насосы...

Не успев еще сообразить, куда тянет огонь, Микаэл отдавал противоречивые распоряжения. Когда же он добежал на место пожара, гудки ревели на всех промыслах, раскинутых на двадцати километрах. Казалось, этот неистовый вой летел откуда-то с темного неба, будто двигалась рать ошалевших от голода хищников. Издавна было заведено: как только на одном из промыслов гудок возвестит о пожаре, гудки всех остальных промыслов должны вторить ему, предупреждая население об опасности.

Пожар разрастался. Горела вышка одной из доходнейших нефтяных скважин. Огонь, стремительно взвиваясь по гигантской вышке, пытался охватить ее всю. С неба нависла широкая пелена черного дыма, тянувшаяся по ветру все дальше и дальше.

Рабочие с перепуганными лицами, с обезумевшими от ужаса глазами окружили гигантский костер, образовав живую цепь. Работала пока одна группа, всячески пытаясь вырвать из-под пылавшей вышки машину — единственное, что можно было спасти.

Первая мысль Микаэла была — отыскать детей и жену брата. Правда, им овладевала и другая, более властная мысль, но он мгновенно решил, что обязан в первую очередь броситься на помощь близким по крови, а уж потом... Микаэл кинулся на веранду, где он так часто вздыхал, глядя на противоположные окна. Огонь еще не достиг квартиры, но языки пламени уже рвались к ней. Рабочие старались отстоять от огня нефтяное озеро между домом и вышкой. Загорись оно — погибли бы все постройки.

— Ребята, за мной! — крикнул Микаэл, бросившись вперед, разрывая цепь рабочих.

От рабочих отделились Чупров, Расул и Карапет, еще не знавшие, где нужна их немедленная помощь, чтобы вырвать людей из объятий огня. Впереди бежал Чупров, могучими плечами расталкивая товарищей. Толпа воодушевилась, увидев великана на лестнице. В поступи и осанке отважного труженика сквозила своеобразная мужественная красота, достойная резца Фидия. Несколько мгновений его красная рубаха, словно сотканная из пламени, мелькала в багровом свете и исчезла, как метеор.

Уже весь дом был охвачен дымом. Еще несколько минут — и всякая помощь была бы излишней. Если бы огонь Даже не ворвался в комнаты, люди бы в них задохнулись от дыма.

Страшен нефтяной пожар, совершенно не похожий на обычный. На промыслах и заводах огонь распространяется с быстротою бури, пожирая все на своем пути: нефть и газы проникают всюду. Иногда не успеют призывы тревожных гудков дойти до людей, как уже жизнь их оказывается в опасности. Хорошо еще, если огонь начнется с вышки или с какого-нибудь помещения, если же загораются нефтехранилища — всеобщая гибель неминуема. Газ, переполняющий пустоты в резервуарах, взрывается с грохотом от малейшей искры, как залп сотен пушек, мгновенно разливая потоки огня, подобно морю, прорвавшему плотины.

На балконе Чупров оттолкнул Микаэла.

— Не место вам тут!

И вбежал в комнаты, сообразив, что там должны находиться люди. Кто они — безразлично, надо спасать. Спасать их, презирая всякую опасность, — так всегда поступал этот простой труженик, попавший сюда с далекого севера.

От искр, сыпавшихся с вышки, вспыхнуло нефтяное озеро. Огонь мгновенно охватил его, вздымая черные густые клубы дыма.

Чупров услышал крики толпы и сообразил, что опасность подступает. Не найдя никого в первой комнате, он перекрестился и бросился дальше...

Антонина Ивановна впервые видела нефтяной пожар. Проснувшись среди ночи от гудков, она не сразу поняла их значение. Ведь каждую ночь в двенадцать часов, при смене рабочих, раздавались гудки. Опомнилась она, лишь увидя в окнах багряные отблески пожара. Быстро одевшись, она бросилась будить слугу, горничную и, возвратившись, увидела опасность во всем ее грозном величии. Она не рискнула вынести детей раздетыми, не понимая, что при нефтяном пожаре малейшее промедление грозит гибелью, и принялась их одевать, вопреки мольбам слуги и горничной. Слуга не выдержал и выскочил, спасая свою жизнь...

В дверях между первой и второй комнатами Чупров наткнулся на Давида Заргаряна, одной рукой державшего Васю, другой — Алешу. Дым выедал Давиду глаза. Он ничего не видел и шагал наугад. Еще секунда — и он потерял бы дорогу. Чупров одной рукой выхватил у Заргаряна Алешу, другой, как перышко, поднял Васю. Дети не понимали, что творится кругом, они даже не плакали, охваченные ужасом. — Мама! — крикнул Вася, крепко обняв шею Чупрова.

Давид, передохнув, повернул обратно. Кто-то ухватил его за локоть и толкнул назад, кто именно — не разобрать. Еще несколько мгновений — в дыму показался Карапет, тащивший на плечах Антонину Ивановну. За ним — Расул с горничной на спине. Убедившись, что в комнатах не осталось никого, Микаэл сбежал с балкона. Во дворе царила невероятная суматоха. Рабочие больше шумели и галдели, чем помогали. Понукая друг друга, бегали, падали, подымались, мокрые и перепачканные. Их черные от нефти лица в зареве отсвечивали, как полированная бронза.

Радостные крики встретили Чупрова, прижимавшего к груди обоих детей, Расула с горничной и Карапета, державшего Антонину Ивановну, — трех богатырей, самоотверженных героев дня, спасших семью «старшего хозяина».

Никто не подозревал, что другая семья в несравненно худшем положении.

7

Деревянная вышка, пропитанная горючей жидкостью, пылала сверху донизу, как гигантский факел, олицетворяющий мощь слепой стихии. Огонь жадно пожирал доски, с треском взметавшие к небу мириады искр. Взлетая пулями, искры яростно кружились и сыпались в облаках дыма огненным ливнем. Ветер разносил искры и, сметая в кучи, собирал под стенами домов, в уголках и щелях, как метель — сугробы снега.

Простаки силились погасить огонь на вышке насосами, что было бессмысленно. Пламя словно издевалось над немощными струйками, журча вылетавшими из резиновых кишок. Чудовищные языки пламени, сталкиваясь с враждебной стихией, казалось, разражались дьявольским хохотом. Мгновенно превращаясь в пар, вода скорее усиливала огонь, чем боролась с ним.

Искушенные в борьбе с пожарами, рабочие пытались спасти от огненного ливня нефтехранилища, в особенности резервуар, врытый в землю неподалеку от пылавшей вышки. Пренебрегая опасностью, они теснились на глиняной крыше Резервуара и затыкали мокрым войлоком щели, пропускавшие нефтяной газ. Малейшее прикосновение пламени —

и Рабочие взлетели бы на воздух. Вторая группа возилась у Резервуаров, пугавших больного отца Шушаник.

Видя, что семья Смбата спасена, Давид бросился на другую половину дома, находившуюся несколько дальше от места бедствия. Ее отдаленность позволила Давиду прежде всего прийти на помощь чужим, а уж потом близким.

На балконе он столкнулся с сестрой. Она вывела сюда детей и спасала домашний скарб. Давид прикрикнул на оторопевшую вдову, схватил за руку и столкнул на лестницу. Потом, обняв одного малыша, а другого схватив за руку, поспешил во двор. Снова взбежав на балкон, он наткнулся на старушку-служанку, пытавшуюся вытащить из кухни свой сундук.

— Брось, дура, спасайся сама! — крикнул Давид. — Есть там еще кто-нибудь?

— Есть, есть! — отвечала запыхавшаяся старуха, еще крепче цепляясь за сундук, набитый ее добром.

Когда начался пожар, семья Заргаряна спала. От тревожных гудков первая проснулась Шушаник и разбудила мать и тетку. Она могла бы тотчас же вывести детей, но мать воспротивилась, не надеясь на нее. Анне стоило больших трудов разбудить паралитика-мужа и с помощью Шушаник кое-как одеть его. Пока они возились с больным Саркисом, огонь быстро приближался.

Давид бросился в комнату брата, надеясь застать там Шушаник и сестру. Дым тут стоял не такой густой, как в квартире Антонины Ивановны. При слабом свете лампы ему предстала неожиданная картина: Анна, схватив Шушаник, силилась оторвать ее от отца, а тот, уцепившись здоровой рукой за ножки тахты, вопил:

— Оставь меня, оставь!..

С четверть часа они выбивались из сил, но тщетно. Больной был убежден, что настала роковая минута и его хотят бросить в огонь.

Давид отстранил Анну, схватил за локоть Шушаник и с силой оторвал ее от отца. Сначала надо спасти здоровых, потом больного, жизнь которого уже не имела ценности. Не обращая внимания на отчаянные крики Шушаник, он вытащил ее за дверь, но тут девушка вырвалась, побежала назад и снова обняла отца. Теперь Саркис распластался на полу. Лицо его утратило все признаки разума. Он казался воплощением ужаса, обреченным на заклание животным, чьи тупые глаза, устремленные на палача, ждут рокового удара.

— Бегите, я вынесу его! — крикнул Давид и с новой силой вытолкнул Анну и Шушаник.

В эту минуту стекла окон, обращенных на улицу, с треском лопнули от сильного огня, и дым густыми клубами повалил внутрь. Анна в ужасе выбежала. Шушаник не двинулась.

Началась дикая борьба между Давидом, Саркисом и Шушаник: девушка силилась поднять отца, тот цепко держался за ножку тахты, а Давид старался их разнять. Подступавшие волны пламени уже лизали своды окон, дым сгущался и становился все удушливей. Силы покидали Давида. Теперь Саркис здоровой рукой сам обнял дочь, и так крепко, словно железным обручем. В этой единственной руке сосредоточилась вся его сила, могучая и страшная сила угасающей жизни. Ничего другого не оставалось, как тащить обоих вместе. Паралитик в исступлении кусал руки Давида, бился головой об пол и вопил:

— Безбожник, разбойник, убийца, палач!

Давиду удалось вытащить обоих в соседнюю комнату, когда уже загорелся потолок в спальне больного. Первая опасность миновала. Дым выедал им глаза. Вырвавшись из цепких объятий отца, Шушаник крикнула:

— Держи его за голову, я — за ноги! Так... скорее-скорее!.. Ничего не вижу!..

Не сделали они и двух шагов, как Саркис из последних сил вырвался и распростерся на полу. Воспользовавшись этим, Давид обнял Шушаник и поднял ее, но охваченный густым дымом, не знал, как выбраться из комнаты.

В это самое мгновение чужие руки вырвали у него племянницу. Микаэл не выдержал отчаянных воплей Анны, плача детей и бросился на место бедствия, опередив Чупрова и его товарищей. Этот эгоист, пользовавшийся репутацией испорченного до мозга костей человека, ринулся навстречу смерти, чтобы вырвать из ее когтей бедную беззащитную девушку...

Толпа, увидев на лестнице хозяина, загудела от радости. Десятки рук потянулись к нему принять живую ношу. Шушаник была в беспамятстве — она не сознавала, в чьих руках ее жизнь. Густые волосы девушки рассыпались по плечам Микаэла, легкое белое платье изорвалось и почернело от копоти, голые руки бессильно свесились с его плеч.

Не выпуская из рук безжизненную девушку, Микаэл приблизился к Анне и положил перед нею дочь.

Вышка уже совсем обгорела. Железное колесо упало с ее верхушки, посыпались истлевшие боковые доски, и в воздухе продолжали торчать только четыре гигантских столба, охваченных пламенем. Толпа, затаив дыхание, следила, куда они свалятся.

Один из столбов накренился в сторону подземного нефтехранилища. В таких случаях горящие столбы подпиливают, чтобы дать безопасное направление их падению. Группа рабочих с пилами пыталась подойти к охваченной пламенем вышке, но отскочила от нестерпимого жара.

Микаэл не обращал внимания на огонь, разраставшийся все яростней.

Пусть сгорит все, все, что только может гореть, — лишь бы спасти человеческие жизни!

В потоке багряного света он узнал Антонину Ивановну и бросился к ней:

— Где дети?

— В безопасности.

— Но вы стоите в опасном месте, бегите!

— Все ли спасены?

— Давид остался с паралитиком.

Микаэл обливался потом. Одежда промокла, с ног до головы он был выпачкан нефтью и грязью и ничем не отличался от любого рабочего. Усталости он не чувствовал. Беспокойно бегая повсюду, Микаэл ждал, откуда появится Давид с больным братом. Спасши Шушаник, он ощущал новый, еще более сильный прилив самоотверженной отваги.

Протискиваясь сквозь толпу, к нему поспешно подошел Смбат, бледный, задыхающийся.

— Не бойся, твои дети и жена в безопасности. Вот она, Антонина Ивановна.

Смбат подбежал к жене. Давид успел уведомить его по телефону о пожаре, и Смбат прямо из клуба примчался на промысла.

Антонина Ивановна в страхе дрожала, стуча зубами, но ей не хотелось уходить отсюда — ведь человек, спасший жизнь ее детей, сам очутился в беде. Не жестоко ли оставить его без помощи? Треск огня, грохот горящих построек, потоки искр, крики толпы, дым, чад, копоть, кровавые отблески на черном небе, суета сливались в картину невероятного хаоса. В этом хаосе одно было ясно: немощь человека перед слепой стихией. Теперь нефтяное озеро представляло собою огромную, врытую в землю печь, с глухим гулом изрыгавшую пламя, исчезавшее в черных небесах.

По мере того, как разрастался пожар, движущаяся цепь толпы становилась все шире. Пространство, отделявшее людей от огня, покрылось илом, копотью и нефтью. Люди спотыкались, падали, то беснуясь, как одержимые, то неистово крича от страха быть раздавленными тысячами ног.

Анна, не переставая, призывала на помощь. Сестра Давида, колотя себя в грудь, металась и умоляла толпу спасти брата, единственного кормильца сирот.

Первой мыслью Шушаник, едва она очнулась, было броситься туда, где дядя боролся с огнем, спасая отца. Но мать, схватив дочь за руку, не пускала ее. Густые волосы Шушаник рассыпались, лицо почернело от копоти, глаза, казалось, готовы были выскочить из орбит. Она колотила ногами и разъяренно кусала руки тем, кто не давал ей рвануться вперед и броситься в огонь. Это была уже не прежняя стыдливая и молчаливая девушка, — опасность, грозившая близким, придала ей мужество и силу. Она бесновалась, проклинала, молила. И ей казалось, что ни у кого нет сердца и совести, что никто не жалеет ее. Люди, так любившие ее и так любимые ею, безмолвно глядели на отчаявшуюся девушку и не шевелились. Между тем огонь все яростнее охватывал дом. Жар до того усилился, что нельзя было подойти к балкону. Даже Чупров и Расул с Карапетом колебались, хотя от воплей доброй и милой девушки у них щемило сердце.

Антонина Ивановна крепко обняла Шушаник, — но могла ли она успокоить это чуткое существо, когда жизни близких людей угрожала такая опасность.

Она взглянула на мужа: неужели нельзя придумать какой-нибудь разумный выход? Смбат не решался приказать рабочим, пренебрегая опасностью, броситься в огонь, — знал, что никто его не послушает: каждому дорога своя жизнь. На минуту молящий голос девушки так потряс его, что он подумал: «Стоит ли ему так цепляться за жизнь?» Но едва сделал шаг, как перед мысленным взором его предстали осиротевшие Вася и Алеша, старуха мать в слезах, сестра, братья. Эгоизм удержал его. Нет, нет, он не властен над собой!

— Ребята! — крикнул Смбат. — Тысячу рублей тому, кто их спасет!

Слова его, подхваченные толпой, передавались из уст в уста. Соблазн был велик для полуголых и полуголодных, но никто не поддался ему.

— Две! Три тысячи!

Снова шум смятения, но помощи — ниоткуда.

Теперь Смбат мог подымать цену, сколько угодно. Уже самая щедрость награды показывала, как велика опасность. Чупров — и тот усмехнулся, кивнув на чудовищные волны пламени.

Вдруг из толпы выскочил человек, весь пропитанный нефтью и копотью. Он ринулся вперед, но, столкнувшись с напором пламени, отскочил, вырвал у одного из рабочих мокрый войлок, обернулся им и, обежав дом, исчез в клубах дыма.

Первая узнала его Антонина Ивановна и с криком прижалась к Шушаник. Через мгновение мелькнула красная рубаха Чупрова, за ним — Расул и Карапет.

Что же творилось в доме?..

Передав Шушаник Микаэлу, Давид вернулся, обнял паралитика и пытался поднять его. Теперь Саркис уцепился за ножку письменного стола. От зарева пожара мгла уже рассеялась. Стол опрокинулся, но оторвать от него больного не удалось. Давид дотащил брата вместе со столом до самых дверей, но дальше уже не было пути: за дверями бушевало пламя. Оставался один выход — оттащить паралитика в крайнюю комнату, служившую Давиду спальней. Здесь было окно, обращенное в сторону, противоположную пожару, — единственный путь к спасению. Надо было только не отчаиваться и не теряться. Давид не был лишен хладнокровия, но силы уже изменяли ему.

Кое-как удалось оторвать Саркиса от стола и под градом проклятий перетащить в спальню. Здесь дыма было меньше. Давиду удалось поднять брата к окну, створки которого, к счастью, были открыты. Но в ту минуту, когда он уже собирался опустить паралитика на подоконник и подняться туда же, Саркис вырвался, рухнул на пол, увлекая за собою Давида. Если б он потерял сознание! Но животный страх придал паралитику сверхъестественную силу. Казалось, теперь у него действует и больная рука. Никогда Давид не представлял себе, сколько силы в этом живом трупе. Наконец, руки его ослабели, и он выпустил Саркиса. Как быть? Оставить его и спастись самому? Нет, это невозможно, — как он взглянет в глаза Шушаник? Вынести этого живого покойника было уже невозможно. Из соседней комнаты то высовывались багряные языки, то уползали, как змеи.

Раздался сильный треск. Давид посмотрел вверх. Потолок еще не был охвачен пламенем, но средние двери уже загорелись. Минута была роковая. Напрягая последние силы, Давид схватил брата, поднял и положил на подоконник. Это было уже большим шагом к спасению. Давид ободрился, между тем огненные волны, подгоняемые ветром, уже лизали пол и потолок.

Обливаясь потом, Давид взгромоздился на подоконник, не выпуская брата. В эту минуту раздался страшный взрыв, за ним — крики толпы. На миг все было охвачено мраком, затем небо озарилось еще ярче. Было ясно — загорелось и взорвалось одно из нефтехранилищ.

Необходимо спустить Саркиса, но как? Сбросить — опасно: окно довольно высоко, паралитик мог удариться о камни и разбиться. Спрыгнуть самому и потом спустить его? Но Саркис опять скатился бы на пол — и тогда уже никакой надежды.

— Кто тут? Помогите! — закричал Давид. Но кто услышит его в оглушительном грохоте и бушующем море огня? Все же Давид не терял надежды и кричал до тех пор, пока не охрип; руки у него опустились, голова поникла. Уже у порога спасения он мысленно увидел себя и брата превращенными в пепел.

Последнее усилие, последний крик — и о, чудо! Из бушующего огня он как будто услышал отклик на его зов. Да, это явь: перед окном обрисовалась чья-то фигура.

То был Микаэл, закутанный в войлок, с ног до головы пропитанный копотью. Он ухватил паралитика за ноги, и спасаемый всей тяжестью навалился на спасителя. Давид тотчас спрыгнул, упал, но, кое-как

243

поднявшись, с изумлением узнал Микаэла. Сердце его переполнилось глубокой благодарностью. Как? Среди такого множества людей лишь он °Дин рискнул броситься в ад для спасения двух полуживых существ?

Паралитик был в беспамятстве. Микаэл взял его за ноги, Давид за плечи. И оба поспешили выбраться из дыма. Они были до крайности изнурены, спотыкались на каждом шагу, и надо было много усилий, чтобы не поскользнуться. Они спасали жизнь человека, для которого она была лишняя и только отравляла существование близких.

Но там, неподалеку от пламени, паралитика оплакивало существо, одинаково дорогое и Давиду и Микаэлу.

Внезапно дым сгустился. Неужели им суждено задохнуться на пороге спасения? Куда же держать путь — налево, направо, вперед, назад? Кругом кромешная тьма.

Микаэл крикнул, и тотчас перед ним выросли три могучих фигуры: Чупров, Расул и Карапет.

Главная опасность уже миновала. Карапет поднял бесчувственного Саркиса, Расул помог Давиду. Чупров собирался взвалить Микаэла себе на плечи, заметив, что молодой хозяин лежит ничком на земле, не в силах подняться.

— Осторожно с рукой, — предупредил Микаэл, опираясь о плечо великана.

Минуту спустя все они выбрались из полосы огня.

8

Столбы вышки номер пять повалились один за другим с треском и шумом, разбрасывая огромные снопы искр. Темно-коричневый дым горящей нефти сменился сизым дымом пылающих столбов. Разнесся слух, что пять молодых рабочих задавлены рухнувшими столбами. Всех охватил ужас, но ненадолго: адский труд среди бушующего пламени слишком притупил нервы рабочих. Что такое смерть пятерых для этого мира живых мертвецов? Такова, видно, участь тружеников, преследуемых не только людской жадностью, но и слепой стихией.

— Дешево отделались, — заметил со вздохом старик рабочий, свидетель гибели многих собратьев.

Между тем в двадцати-тридцати шагах вспыхнула новая вышка, за ней другая, третья, четвертая, пятая — образовался целый лес пылающих факелов. Железные нефтехранилища взрывались одно за другим, распространяя океаны пламени. Бушевала огненная река, остановить которую была бессильна человеческая воля. Оставалось одно:

предоставить все судьбе. Поток огня стремился к широкому болоту, образовавшемуся от проливных дождей и подземных вод. Тут завязалась бешеная борьба между двумя враждебными стихиями: болото поглощало огненные волны и само тотчас же превращалось в пар, — в пар, изрыгающее клокотанье и шипенье, схожие с отчаянным воплем.

Прошла ночь. Осеннее солнце озарило землю первыми лучами. Толпа — замызганная, перепачканная, пропитанная нефтью армия каторжников — все еще продолжала галдеть, бегать, ломать, крушить, таскать части разрушенных машин, трубы и разные обломки. В воздухе сверкали тысячи заступов, ломов, шестов, — огонь презирал все усилия людей и продолжал свирепствовать с еще большей силой. Насосы били все ленивей, словно чувствуя свое бессилие. Рабочие от усталости больше не заботились, куда направлять воду. В водяных струях солнце отражалось всеми цветами радуги, и эти струи скорее дополняли картину пожара, чем боролись с ним.

Приехавшая из города группа англичан и шведов, заложив руки в карманы, дымя сигарами и трубками, равнодушно глазела на невиданное зрелище. За последние пять лет не было таких больших пожаров. Из города все продолжали прибывать хозяева промыслов, заводчики, управляющие — кто прямо с постели, кто от карточного стола, иные с кутежа, из объятий любовницы или из публичного дома.

Смбат, бледный, отдавал нелепые, бесцельные распоряжения. Устав от собственных криков, угроз и увещеваний, он приказал убрать трупы погибших. Случай, конечно, трагический, но об этом он подумает потом, а пока необходимо спасти от огня что возможно. Но было уже поздно — ни одну вышку, ни одно здание не удалось уберечь, кроме недавно построенных казарм.

Антонина Ивановна с помощью рабочих выносила книги из библиотеки.

— Отправили детей в город? — спросила она мужа.

— Да.

— Ваш брат сломал руку, спасая Заргарянов.

— Знаю, — ответил Смбат и исчез в толпе.

Микаэл лежал на голой кровати в грязной комнатке. Он был окружен семьей Заргарянов. Подложив одну руку под голову и бессильно опустив другую, Микаэл кусал губы, чтобы заглушить невыносимую боль. Шушаник у окна помогала врачу, возившемуся с бинтами. Она была донельзя изнурена и еле держалась на ногах. Ах, как много она пережила и перечувствовала за эти несколько часов и какой переворот совершился в ее душе!

Удивительное дело! Человек, от которого Шушаник ничего не ждала, которого почти презирала, от которого бежала, как от чумы, — этот человек вдруг проявил столько героизма. Значит, это ему, такому беспутному, испорченному, обязана она жизнью отца, дяди и даже своею? Что бы могла означать такая самоотверженность? Кто или что внушает ему такую неустрашимость и пренебрежение к собственной жизни? Это не сон, а явь, — явь неожиданная невообразимая и опасная, но вместе с тем и радостная. Как прекрасен он был, когда показался из густого дыма, опираясь на руку Чупрова, — прекрасен какой-то рыцарской красотой. О нет, никогда, никогда Шушаник не забудет минуты, волшебным светом озарившей чудесный образ среди глубокой тьмы. Стоило ли нанесенное ей оскорбление проявленного им рыцарского поступка? Нет, нет, нет! Пройдя сквозь огонь и дым, он без остатка сжег все прошлое и вышел чистым и возрожденным.

А тот, другой, причинивший ей столько душевных мук, которого ее расстроенное воображение так превозносило? Да, он тоже хотел совершить подвиг, но... чужими руками и при помощи золота. «Ребята, три, четыре, пять тысяч тому, кто спасет!» — какой горькой иронией звучат теперь для нее эти слова! Какая чудовищная пропасть легла между ними! И кто из них выше — не тот ли, кто вот тут, на голой кровати, корчится от боли? Один рисковал деньгами, другой жизнью, — но может ли золото заменить жизнь? Кто для Микаэла Заргаряны — жалкий паралитик и незаметный приказчик, да и сама Шушаник?

Старший брат хотел с помощью денег спасти человека, спасшего его детей. Горькая насмешка, брошенная в лицо бедности, как ядовитый плевок. Какое малодушие. Страшиться смерти, когда другие не боялись броситься в огонь ради его детей.

С приукрашенного облика Смбата спала романтическая пелена: незаурядный человек стал заурядным, обыкновенным существом — купцом. Тяжело было расставаться с мечтой, но иначе нельзя. Ведь тот, кого создала ее мечта, никогда, никогда не принадлежал бы ей. Пора очнуться и посмотреть прозревшими глазами на голую правду. Теперь Шушаник не только обязана, но и сумеет забыть этого человека. Вот он снует в толпе, то приказывая, то умоляя спасти обломки оборудования. На лице уже нет прежнего мужества и привлекательности, голос утратил обаяние с той минуты, как он прокричал: «Ребята, пять тысяч тому, кто спасет!..»

Микаэл, кроткий и послушный, как ребенок, дал обнажить руку и сменить повязку. Взглянув на девушку, он прочел в ее глазах глубокое сострадание и нечто другое, и в ту же минуту забыл боль, терзавшую его. Но, кончив перевязку, девушка удалилась едва слышными шагами.

Там, в смежной комнате, лежал спасенный паралитик. Он спал

безмятежным сном. Шушаник подошла и села на табуретку у его изголовья. Неясные чувства овладели ее сердцем, мысли путались, утомленная голова все. еще не могла разобраться в недавнем прошлом. Она теперь далеко от толпы, но крики звучат в ушах; пожара она не видит, но перед глазами непроницаемый хаос стихии. Там, в густом дыму, беспомощные родные, тут отчаявшиеся мать и тетка. Там багряный огонь с его несметными страшными языками, тут черные призраки, дикие крики, неистовый визг, пять обгорелых трупов, копоть, грязь, нефть. И в этом хаосе образы двух мужчин: один — высокий, мужественный, в безукоризненном костюме; другой — среднего роста, с ног до головы в саже, пропитанный нефтью; один — чистый внешне и морально, другой — с грязным прошлым и неопределенным настоящим. И вдруг нравственно безупречный, чистый образ бледнеет, исчезает, как мираж, а грязный быстро вырастает, очищается от прошлого, и вот он уже окружен лучистым ореолом.

Утомленная голова девушки склонилась на грудь, руки ослабели, опустились. Но в ушах еще звучат крики толпы.

Явь медленно начинала меркнуть и сменилась кошмаром. Шушаник опять в черте огня, окруженная со всех сторон опасностью. С неба с диким шипеньем сыплются искры, а у ног раскрываются темные могилы, полные человеческих скелетов, хохочущих ей в лицо и хватающих ее костлявыми руками. Шушаник, простирая руки, молит о помощи, но никто не откликается — даже дядя, даже мать. Она обращается к кому-то стоящему далеко-далеко и с улыбкой обнимающему женщину, что стоит подле него в эту страшную минуту. Но вот из хаоса мрака, дыма и копоти выступает черный образ и приближается к ней. И чем ближе, тем светлей и лучезарней он. На лбу его большой шрам. Смело, одним прыжком перескакивает он через могилы, полные скелетов и, подойдя к Шушаник, берет ее за руку в тот самый миг, когда она считает себя во власти смерти...

В ужасе Шушаник проснулась и вскочила, протирая глаза. Осмотрелась: где она, наяву ли это? Неужели она спасена?

Вошла мать, все еще дрожавшая от страха.

— Проснулась? Почему так скоро?

— Неужели я спала?

— Да, и очень крепко. Усни, поспи еще, родная...

— Мама, мама, неужели папа жив, дядя спасен? — воскликнула вдруг Шушаник и с рыданием обняла шею матери.

— Успокойся, милая, все спасены.

— Нет, нет, пять обуглившихся...

— Воля божья...

Из города приехали Аршак, Алексей Иванович, Кязим-бек, Мовсес,

Ниасамидзе и еще несколько кутил. Они возвращались с попойки. Крохотная невзрачная комнатка набилась посетителями. Все уже слышали о подвигах Микаэла, передававшихся из уст в уста. Кязим-бек обнял и расцеловал старого приятеля — мужская храбрость всегда восхищала его. Примеру Кязим-бека последовал Ниасамидзе, также считавшийся поклонником героизма.

— Я даже из-за родного брата не бросился бы в огонь, — заметил Мовсес.

— Эгоист! — возмутился Кязим-бек и снова расцеловал Микаэла.

Вошли Смбат с врачом. Выяснилось, что рука у Микаэла не сломана, а только вывихнута, и что врач уже вправил ее. Несчастье случилось в ту минуту, когда Микаэл, передав паралитика Чупрову, поскользнулся и упал.

— Сильно болит? — спросил Аршак.

— Нет, пустяки, — ответил Микаэл, изнемогавший от боли.

— Браво! — воскликнул Кязим-бек. — Раз я вывихнул ногу — три дня ревел белугой.

Приехали Срафион Гаспарыч и Сулян. Инженер в глубине души был рад пожару. За время его службы на алимяновских промыслах, правда, случались пожары, но не такие крупные. Пусть теперь Смбат почувствует, у кого он отнял должность управляющего и кому ее передал.

В дверях показались ювелир Барсег и журналист Марзпетуни. Оба они сознавали свою вину перед Микаэлом и стеснялись войти. Марзпетуни вытащил блокнот и принялся что-то записывать. Вероятно, набрасывал описание пожара. Если бы Микаэл обратил на него внимание, дня через два он прочитал бы в газете о своем геройском поступке.

Между тем Микаэла решительно не занимали посетители. Боль в руке утихала, его клонило ко сну. Все происшедшее казалось ему сном. Он ясно помнил лишь душераздирающие, вопли Шушаник и полный печали и отчаяния взгляд ее миндалевидных глаз. Господи, как она молила, как силилась вырваться из рук, удерживавших ее от огня! И как прекрасна была она в бесстрашии и отчаянии! Ее прекрасные пылающие глаза, вздымавшаяся грудь, напрягшиеся на шее вены, в беспорядке рассыпанные по плечам волосы — это уже само по себе являлось пожаром. Не был Микаэлу страшен исполинский костер, — ибо еще сильнейший пылал в его собственной груди. И Шушаник, это изумительное существо, могла сгореть из-за какого-то паралитика, обреченного на смерть! О нет, Микаэл никогда бы не допустил этого, как бы ни был он ею презираем! И как хорошо он поступил, что ринулся в огонь, — отрадно наказать противника великодушием.

Веки Микаэла сомкнулись, и он уснул безмятежным сном. Былые друзья ушли, это было их последнее посещение, последний знак дружбы.

248

Минуту спустя осторожно вошла Шушаник, приблизилась к Микаэлу, взглянула на его закрытые глаза и присела у изголовья. Пожар постепенно затухал. Уничтожив еще несколько соседских вышек, взорвав еще два-три резервуара, он, казалось, насытился и спрятал свои когти.

К вечеру Смбат распорядился перевезти Микаэла на его квартиру. Недавно выстроенное здание уцелело и было теперь вне опасности. Микаэл отправился без посторонней помощи с забинтованной и подвязанной рукой, весь перепачканный нефтью. Смбат помог брату умыться и переодеться. Рука почти перестала болеть, врач искусно вправил вывих. Выспавшись и посвежев, Микаэл вышел на балкон. Он предложил свою квартиру Антонине Ивановне, а Давиду приказал тотчас же перевезти паралитика в контору, на время, пока будет наведен порядок.

Весь день ни у кого во рту не было ни крошки. Микаэл попросил накрыть обеденный стол для всех на веранде.

Солнце клонилось к закату, играя последними лучами на стеклах просторной веранды. Вдалеке дымились развалины сгоревших домов.

Смбат приказал Заргаряну собрать и доложить ему подробные сведения о семьях погибших и раненых рабочих.

— Постараюсь вознаградить их.

— Постараешься? — усмехнулся Микаэл. — Нет, необходимо всех сирот обеспечить пенсией.

— Легко сказать! Убытки от пожара достигают трехсот тысяч.

— Скоро же ты подсчитал! — воскликнул Микаэл с той же усмешкой. — Да, потери большие, но человеческие жизни дороже.

— Конечно, что и говорить.

Шушаник искоса посмотрела на Смбата. Какая перемена! Ей показалось, что его не столько занимает людское горе, сколько причиненный пожаром убыток.

Заговорили о Чупрове, Расуле и Карапете. Смбат сказал, что решил каждого наградить двумястами рублями.

— И только? — изумился Микаэл. — Ну, брат, дешево же ты ценишь жизнь своей семьи.

— Детей моих спасли не они, а другой ...

— Знаю. Но о нем речь впереди.

— Вашу семью спасли эти трое, — заметил Давид, поняв намек. — Ни о ком другом не может быть и речи.

— Не скромничайте, — возразил Смбат с ласковой иронией.

— Осмелюсь заметить, что я всегда был против ложной скромности. Она то же самое, что и подлинная нескромность. Правда, первым на помощь бросился я, но спасли вашу семью эти трое молодцов. Что до меня, так я уже с избытком вознагражден...

— Оставим пока этот разговор, — прервал Микаэл.

— Нет, уж извините, человек я прямой и даже при желании не могу сфальшивить. Господин Микаэл, вы сегодня проявили беспримерное геройство — спасли троих. Ах, простите, я взволнован и не нахожу слов... Вот разве у Шушаник найдутся нужные слова...

И от глубокого волнения голос его прервался, худые руки задрожали.

Шушаник не проронила ни слова. Она лишь бросила на Микаэла пристальный взгляд и смущенно потупилась.

Смбат молчал в раздумье. Иная мысль занимала его. Временами на губах его появлялась странная улыбка. Вдруг он повернулся к Антонине Ивановне:

— Кто такие эти Чупровы, Расулы, Карапеты и хотя бы Давид? Что связывает их друг с другом?

Жена угадала смысл вопроса. О том же думала и она.

— Да, — проговорила она со вздохом, задумчиво кивнув, — вы правы.

И лицо ее озарилось мягкой улыбкой, которую Смбат не видел вот уже семь лет.

Солнце зашло; последние лучи его покидали верхушки вышек. А там, на просторном дворе, теснилась охваченная скорбью разноязычная, разноплеменная толпа, оплакивая погибших товарищей. В гибели их толпа видела неумолимость судьбы.

После обеда Смбат обратился к жене:

— Вы поедете сегодня со мною в город?

Антонина Ивановна помедлила с ответом. Она была не прочь поехать, но при мысли о свекрови и золовке начала колебаться.

— Пока еще нет, — ответила она.

— Так знайте, детей я сюда более не привезу. Отныне моя мать с ними не расстанется.

— Хорошо, — произнесла Антонина Ивановна с горькой улыбкой, — пусть не расстается...

И она отвернулась от мужа, скрывая слезы, но Смбат заметил и понял причину их.

— Знаете что, — сказал он, потирая лоб, — мы одинаково любим детей. Забудем же о самолюбии во имя этой любви. Нет у нас иного выхода, как следовать чудесному примеру вот этих простых людей...

—Да, я согласна, но не будем торопиться... Дайте мне прийти в себя...

— Прекрасно, подумайте... Сойтись вновь мы не можем, но уважать друг друга, забыть о собственном «я» мы обязаны ради детей.

Смбат поспешно удалился.

«Уважать! — подумала Антонина Ивановна. — Да, уважать друг друга мы можем, но этого недостаточно для прочной семейной жизни».

9

Саркис Заргарян, спасшись от огня, не спасся от смерти. Его полумертвое тело сводило последние счеты с жизнью. С часу на час ждали смерти паралитика. Он уже совсем лишился способности говорить и дико вращал глазами.

Шушаник не отходила от отца. Дорого купленный остаток его жизни в глазах ее приобрел новую ценность. Это она считала каким-то небесным даром, даром, в котором ей чудилось знамение судьбы. Глядя на землистое лицо умирающего, она погружалась в непривычное раздумье. Приближение смерти приобретало для нее мистическое значение. Недавно сама оказавшись на пороге между жизнью и небытием, она почувствовала неумолимое дыхание смерти, притягательную силу ее холодных глаз. Но в те минуты смерть была не так страшна, как сейчас, у смертного одра близкого существа. Время от времени Шушаник пронизывала дрожь. Она казалась птичкой в вихре бури. Ее спасли насильно, против воли, как и паралитика, потому что ей не хотелось быть спасенной без него. Не поступи Шушаник так, она страдала бы от острых укоров совести и, как знать, быть может, умерла бы бесславной смертью презренного червя. А теперь она в собственных глазах существо, достойное называться дочерью. Теперь она яснее понимает таинство жизни, глубже постигает ее суть, полнее мыслит и чувствует. Перед ее духовным взором возникают картины, которые для нее прежде не существовали или пребывали в глубокой тьме. Мысли и чувства прошлого казались ей смешными — не то опасными, не то постыдными, но всегда одинаково неясными.

Любила ли она Смбата Алимяна, или же это было игрой помутневшего воображения, грезой? Если она и в самом деле любила Смбата — то куда девался его волшебный образ? Нет его, мираж рассеялся, исчезли иллюзии, остался лишь самый обыкновенный смертный, ничем не отличающийся от других.

Нет на лице его следа былого мужества, в голосе — мелодичного тона. «Три тысячи, четыре тысячи, пять тысяч тому, кто спасет», — постыдный торг человеческой жизнью.

О, ребяческая наивность девушки, начитавшейся романов!

Другой образ предстал теперь перед Шушаник, очнувшейся от грез: на бледном лбу — печать геройства, в грустных глазах — орлиная мощь. А тот, первый был только обманчивым призраком; на миг мелькнув, он исчез, не оставив в ее сердце никакой тяжести, на совести — ни единого следа.

Шушаник наклонилась, прислушалась к дыханию отца, коснулась его лба, — в истощенном теле все еще теплилась жизнь. И Шушаник вновь глубоко задумалась.

Уж не ошиблась ли она? Любовь ли толкнула Микаэла на геройство и самопожертвование? Безнадежная любовь к незаметной девушке? Если это верно, значит, оно счастливо, это незаметное существо; значит, Микаэл был прав, когда говорил ей: «Могу быть и очень добрым, и очень злым, и хорошим, и дурным, и трусом, и отважным». Можно ли сомневаться в его словах после того, что было? Разве Микаэл не подтвердил их своим рыцарским поступком? И вот еще: должна ли Шушаник каяться в том, что так жестоко обошлась с Микаэлом, не скрывая от него своей ненависти и презрения? В чем же его вина перед нею в конце-то концов? Почти ни в чем, — он подошел к ней с дурными намерениями и ошибся. Но ведь от заблуждений никто не застрахован, тем более человек молодой, избалованный женщинами. Он, быть может, впервые наткнулся на сопротивление и очнулся от угара своей порочной жизни. Он покаялся, смирился; просил прощения. Он поступил искренне, смело, а Шушаник? Внешне притворяясь снисходительной, она не сумела проявить великодушия и простить Микаэлу его ошибку. Она была слепа и не замечала, что сама бессознательно ведет на правильный путь человека, погрязшего в распутстве. Да, она не только ошиблась, но и кичилась своей чистотой.

Было уже за полночь. Шушаник все еще сидела у изголовья отца. В углу комнаты, на голом полу, не раздеваясь, улеглись мать и тетя. Давид с детьми спал в соседней комнате. Умирающий раскрыл глаза и осмотрелся: он искал Шушаник. — Чего ты хочешь, папа? — спросила дочь еле слышно.

Паралитик взглянул на нее. Глаза его были поразительно осмысленны словно душа умирающего переместилась во взгляд, как в последнее пристанище. Он повернул голову к Шушаник и вытянул бледные губы.

Девушка догадалась, что отец хочет поцеловать ее, и, нагнувшись, сама припала к нему губами. Коснувшись иссохшей руки больного, она в ужасе вскочила и разбудила домашних: паралитик доживал последние секунды. На миг он раскрыл глаза, посмотрел на сестру, на жену, на брата и, наконец, устремил прояснившийся взгляд на дочь. Несчастный не мог выразить своей последней воли — попросить прощения у близких за причиненные им страдания. Умер он настолько спокойно, насколько беспокойно прожил последние семь с половиной лет. И когда вдова накрыла платком его окаменевшее лицо, в комнате раздались рыдания Шушаник.

На другой день тело Саркиса перевезли в город. Мадам Анна не хотела, чтобы похороны прошли без заупокойной обедни. Микаэл просил

Давида ничего не жалеть для пышных похорон, но вдова от этого отказалась:

— Не надо, Саркис давно уже умер.

Шушаник поехала в город с Антониной Ивановной.

— Не плачьте так, — уговаривала она девушку, — неужели мало вы перестрадали за эти семь лет? Не мог же он поправиться, хорошо, что умер естественной смертью.

— Да, отец умер своей смертью, меня только это и утешает.

После похорон Заргаряны были приглашены к Алимянам. Вдова Воскехат распорядилась устроить у себя поминальный обед.

Тихие слезы Шушаник тронули сердце вдовы. Она полюбила эту прекрасную девушку еще с той поры, когда Шушаник ухаживала за Микаэлом. Утешая Шушаник, Воскехат смотрела на нее с материнской нежностью, гладила пышные волосы, целовала щеки. Будут ли так горячо оплакивать смерть Воскехат ее близкие? Ах, какая любящая дочь, какое чуткое сердце! Почему не она ее невестка, жена Смбата, — вот эта бедная девушка, в скромном траурном платье, столь же кроткая, сколь и прекрасная. Почему мать внуков Воскехат — иноплеменница, которую она не любит и не полюбит никогда? Они не понимают друг друга и никогда не поймут...

После обеда явился Аршак вместе с Алексеем Ивановичем и сообщил, что вечером уезжает за границу. Воскехат была осведомлена о страшной болезни младшего сына и теперь сама торопила его ехать лечиться.

Алексей Иванович отозвал сестру.

— Ну, теперь ты можешь быть спокойна, я уезжаю.

— Куда?

— За границу.

— Зачем?

— Уезжаю с Аршаком.

— В качестве кого?

— В качестве попутчика и наблюдателя.

— Алексей, имей же самолюбие, умоляю тебя! — воскликнула Антонина Ивановна.

— Удивительное ты существо, сестричка. Точно я навязываюсь кому-нибудь. Сам же твой досточтимый супруг просит меня сопровождать Аршака. Парень языков не знает, не путешествовал никогда, болен и неопытен, — нужно же приставить к нему, так сказать, какого-нибудь почетного гида? Можешь вообразить: теперь Смбат Маркович не только примирился со мною, но и начинает любить меня. А мне жаль Аршака. Я должен всячески стараться спасти его, пока не поздно...

— А твоя служба в Москве?

— Я уже послал прошение об отставке.

— Дальше! — воскликнула Антонина Ивановна возмущенно.

— А что же дальше? Останусь в распоряжении Смбата Марковича.

Антонина Ивановна прошла к Смбату, отвела его в сторону и спросила:

— Мой брат по вашему желанию сопровождает Аршака за границу?

—Да.

— И вы думаете, что он человек надежный?

— Вполне. Более подходящего человека я не знаю. — Объявляю вам, что снимаю с себя всякую ответственность за своего брата.

— Антонина Ивановна, я вас прекрасно понимаю и хвалю вашу гордость; но люди живут не как хотят, а как могут.

В словах Смбата жена уловила скрытую мысль. В них она уловила намек на примирение, примирение вынужденное и необходимое. Ясно одно: они должны жить не разлучаясь, они обязаны нести свой крест и не могут отказаться нести его, поскольку оба любят своих детей.

Час спустя Антонина Ивановна с Заргарянами отправилась на промысла, оставив детей у свекрови. Дорогою она беседовала с Шушаник о положении рабочих. Ее известили, что вечерние курсы разрешены.

— Будем и впредь вместе работать, не правда ли? — спросила Антонина Ивановна.

— Как вам угодно.

— Не только угодно, но я даже прошу вас, Шушаник. Ах, хорошо иметь благородного и искреннего друга! Не так ли?

И она еще раз обняла и поцеловала девушку с материнской нежностью. Шушаник была тронута этой искренней лаской: отныне совесть ее чиста.

Смбат и Микаэл отправились на вокзал провожать Аршака. Они просили Алексея Ивановича всеми силами воздействовать на брата, чтобы он раз и навсегда бросил позорные привычки.

— Даю вам честное слово, что приложу все усилия, — ответил Алексей Иванович на этот раз вполне искренне.

Однако Смбат и Микаэл в глубине души плохо верили в выздоровление Аршака — уж слишком запущена болезнь.

В недалеком будущем Микаэл представлял полуживое тело брата, покрытое язвами. Подобных случаев ему приходилось видеть немало среди друзей, и он удивлялся, как ему удалось избежать этой ужасной болезни. Микаэл вспоминал недавнее прошлое и содрогался. Как ему ненавистна теперь эта бесцельная, бессмысленная жизнь!

— Больше ста тысяч придется выкинуть на постройку новых вышек и резервуаров.

Эти слова Смбата больно укололи Микаэла.

Он окинул брата неопределенным взглядом и не проронил ни. слова.

— Я еще не считаю каменных зданий, машин и котлов, — продолжал

Смбат. — Нет, что я говорю, этот проклятый пожар причинил нам убытку на полмиллиона.

— И тебя сильно огорчает этот убыток? — спросил Микаэл.

— А тебя нет?

— Вознаградил ли ты Давида Заргаряна? — спросил Микаэл, как бы не слыша вопроса.

— Ведь он же сам в твоем присутствии сказал, что вознагражден с избытком.

— Мало ли что говорил! Заргарян человек бескорыстный. Но неужели ты не чувствуешь, что обязан отчислить ему какую-нибудь сумму?

— А сколько бы, по-твоему?

— По крайней мере столько, чтобы он полностью мог обеспечить свою семью.

— Вот как! — воскликнул Смбат удивленно. — Уж больно ты щедр.

Микаэл промолчал. Приехав домой, он зашел к Смбату, сел за письменный стол и набросал несколько строк на листке бумаги.

— Возьми, — небрежно бросил он Смбату бумагу и встал.

— Что это? Ты отказываешься от своей доли в наследстве?

— Как видишь — да.

— Ты еще ребенок, настоящий ребенок, — промолвил Смбат, отбрасывая бумагу.

— Думай как хочешь, а пока что бери эту бумагу и уплати Марутханяну мои долги — вот все, что мне нужно от тебя.

— Не дури! Если ты обижаешься за Давида Заргаряна, можешь выписать ему сколько хочешь, на это я .тебе даю полное право. Вот чековая книжка, — сказал Смбат, кладя ее перед братом.

— Ладно, — ответил Микаэл, — об этом поговорим завтра, а моя бумага пусть на всякий случай лежит у тебя.

И Микаэл прошел в свои комнаты, куда не заглядывал вот уже пять месяцев. Здесь все оставалось как было. Он оглядел роскошную мебель, убранство и горько улыбнулся. Все, связанное с прошлым, казалось ему теперь нелепостью. Он запер двери и вернулся к брату.

— Пусть и этот ключ останется у тебя.

— Да ты смеешься, что ли?

— Я делаю то, что подсказывает мне сердце. Сказал же я, что отныне я твой приказчик, — вот и все. К этому дому у меня больше нет никаких претензий, — все твое...

Микаэл быстро вышел, оставив ключ на столе.

Смбат удивленно посмотрел ему вслед и после минутного раздумья решительным движением спрятал в стол ключ и бумагу. На следующий день он отправил Срафиона Гаспарыча к Марутханяну, чтобы покончить дело миром. Смбат брал на себя обязательство уплатить половину долгов Микаэла при условии уничтожения всех подписанных братом долговых обязательств.

— Согласен! — заявил Марутханян. — Не случись пожара, — копейки бы не уступил.

В тот же день Марутханян вызвал Суляна.

— Друг мой, — обратился он к нему, — теперь мы можем купить нефтяные участки. Тебе отойдет пятая доля всей прибыли. Ну-с, посмотрим, как пойдет дело при твоем образовании и при моих деньгах и моем уме!

Через неделю Сулян оставил службу у Алимянов и сделался компаньоном Марутханяна.

Прошли первые дни траура.

Шушаник свыклась с горем и успокоилась. Теперь она все время проводила у Антонины Ивановны, целиком отдавшись работе. Приближались жаркие летние дни, открытие вечерних курсов откладывалось на осень. Антонина Ивановна собиралась отвезти детей на дачу.

Глаза Шушаник всюду искали Микаэла. Часто она навещала приятельницу в тайной надежде встретить его. Между тем Микаэл почему-то перестал бывать у невестки и вообще не показывался нигде. Оказалось, что он перебрался на отдаленные промысла. Что бы это могло значить? Неужели теперь он начинает ее избегать? Неужели право на пренебрежение перешло к нему? Уж не обиделся ли он за то, что Шушаник до сих пор ни единым словом не поблагодарила его? Но разве беспредельная благодарность выражается словами? Разве Микаэл не чувствует перемены в ее душе?

Как-то под вечер Шушаник сидела на балконе. Подбежали племянники и, положив ей на колени детскую книжку, недавно подаренную Антониной Ивановной, просили объяснить картинки. Девушка принялась перелистывать книгу, прижимая к себе головки малышей. Случайно подняв глаза, Шушаник вздрогнула и выронила книгу: в конце двора она заметила Микаэла в группе мастеровых. Левая рука его все еще была подвязана.

Отослав детей, она стала внимательно следить за Микаэлом. Через несколько минут он остался один, медленно поднялся на земляную насыпь и присел на большой камень. Освещенный багряными лучами заходящего солнца, Микаэл показался Шушаник таким же мужественным и прекрасным, как и в тот миг, когда шел, опираясь на руку Чупрова, в облаках густого дыма, озаренный кровавым заревом пожара. Микаэл долго глядел на запад, пока огненный шар не скрылся за отдаленными холмами.

Потом он поднялся и направился к квартире Антонины Ивановны. Чем ближе он подходил, тем неодолимей какая-то властная сила тянула к нему Шушаник.

Заметив девушку, Микаэл подошел к ней. Шушаник охватила радостная дрожь, когда она пожала руку своему спасителю. На лице Микаэла теперь уже не было и следа печали, в его глазах не было прежней мрачности, в которой девушке мерещилась скрытая злоба.

— Простите, что до сих пор я не поблагодарила вас, — произнесла она с дрожью в голосе.

— За что?

— И вы еще спрашиваете?..

Это было точным повторением слов, сказанных Микаэлом Шушаник несколько месяцев назад, когда он благодарил ее за ухаживания во время болезни. Тогда Микаэл искал предлога для разговора, теперь — Шушаник.

— Вы спасли отца и дали ему умереть естественной смертью. Вы спасли дядю... Вы...

Шушаник запуталась и не смогла продолжать. По бледному лицу Микаэла пробежала еле заметная ироническая улыбка.

— Я никого не спас, сударыня, кроме одного. — Кого же?

— Самого себя.

Девушка удивленно взглянула на него.

— Не понимаю, что вы хотите сказать, но я... я обязана вам своей жизнью.

— Нет, сударыня, вы не правы, — воскликнул Микаэл, — спасеньем вашей жизни вы обязаны себе, и только себе! Я же был всего лишь слепым орудием судьбы. Вы позволите? — добавил он, неуверенно взяв ее за локоть.

Шушаник сама хотела бы взять его под руку, но не решилась. Молча шли они, оба занятые своими мыслями.

— Я бы хотел, — заговорил, наконец, Микаэл, — Рассказать вам о том, что случилось всего несколько минут назад. Сидел я на камне и любовался закатом. Передумал я много такого, что меня раньше никогда не занимало. Видите эти темные вышки с их острыми треугольными верхушками, эту смесь пара, дыма и копоти, мрачный колорит всех предметов, людей, животных и птиц, эту грязь и тину — весь страшный адский хаос? Я сравнивал этот хаос с нашей жизнью, с нашей средой, и особенно с моей средой: то же самое, мне думалось, и здесь. Между этими двумя хаосами одна лишь разница: наши промысла, наши заводы сперва рождают дым и копоть, а потом свет; наша же среда пока дает только грязь, полным воплощением которой являюсь я и мне подобные. Вспоминал свою грустную, бессмысленную, пошлую жизнь и чувствовал, что я по горло погряз в ее тине. Помните оскорбления и унижения, что я переносил, и все те нравственные раны, что я причинял другим?.. Потом вспомнились мне все переживания и мысли за последние месяцы. И, охваченный этими путаными мыслями, я, не отрываясь, глядел на закат: оттуда ли ждать нам морального спасения, или свет загорится в глубинах нашего собственного непроницаемого мрака?

Микаэл остановился, с минуту помолчал.

— Заходящее солнце напоминало мне ужасный пожар, и передо мною ярко предстало зрелище, которое никогда, никогда не изгладится из моей памяти. Я слышал отчаянные вопли, щемящие сердце, я видел дитя, рвавшееся, не помня себя, в огонь, чтобы спасти погибающего отца. Помните то мгновенье, когда мой взгляд встретился с парой глаз, умоляющих о помощи? Ах, эти глаза, этот молящий взгляд! Они потрясли меня. Я забыл все на свете, чувствовал лишь, что пробуждаюсь от долгого тяжелого кошмара. Когда я бросился навстречу огню, мне чудилось, что я из мрака бегу к свету. Когда же я увидел себя в опасности, мне казалось, что эта опасность спасает меня от другой, еще более грозной и неотвратимой. Вырвавшись из огня, я ощутил такую душевную легкость, какой никогда не испытывал за двадцать восемь лет своей жизни. Мне показалось, что с сердца свалилась свинцовая тяжесть и рассыпалась пеплом... Повторяю, я спас не вас, а себя. Я уже бессилен скрывать от вас то, что испытываю и думаю. Быть может, я заблуждаюсь, но неоспоримо одно: пожар рассеял мрак моей жизни, и я очистился в собственных глазах — этот пожар спас меня от неминуемой гибели.

Никто не мог сделать того, что вы сделали для меня скрытой в вас таинственной властью, которой я не в силах уразуметь. Вы разогнали мрак моей жизни, проложив мне через огонь путь туда, где ждет меня заря нового счастья. Я еще не вполне очистился, но твердо убежден, что очищусь, обновлюсь, если бы даже для этого пришлось пройти сквозь новый огонь и новые испытания...

Он смолк, проводя по лбу здоровой рукой. Они уже дошли до укромного уголка. Все, что слышала и переживала Шушаник, казалось ей сном. Она не решалась прямо взглянуть Микаэлу в глаза, но чувствовала, что выражение этих глаз теперь иное и по-иному звучит его голос. Нет, это уже не прежний Микаэл, которого она избегала. Того Микаэла нет, он исчез, теперь перед нею совсем другой человек...

А что же избранник, еще так недавно владевший ее воображением и пленявший ее сердце? То был сон, то был обман, а это — явь, подлинная действительность...

И с безмолвной покорностью она склонилась на плечо к Микаэлу, отдавая свой первый поцелуй.

Небо побледнело, на горизонте выступил месяц. Прекрасный вечер для счастливой четы!

Через несколько минут Микаэл шел к себе, сияющий, радостный, с сердцем, переполненным счастьем. Чувства его теперь находили отклик в сердце той, ради которой он столько перестрадал и благодаря которой осознал себя очищенным.

А там, на балконе, Шушаник, припав к груди матери, обливалась радостными слезами.

— Мама, я счастлива!.. Мама, я была прежде несчастна, теперь я счастлива!..

На другое утро Микаэл говорил Смбату по телефону:

— Я выполняю последнюю волю отца. Уплати Марутханяну долг из моей доли наследства...

«Выполняю последнюю волю отца» — значило: Микаэл женится, и ясно — на ком.

«Он добился счастья — подумал Смбат, — а я так и останусь несчастным!..»